本书得到湖北经济学院2022年学术

U0515263

流动人口
发展路径的统计分析

从提升主观幸福感
到社会融入的转变

夏　伦◎著

中国财经出版传媒集团
经济科学出版社
Economic Science Press

图书在版编目（CIP）数据

流动人口发展路径的统计分析：从提升主观幸福感
到社会融入的转变/夏伦著. —北京：经济科学出版
社，2022. 11
ISBN 978 - 7 - 5218 - 4216 - 6

Ⅰ.①流… Ⅱ.①夏… Ⅲ.①流动人口 - 研究 -
中国 Ⅳ.①C924.24

中国版本图书馆 CIP 数据核字（2022）第 209650 号

责任编辑：孙怡虹 刘 博
责任校对：刘 昕
责任印制：张佳裕

流动人口发展路径的统计分析：从提升主观幸福感到社会融入的转变
夏 伦 著
经济科学出版社出版、发行 新华书店经销
社址：北京市海淀区阜成路甲 28 号 邮编：100142
总编部电话：010 - 88191217 发行部电话：010 - 88191522
网址：www. esp. com. cn
电子邮箱：esp@ esp. com. cn
天猫网店：经济科学出版社旗舰店
网址：http：//jjkxcbs. tmall. com
北京季蜂印刷有限公司印装
710 × 1000 16 开 16.5 印张 274000 字
2023 年 1 月第 1 版 2023 年 1 月第 1 次印刷
ISBN 978 - 7 - 5218 - 4216 - 6 定价：78.00 元
（图书出现印装问题，本社负责调换。电话：010 - 88191545）
（版权所有 侵权必究 打击盗版 举报热线：010 - 88191661
QQ：2242791300 营销中心电话：010 - 88191537
电子邮箱：dbts@ esp. com. cn）

前 言
PREFACE

流动人口的生存和发展关系到社会和谐稳定，曾经中央电视台记者的采访"你幸福吗?"引起了大众广泛的思考。居民的幸福问题受到了普遍关注，至此从中央到地方纷纷提出建设"幸福社会"的宏伟蓝图。从中国现实来看，随着经济高速发展，在物质财富相对丰富时，适时转变发展观念，发展经济的同时注重国民幸福的实现显得尤为重要。近年来，中央政府关注的重心从追求数量逐渐转向追求质量，以GDP为经济发展"指挥棒"的时期已经过去，高质量发展的经济时代已经到来。从新型城镇化的发展目标来看，已由过去单纯追求城镇化率目标逐渐向"新城镇人"的高质量发展转变。

早期关于幸福感的研究成果大多来自心理学、社会学和哲学领域，自从伊斯特林（Richard A. Easterlin）提出"收入—幸福"悖论之后，经济学关于幸福感的研究逐渐丰富起来。随着我国政府构建"和谐社会"和"幸福社会"目标的提出，针对中国居民主观幸福感的研究陆续涌现。从已有的研究来看，尽管诸多学者已经进行了大量的研究和分析，然而这些问题的研究是孤立的、零散的，到目前为止并没有形成一个得

流动人口发展路径的统计分析：从提升主观幸福感到社会融入的转变

Statistical Analysis on the Development Path of Floating Population: From Promoting Subjective Well-being to Social Integration

到广泛认可的主观幸福感分析框架。正因为如此，在没有成熟的研究框架可供借鉴的情况下，本书尝试提出一个基于经济因素和非经济因素的分析框架，综合分析主观幸福感的影响因素。与已有文献研究不同的是，本书选择的研究群体为中国流动人口，流动人口对中国经济社会发展作出了重要贡献，然而他们在流入地生活状况如何？经济的发展是否让他们感觉更幸福？有哪些因素在影响他们的主观幸福感？和当地居民相比，他们的幸福感及影响因素是否有明显差异？基于种种疑问，本书利用中国流动人口动态监测数据、中国综合社会调查数据和世界价值观调查数据等微观调查数据对流动人口的主观幸福感发展趋势及其影响因素进行了较为全面的分析。

与此同时，考虑到主观幸福感的测量结果多采用自我感受和主观回答的方式获取，为了深入分析近年来流动人口的发展趋势，进一步引入流动人口社会融入指标。该指标采用多个维度衡量，包括诸如收入、消费、居住等事实性指标，从而更加客观地衡量流动人口的生活现状和发展变化。促进流动人口社会融入已成为我国人口发展中的核心目标之一，事关流动人口生存发展权利，事关流动人口生活质量，事关我国经济社会公平、可持续发展大计，事关我国"两个一百年"奋斗目标的实现。习近平总书记在党的十九大报告中提出要"加快农业转移人口市民化"，在十八届中央政治局第二十二次集体学习时指出要加快推进户籍制度改革，完善城乡劳动者平等就业制度，逐步让农业转移人口在城镇进得来、住得下、融得进、能就业、可创业。这为新时代流动人口社会融入明确了发展方向。2020～2035年是新时代推进流动人口社会融入的关键阶段，既要注重解决当下流动人口存在的突出问题，又要持续深化改革，逐步解决深层次的体制机制问题，进而从制度上保障流动人口真正融入城市。国家卫生健康委员会（原卫计委）组织的全国流动人口动态监测调查数据内容体现了近10多年来对流动人口关注热点的变化，2009～2012年重点关注流动人口福利（包括主观幸福感）的变化，从2013年起，设置了专题调研，重点关注流动人口社会融合以及与当地户籍居民的对比，其中，2013年、2015年和2017年分别为流动人口社会融合专题、户籍人口与流动人口对比专题、大城市流动人口与户籍人口对比专题。因此，本书借鉴国家卫生健康委员会对流动人口关注重点的变化思路，从主观幸福感和客观社会融入两个方面探讨近年来流动人口的发展变迁，体现了流动人口从主观到客观、从心理感受到实质生活质量的发展变化。

本书的第一部分包括导论和第一章，导论部分阐述了研究背景和意义，以及国内外研究动态，并对本书的研究思路与结构进行了说明。第一章对主观幸福感的理论和社会融入理论进行了回顾，并且对主观幸福感的测量和可靠性进行了说明。

第二部分为流动人口主观幸福感的实证分析部分，包括第二章至第五章。具体结构分布为，第二章采用描述统计法描述流动人口幸福感的总貌以及基于个体特征和外在特征的幸福感分布情况，数据表明流动人口处于比较幸福的水平。第三章为流动人口主观幸福感影响因素的实证分析，采用有序因变量模型，从经济因素和非经济因素角度进行分析，研究发现，经济因素与非经济因素对流动人口主观幸福感均有显著影响，绝对收入和相对收入对幸福感均存在显著正向影响，同时家庭收入、家庭储蓄和住房产权均存在显著正影响。除此之外，该章还重点分析了流动人口社会融入状况与主观幸福感的关系，采用主成分分析法提取了社会融入的三个因子，采用有序因变量模型分析发现主观融入因子、客观融入因子和长期融入因子对主观幸福感均存在显著的正向影响；该章最后采用分位数回归方法分析各影响因素对不同幸福水平的流动人口的影响差异。第四章按照城乡、区域和代际差异将流动人口分为不同群体，对他们的幸福感进行分析，研究发现多种因素对流动人口幸福感的影响存在城乡差异，农村流动人口主观幸福感低于城镇流动人口，经济因素、闲暇因素、社会融入因素等对城镇流动人口幸福感的影响程度大于农村流动人口，整体而言，农村流动人口适应当地的能力与城镇流动人口相比存在较大差距。从区域角度来看，研究发现流动人口最幸福的地区并不是经济发展水平最高的区域，东部地区经济发展水平最高，但该地区流动人口幸福感却最低，西部地区流动人口幸福感最高。考察各种因素

流动人口发展路径的统计分析：从提升主观幸福感到社会融入的转变

Statistical Analysis on the Development Path of Floating Population: From Promoting Subjective Well-being to Social Integration

发现，在性别、婚姻、就业身份和文体活动参与方面，东部、中部、西部以及东北地区并无明显差异，而在受教育程度、年龄和收入方面则存在较为明显的差异。从代际角度来看，为了考察整个生命周期的幸福状况，该章采用中国综合社会调查（CGSS）2017年的调查数据，研究进一步证实了年龄与幸福感的"U"型关系，发现25～59岁年龄段的幸福感较低，而24岁以下与60岁以上群体的幸福感较高。第五章基于中国综合社会调查（CGSS）2017年数据，分析流动人口与当地居民幸福感的差异，从描述统计可以看出，流动人口的幸福感高于本地居民，进一步通过有序回归发现流动人口幸福感较高的原因是他们的幸福期望较低，这种"伪幸福"现象值得后期进一步关注。

第三部分重点分析流动人口社会融入情况，包括第六章与第七章。第六章利用2013～2019年中国流动人口动态监测数据以及中国城市流动人口社会融合发展报告等数据，从基本公共服务均等化视角分析流动人口享受基本公共服务的现状。第七章实证分析了流动人口社会融入的路径及与户籍人口对比的差距，与采用主观方式单指标衡量幸福感不同的是，社会融入采用多维度主客观指标相结合的方式进行测量，为了深入考察流动人口社会融入现状，利用2017年中国流动人口动态监测数据和专题调查数据，构建生理适应、经济融入、社会适应、身份认同、心理融入五维度指标体系，探讨流动人口社会融入结构及路径，并通过对比流动人口与户籍居民的社会融入状况，发现流动人口仅在生理适应方面与户籍居民没有显著差异，在高层次的社会融入维度，流动人口与户籍居民存在显著差异，流动人口并没有充分融入当地，存在"伪融入"现象。

第四部分为本书的结论部分，包含第八章和结论与展望。考虑到流动人口是当前户籍制度下的一个特有概念，随着户籍制度改革及新型城镇化发展的不断深入，流动人口（新城镇人）与当地人口（老城镇人）将成为一个统一的整体，故第八章将流动人口与非流动人口作为一个整体，采用世界价值观调查数据（1990～2018年）分析中国居民的主观幸福感发展趋势及影响因素。随着经济的发展，居民对幸福的理解发生了变化，从过去更加注重收入的提高到现在开始注重经济因素与非经济因素的协同发展，并且随着时间的推移，非经济因素将显得更加重要。最后为全书的结论与展望。

本书认为，长期以来注重经济增长的发展模式转变为以居民幸福为发展目标的时机已经到来。流动人口作为城市中相对弱势的群体更应受到关注，只有全面提高流动人口各方面的福利水平，才能让他们更好地融入城市，成为城市新市民，在城市中幸福快乐的生活，也只有如此，才能真正完成"人"的城镇化。

最后，感谢湖北省社科基金后期项目（2020035）对本书出版的资助。

CONTENTS 目 录

流动人口发展路径的统计分析：从提升主观幸福感到社会融入的转变

Statistical Analysis on the Development Path of Floating Population: From Promoting Subjective Well-being to Social Integration

导　　论

一、研究背景和意义

（一）研究背景

2020 年《中国统计年鉴》数据显示，2019 年的中国流动人口达到 2.36 亿人，占全国总人口的 17%，相当于每 6 个人中就有 1 个人是流动人口。我国正在经历人类历史上最大规模的人口流动，《中国流动人口发展报告》（2010 ~ 2018 年）指出，1982 ~ 2014 年，中国流动人口数量出现明显增加趋势，由 657 万人上升到 2.53 亿人，2015 年后，流动人口规模小幅下降，但总量依然维持在 2.3 亿人以上的高位水平。随着我国城市化、工业化的进一步深入，高质量发展的目标不断推进，人口流动趋势将保持高位稳定，同时存在进一步上升的可能，大量人口从农村流向城市，从欠发达地区流向发达地区，按照原国家卫生和计划生育委员会（以下简称"国家卫计委"）的预测，到 2030 年流动人口规模将超过 3 亿人。① 流动人口对中国经济的发展越来越重要，大规模的人口流动迁移为我国经济腾飞提供了丰富的劳动力，促进了劳动力资源的优化配置，提高了生产率，为城市化、现代化的快速发展奠定了基础，同时也使当今经济社会生活发生了广泛、深刻的变化。流动人口是我国经济发展和社会进步的重要推动力量，流动人口改变了中

---

① 国家卫计委：2030 年流动人口将逾 3 亿 [N]. 新京报，2015 – 07 – 10.

国，中国该如何改变他们？作为我国一个数量庞大的特殊群体，流动人口背井离乡之后的生活状况如何，和在流出地生活相比，现在是否更幸福？他们融入新城市的状况如何？这些都是值得关注的问题。近十年国家的政策文件充分体现了对流动人口发展的关注。

温家宝在2010年《政府工作报告》中强调指出，我们所做的一切就是要让人民生活得更加幸福、更有尊严，让社会更加公正、更加和谐。如果说追求幸福是人的最终目标，那么，经济发展的目的应该是让人民更幸福。

2013年习近平总书记在甘肃考察时指出，全面建成小康社会离不开背井离乡农民工的辛勤劳动和贡献，要更关心、关爱农民工，维护他们的合法权益。[①] 李克强在2014年《政府工作报告》中强调，城镇化是扩大内需的最大潜力，城镇化的核心是推进人的城镇化。

2014年中共中央、国务院发布的《国家新型城镇化规划（2014—2020年)》中明确指出，当前我国城镇化水平不高，农村流动人口难以融入城市社会，流动人口市民化进程较慢，并提出"以人为本，公平共享"的发展原则，规划要求新型城镇化发展要以人的城镇化为核心，合理引导人口流动，有序推进农业转移人口市民化，稳步推进城镇基本公共服务常住人口全覆盖，不断提高人口素质，促进人的全面发展和社会公平正义，使全体居民共享现代化建设成果。

党的十八大就全面建成小康社会、推进中国特色社会主义事业作出了全面部署，提出要在经济建设的基础上改善民生和加强社会建设，形成社会和谐人人有责、和谐社会人人共享的局面，要求积极推进农业转移人口市民化，完善和创新流动人口管理服务。

党的十九大报告中，习近平总书记再次强调了加快流动人口市民化的任务要求，在十八届中央政治局第二十二次集体学习时指出要加快推进户籍制度改革，完善城乡劳动者平等就业制度，逐步让农业转移人口在城镇进得来、住得下、融得进、能就业、可创业，维护好农民工合法权益。加快推进流动人口市民化是"十四五"期间中国全面提高新型城镇化发展质量的重要任务，是促进中国经济内生性增长和国内大循环的重要动力。以人为核心

---

① 习近平视察甘肃工地时询问农民工工资如何保障［N］. 甘肃日报，2013 - 02 - 17.

的新型城镇化发展质量主要体现在如何提升作为融入主体的流动人口的生活质量。

　　改革开放 40 多年来，中国的经济建设取得了辉煌成就。人民的物质生活和文化生活已经发生了天翻地覆的变化，经济增长取得巨大的成功，人民物质生活水平显著提高，文化生活丰富多样。2005 年，我国学者奚恺元对中国 6 个城市（杭州、上海、北京、成都、武汉和西安）的调查显示，居民幸福水平的高低与经济发展并非绝对正相关，人均月收入更高的城市并不必然对应着更高的幸福水平，[①] 而 2007 年《瞭望东方周刊》等新闻媒体的调查也得出相似的结论。数据表明，经济的高速增长和居民幸福感的提升并不是同步的。对此种种现象，奚恺元教授对中国近几十年的经济发展和国民幸福感的关系作出了如下总结：经济的增长可以明显提高国民幸福感，现在的国民比 20 年前要幸福很多，然而，随着经济的发展，国民幸福与否很大程度上取决于与财富无关的因素，非财富因素对国民幸福的影响将会越来越重要，例如人们的身体健康、环境污染、人际关系、社会公正等。

　　从近几十年的社会发展来看，我们面临着一个亟待解决的发展难题：经济发展快，居民幸福感没有跟上经济发展水平。现代经济国家，无一例外地都非常重视 GDP，然而，GDP 真的就能换来幸福吗？人类利用科技手段促进经济迅速发展的能力空前提高，我们可以仅用二三十年的时间去完成过去 100 多年才能创造的财富，但在提高人民幸福水平方面，还值得深入探索，其原因一方面是由于改革开放以来，我们一直在强调经济发展，GDP 规模是重要的评价指标，且我国经济发展确实取得了相当出色的成绩，GDP 从 1978 年的 0.36 万亿元增长到 2019 年 99.09 万亿元，消除物价指数后，增长了约 23 倍，城镇居民人均可支配收入实际增长 10.5 倍，年均实际增长 7.4%，农村居民人均纯收入实际增长 10.8 倍，年均实际增长 7.5%；另一方面是没有深入研究经济增长和幸福的关系，人们的思维或许还停留在"经济增长了，收入提高了，居民自然就会幸福"的阶段。然而，历史经验表明，GDP 指标重点关注的是最终产品的市场价值，它无法全面衡量经济社会的发展水平和国民的生活质量，有时过分追求 GDP 最大化，会忽略由

---

① 参阅 2006 年中欧国际工商学院发布的《2005 年中国城市及生活幸福度调查报告》。

此产生的社会成本，或者产生负的外部性，如高代价的环境成本、资源成本等。片面追求经济增长，居民需要面对来自个人生存环境、自然生存环境和社会心理环境的影响。在个体生存环境方面，人们需要面对的是更快捷的生活节奏、更长的工作时间、更少的休闲生活、更多的亲情缺失以及更差的健康状态；从自然生存环境来看，人们需要面对的是污染了的空气和水、不安全的食品、严重拥堵的交通、百年不遇的干旱雨雪灾害天气等；在社会心理环境方面，人们需要面对的是更大的心理压力、更激烈的竞争环境、更严重的社会不公、更大的贫富差距等。可以想象，如果我们生活在这样的大环境中，幸福感显然难以提升。所有这些，都是 GDP 难以衡量到的方面，当然，我们不能要求 GDP 太多，GDP 从来就没有被赋予需要全面衡量社会发展水平的义务。党的十八大以来，中央政府已经开始将经济高质量发展作为未来发展的主题，将人民对美好生活的愿望与发展不平衡不充分的矛盾作为未来需要解决的主要问题，这无疑将有效提升居民幸福感水平。

当然，金钱和幸福究竟是什么样的关系，仍然需要探讨。当人们还处在"吃不饱、穿不暖"的物质匮乏时代，感觉不幸福很容易理解，但在逐渐富裕起来的生活条件下依然感觉不到幸福感显著提升，是值得我们深思的问题。显然，我们不能用贫穷或者财富短缺来解释这个问题。自从著名人口经济学家伊斯特林（Richard Easterlin）教授提出"幸福悖论"后，"经济增长和财富积累不会必然导致幸福"被越来越多的人所接受。甚至有学者研究发现，收入与幸福之间具有负相关的关系，如黄有光（2013）认为，金钱既买不到幸福，也买不到高的生活质量，人们互相比赚钱是一种不理性的行为，因为这样不仅不能提升幸福感，反而会因为不合理的竞争、浪费资源、人际关系破裂等负面影响降低幸福感。

随着经济社会的不断发展，人们以收入论"幸福"的阶段将逐渐成为历史。一般来说，幸福可以分解为好收入、好生活和好心情。如果说经济增长可以衡量收入，生活质量可以判断生活状况，那么幸福感可以衡量的就是心理状况，尤其是主观心理。这三者不是独立的，《政府工作报告》指出"让人民生活得更加幸福"，意味着社会从关注人民的物质需求、经济状况转向关注精神追求和心理感受，是在以新的视角全面审视人民的物质需求、精神需求、生活质量、生存环境之间的关系。相比于简单枯燥的 GDP 数据，关注人的心理体验与情感诉求的幸福，表明发展理论和发展实践上升了一个层次，发展的内涵得到深化。但这并不是表明我们要在幸福感和 GDP 之间做一个零和博弈，GDP 不能替代幸福感，幸福感同样不能代替 GDP，没有经济的发展、收入水平的提高，我们的幸福无从谈起。我们要在继续发展经济的情况下，重点关注人民的幸福感，使经济发展和人民多方面的诉求和谐发展，所以，正确认识两者之间的关系对于促进经济社会全面健康发展具有重要意义。

幸福研究关系到经济发展的宏观旨趣之所在是追求经济的高速增长还是关注民众的经济福祉。幸福自古以来就是人们生活追求的目标，同时实现国民福利的最大化也是各个国家发展的最终目的，经济发展的最终目的是要回归生活，回归民众，回归到民众的福祉或幸福上来。

从"幸福"的主题来看，党的十八大以来，以习近平同志为核心的党中央秉持以人民为中心的发展思想，把改善人民生活、增进人民福祉作为一切工作的出发点和落脚点。2022 年 2 月，习近平总书记在中共中央政治局第三十七次集体学习中明确指出："生存是享有一切人权的基础，人民幸福生活是最大的人权。"我国经历 40 多年经济高速发展，追求幸福成为整个社会的共识。

对于流动人口这个特殊群体而言，则需要更多的关注。他们背离家乡来到新城市，如何融入新社会，成为新城镇人，并在流入地幸福地生活，是关系其生存发展的问题，也是关系到国家新型城镇化发展目标是否能高质量实现的重要战略问题。

（二）研究意义

1. 理论意义

已有文献关于居民主观幸福感的研究已经比较丰富，然而并没有形成一个理论分析框架，大多数文献主要从经济因素（收入）方面进行分析，考虑到非经济因素对居民的幸福感影响越来越重要，本书试图提出一个基于经济因素与非经济因素的主观幸福感影响因素的分析框架，为幸福感的理论解释提供经验支撑，完善居民幸福感影响机制的理论解释，为进一步形成规范的主观幸福感研究框架作铺垫。同时，对流动人口社会融入的维度和路径进行探讨，扩展分析视角，对人口学的理论发展具有一定的参考意义。

鉴于目前国内还没有学者对流动人口群体的幸福感影响因素进行系统的分析，本书填补了这一空白，在流动人口幸福感的理论分析上具有探索和启发意义。

2. 现实意义

过去40多年是中国经济和社会迅速转型的时期，在城镇化不断深入的过程中，大量的农村劳动力流入城市，大规模的人口迁移在我国已经持续了20多年。流动人口为我国的经济社会建设作出了重要贡献，流动人口改变了中国，然而他们在流入地的生活现状如何，在流入地是否幸福快乐，是否较好地融入当地，这不仅关系到流动人口本身的福利，更关系到中国城镇化进程是否能够健康推进。研究流动人口幸福感的状况，分析其受哪些因素的影响，这些问题的解答有助于公共政策从关注经济增长转向关注居民幸福，尤其是注重处于相对弱势地位的流动人口的幸福水平，有助于我们更加明确如何建设和谐的社会乃至更加幸福的社会。①

本书基于微观数据，通过实证研究，分析经济因素与非经济因素对流动人口主观幸福感的影响，在当前中国积极推进城镇化建设和构建幸福社会的大背景下研究流动人口的幸福感，以及流动人口社会融入状况和融入路径，不仅是理论发展的需要，更具有与时俱进的时代性。在实践上，立足于流动人口这一特殊群体，为提升流动人口主观幸福感以及中国居民主观幸福感提供实证依据以及有价值的政策建议，为流动人口更好地融入社会，成为新城镇人提供发展路径。

党的十九大报告提出，"使人民获得感、幸福感、安全感更加充实、更有保障、更可持续"。从获得感、幸福感、安全感来表述人民向往美好生活的需要，体现了新时代中国共产党执政的使命自觉，也充分展现了我国政府将发展重点逐渐转向人的发展。本书分析了流动人口主观幸福感的影响因素，对于完善经济社会发展的多维测度具有重要理论意义；分析了流动人口的社会融入状况，对于实现新型城镇化发展目标，实现国民经济高质量发展

---

① 和谐社会是党的十六大提出的社会建设目标，其主要特征包括民主法治、公平正义、诚信友爱、充满活力、安定有序、人与自然和谐相处，是以解决人民群众最关心、最直接、最现实的利益问题为重点。幸福社会主要指人民群众在满足各种物质和精神需求后，自我感觉幸福的一种状态。

具有重要现实意义。

二、国内外研究动态

（一）国内外"幸福感"研究现状

现代经济学对幸福的研究兴趣归功于心理学的贡献。其实经济学早在序数效用论兴起时就已放弃了对幸福问题的研究，而是重点研究效用或者福利问题，不论是效用还是福利经济学，收入都是其最主要的影响因素。故而，长期以来，经济学的研究重点都放在经济增长上，经济增长成为一切问题的核心所在，经济增长了，效用就会提高，民众的福利也会改善。而且，经济学的边际效用递减理论固化了收入与效用的关系，即收入增加，效用也会增加，但效用增加的速度会随着收入的增加而减缓。心理学家布雷克曼等（Brickman et al.，1978）曾经研究在博彩中获得大奖的人的幸福感，结果表明，他们的幸福感并没有明显的提高，进一步的研究表明人们的幸福感不仅受到收入的影响，工作、家庭等因素也会影响幸福感。在如何测量人们的主观幸福感问题上，心理学的研究作出了重要贡献，经过长期的幸福感调查研究，心理学家们发现，主观幸福感的调查数据可以比较好地反映出人们的幸福状态，从而为主观幸福感的定量分析奠定了基础，也为包括经济学在内的多门学科对幸福感的研究扫清了障碍。

现代经济学对幸福感的正式研究，起源于 1974 年美国经济学家伊斯特林对第二次世界大战后美国人民的幸福感调查研究。研究发现，虽然美国的经济持续增长，实际人均收入也显著增加，但人民的幸福水平并没有显著提高，因此，伊斯特林提出了"收入—幸福"悖论，这也引起了其他学者对"收入—幸福"之谜的进一步关注。后来的学者们通过不同的样本对"收入—幸福"悖论进行了验证和分析。弗雷等（Frey et al.，2002）对日本的幸福感研究发现，1958～1991 年，日本的经济增长了近 6 倍，而民众的幸福满意度却没有提高。克拉克（Clark，2008）对 5 个欧洲国家 1973～2004 年的幸福感进行了调查研究，发现"收入—幸福"悖论现象在欧洲发达国家也存在，而在当时的民主德国，民众的幸福感随着收入的增加显著提高。诸多文献研究表明在经济不发达的国家（地区），收入的增长会提高幸福程度，在经济发达国家（地区），收入的增加对幸福感的提升效应并不明显。也有一些机构和学者对我国的"收入—幸福"悖论进行了研究，宏观数据研究表明，"收入—幸福"悖论也存在于中国，根据世界价值观调查（World Values Survey，WVS）数据（对中国的调查有六次，分别是1990年、1995年、2001年、2007年、2013年和2018年）显示，随着我国经济的高速增长，幸福感并没有提升。幸福悖论的原因成为现代幸福经济学研究的一个重要方向，至今，依然有很多学者试图从经济因素、社会学因素、制度因素等多方面考察幸福悖论背后的机制。除此之外，不少学者从其他角度分析主观幸福感。乔珊洛、西盖和帕克（Joshanloo，Sirgy & Park，2018）利用美国成年人样本数据，分析了社会幸福感和主观幸福感的关系，发现社会幸福感可以较好预测主观幸福感，相反则不一定。班纳吉和昆杜（Banerjee & Kundu，2020）利用印度数据研究非正规就业者的主观幸福感，结果表明收入是影响主观幸福感和心理感受的强大因素，且农村非正规就业者幸福感高于城市。叶华娜（Yehuala，2020）利用世界价值观第6轮调查数据，采用多层次分析模型研究福利与主观幸福感的关系，研究发现在发达国家，福利对主观幸福感的影响较小。

国内研究主观幸福感相对较晚，也较为零散，最早的研究来自心理学对居民生活质量的研究。林南和卢汉龙（1989）采用结构方程模型对上海市的居民生活质量进行了研究，研究认为生活质量的评价应该包含认知、情感和行为三个方面。段建华（1996）对影响主观幸福感的情感因素进行了分析，研究认为幸福感是积极情感和消极情感的一种平衡。

在总结了国外对主观幸福感的测量方法的基础上，经过多年的追踪研究，邢占军（2002，2005，2008）提出了适合中国居民主观幸福感的调查量表，2002年设计的量表包含54个问题，分为心理健康体验、人际适应体验、家庭氛围体验等10个分量表；2005年进行了升级，编制了能够进行大规模调查的量表简本，其中包含20个项目，并证实了其具有良好的信度和效度；2008年利用6个省会城市的调查数据对该量表的心理测量学特性进行了验证，并以此进行完善，形成了包含40个项目的适合全国范围调查的修订版量表。

　　多数学者的研究重点依然是收入与主观幸福感的关系，尤其集中在相对收入和绝对收入对主观幸福感的影响程度上，朱建芳和杨晓兰（2009）将居民收入分为高、中、低三个水平，并分析对其幸福感的影响，研究结果表明不论哪个收入水平，收入依然是影响幸福感最重要的因素。田国强和杨立岩（2006）基于"攀比理论"建立个人效用模型，得出存在攀比效应时，收入的增加在一定的阶段内会提升个人效用，当超过某个临界值时，效用可能会下降。罗楚亮（2009）根据2002年城乡居民入户调查数据，研究认为绝对收入和相对收入都对幸福感产生显著影响，但相对收入的影响更大。谢识予等（2010）对上海市的样本分析也证实了这一观点，发现在控制性别、婚姻、社会保障等因素后，绝对收入和主观幸福感并没有显著的关系。

　　还有部分学者研究除收入外的其他因素对主观幸福感的影响，从性别来看，辛自强等（2001）对成年人样本进行研究，发现男性的幸福感高于女性，他们认为相对于男性，女性更容易表现出负面情绪。苗元江等（2003）对大学生群体的研究发现，女性比男性更幸福，他们认为女性的心理预期较低，比男性更容易满足，而男性则因为预期较高而更容易情绪压抑。孙凤（2007）采用结构方程模型研究性别、职业对主观幸福感的影响，发现职业女性比男性有较高的"工作幸福感"和"较低的生活幸福感"。从年龄来看，很多研究表明老年人幸福感较低，因为老年人往往身体健康状况较差，面临不可控因素的可能性较大。

　　娄伶俐（2009）和鲁元平（2010）还分别对国内外学者对主观幸福感的研究进行了综述和总结。周力和沈坤荣（2021）利用中国家庭追踪调查（CFPS）数据研究相对贫困对主观幸福感的影响，研究表明，当家庭收入低于平均收入40%分位点时，国民主观幸福感显著下降。邱红和张凌云（2021）利用中国综合社会调查数据分析青年受教育程度对主观幸福感的影响，研究表明学历提升可以提升幸福感，但研究生及以上学历幸福感有所下降。阳义南等（2016）利用中国综合社会调查数据分析收入不公平感、社会保险与国民经济幸福感的关系，研究表明，收入不公平感每上升1个单位，幸福感下降8.4%，社会保险能促进幸福感提升。王敏和王峰（2019）分析了农民社会阶层对主观幸福感的影响，研究表明社会阶层能显著影响幸福感，并且在发达地区效应更强。

流动人口发展路径的统计分析：从提升主观幸福感到社会融入的转变

Statistical Analysis on the Development Path of Floating Population: From Promoting Subjective Well-being to Social Integration

（二）国内外"社会融入"研究现状

社会融入属于社会学、经济学和管理学的范畴，这三个学科领域有不少学者展开研究。从研究的内容来看，主要包含三类：第一，对社会融入概念的界定和分析；第二，构建社会融入指标体系；第三，分析社会融入的影响因素。从社会融入的概念来看，至今也尚未形成一个权威的定义，本书对目前的文献进行了梳理，具有代表性的概念包括，帕克（Parker，1921）提出的社会融入同化论，他认为社会融入是指"个体或群体相互渗透、相互融合的过程，在这个过程中，通过相互获得对方的记忆、情感和态度，最终融合到共同的文化生活中"。胡锦山（2008）认为迁移群体被包容进主流社会或纳入主流社会各种状态的过程即为融入。阿尔巴和李（Alba & Nee，2017）认为融入过程是界限的跨越、模糊和重构，是不同种族之间不断消除差别的过程。杨菊华（2009）认为融入是一个群体（主要是迁移群体）自我传统不断弱化的过程。任远和邬民乐（2006）、杨聪敏（2010）、周皓（2012）等都认为社会融入是外来群体逐渐与流入地群体在生活、文化等方面不断接近的过程。在构建社会融入指标体系方面，国外的研究相对较早，比较有代表性的包括帕克和米勒（Park & Miller，1921）为代表的"一维"模型（经济融入）、以戈登（Gordon，1964）为代表的"二维"模型（结构性和文化性）、以杨格（Junger，2001）等为代表的"三维"模型（结构性融入、文化性融入和合法性融入）和以恩泽格尔（Entzinger，2003）为代表的"四维度"模型（经济融入、政治融入、文化融入和被接纳程度）。国内的研究相对较晚，风笑天（2004）对三峡农村移民进行了社会适应研究，设置了经济适应、心理适应、环境适应、生活适应四个维度、共9个指标进行社会适应测量。国内研究最具代表性的是杨菊华（2009）提出的社会融入的四个维度，即经济整合、文化接纳、行为适应和身份认同，四个维度层层递进。任远和乔楠（2010）总结了流动人口的社会融合维度，包括自我身份认同、对城市的态度、与本地人的互动、感知的社会态度等。黄匡时等（2010）构建了农民工城市融合多层次指标体系，包括经济融合、行为适应、文化接纳和身份认同四个维度数十个具体指标。从社会融入的影响因素来看，迁入地的特征是影响社会融入的因素之一，具体包括迁入地的经济发展水平（宋月萍，2012；余运江，2014；杨云彦，2014；王震，2015）、迁入地的社会保障（杨菊华，2016；黄小兵，2015）、迁入地的居住状况（褚荣伟，2014；王震，2015）、本地居民对流动人口的态度（褚荣伟，2014）、流动类型（侯亚杰，2016；杨菊华，2016）；流动人口的个人特征也是影响社会融入的重要因素之一，年龄、性别、受教育程度、户口性质、人力资本等（石智雷，2014；杨菊华，2012）；流动人口的社会网络支持（悦中山，2011）是影响其社会融入的重要因素，包括流动人口的人际交流、社会活动、社会资本等一系列行为和资源。

从已有研究文献来看，我们发现，多数文献着重分析某一两个因素对主观幸福感的影响，缺乏对主观幸福感影响因素的全面研究，且并未形成较为成熟的分析框架。从研究群体来看，尽管学者们对不同群体的主观幸福感进行了较为丰富的研究，但对于中国流动人口群体主观幸福感的研究却一直是空白。鉴于此，本书试图提出一个主观幸福感的研究框架，从多维度对流动人口的主观幸福感影响因素进行深入分析，并进一步探讨流动人口社会融入的现状和路径。

三、研究思路、本书结构及创新点与不足

（一）研究思路

本书主要运用中国流动人口动态监测数据（2009～2017年）进行研究。国家卫生健康委员会（原国家卫计委）组织的中国流动人口动态监测数据内容体现了近10多年来对流动人口关注热点的变化，2009～2012年重点关注流动人口福利（包括主观幸福感）的变化，从2013年起，设置了专题调研，重点关注流动人口社会融合以及与当地户籍居民的对比，其中2013年、2015年和2017年分别为流动人口社会融合专题、户籍人口与流动人口对比专题、大城市流动人口与户籍人口对比专题。基于此，本书以国家卫生健康委员会问卷调查思路为指导思想，试图从主观幸福感和客观社会融入两个方面探讨近年来流动人口的发展路径。从已有的对主观幸福感各相关问题研究来看，尽管诸多学者已经进行了大量的研究和分析，然而这些问题的研究是

孤立的、零散的，到目前为止并没有形成一个得到广泛认可的主观幸福感分析框架。正因为如此，在没有成熟的研究框架可供借鉴的情况下，本书尝试提出一个基于经济因素和非经济因素的分析框架，首先，利用流动人口动态监测数据对流动人口主观幸福感的影响因素进行考察，并比较不同流动人口群体主观幸福感的差异；其次，利用中国综合社会调查数据（CGSS）比较流动人口与当地人口的幸福感差异；再次，利用世界价值观调查数据（WVS）对中国居民的主观幸福感进行分析；最后，提出"追求幸福是人类社会发展的终极目标"以及提升中国居民主观幸福感的途径。值得关注的是，考虑到幸福感的测度结果主要依靠被访者的主观作答方式获得，且指标单一容易出现"伪幸福"现象，因此本书对这一现象进行了分析，并且引入流动人口社会融入指标体系，构建了五个维度的因子（包括客观事实指标和主观指标），更加客观地分析了流动人口在流入地的生存和发展状态。总体而言，本书对流动人口的生活现状从主观幸福感到客观社会融入状况进行了全面分析，旨在更为准确地分析流动人口的发展变迁，探索流动人口是否存在"伪融入"和"伪幸福"现象，为提高流动人口的生活质量及高质量实现我国新型城镇化发展战略目标提供参考。

（二）本书结构

根据上述的研究思路，本书内容共分为八章：导论部分介绍选题背景与意义，国内外研究动态及研究思路等；第一章为主观幸福感的理论回顾及新构想，对幸福的概念以及主观幸福感的研究历史进行了归纳梳理，并对主观幸福感的测量方法与可靠性作简要说明；第二章为中国流动人口主观幸福感的描述性统计分析，揭示了流动人口幸福感的总体概貌；第三章为流动人口主观幸福感的影响因素分析，具体从经济因素和非经济因素两个方面进行分析；第四章为不同流动人口群体主观幸福感的差异研究，具体从城乡、区域和代际三个方面进行了分析；第五章为流动人口与非流动人口幸福感的差异研究，重点分析基于整体样本和城市样本两类群体的幸福感差异；第六章为基本公共服务视角的流动人口社会融入现状分析；第七章为流动人口社会融入结构及路径研究，通过流动人口与当地居民对比，验证流动人口融入质量；第八章为中国居民主观幸福感影响因素分析；最后一部分为全书结论与展望，提出当下及未来应将发展的重心逐渐转向人民的生活水平和福祉的提高，需以幸福视角看待发展，深化从追求数量目标转向质量目标的观念。

本书所阐释的总目标、子目标、数据来源及研究方法、主要结论、研究方法如图 0-1 所示。

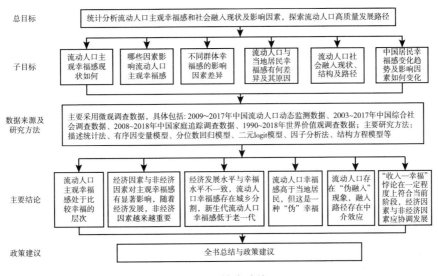

图 0-1　技术路线

注：所有数据均为截至 2022 年 3 月数据。

（三）本书的创新点与不足

1. 本书的创新点

第一，从研究对象来看，虽然关于主观幸福感的研究已经非常丰富，但对流动人口这个特殊群体的幸福研究仍处于空白，本书重点研究流动人口的主观幸福感及其影响因素，不仅可以揭示流动人口的幸福现状，还可以为完善流动人口的幸福水平提供理论支持。

第二，从分析框架来看，主观幸福感的研究涉及心理学、哲学、经济学、社会学等多门学科，虽然多门学科对其均有研究，但尚未形成权威的分析框架，尤其在经济学领域，大多数研究主要从伊斯特林的"收入—幸福"悖论角度分析，或者仅从某一类因素分析，缺乏一个综合的分析框架，本书

流动人口发展路径的统计分析：从提升主观幸福感到社会融入的转变

Statistical Analysis on the Development Path of Floating Population: From Promoting Subjective Well-being to Social Integration

提出一个基于经济因素和非经济因素的分析框架，较为全面地揭示了各种主要因素与主观幸福感的关系，为幸福感的理论解释提供经验支撑，为今后形成规范、统一的分析框架做铺垫。

第三，基于分位数回归法分析影响因素对不同幸福程度群体的影响。已有文献主要分析影响因素对主观幸福感均值的影响，往往忽略了影响因素对不同幸福感群体的影响差异，本书则分析了这一问题。

第四，分析流动人口社会融入与主观幸福感的关系。流动人口与当地居民的一个重要差异就是社会融入问题。本书采用因子分析法提取社会融入的三个因子，并分析三个因子与主观幸福感的关系，为流动人口更好地融入当地以至最终在当地幸福快乐的生活提供实证依据。

第五，多角度比较不同群体的幸福感差异。本书分别从城乡、区域和代际差异比较了不同群体的主观幸福感，比较了流动人口与非流动人口的幸福感，有助于有针对性地改善流动人口的幸福感，使其更好地融入为新市民。

第六，提出"伪幸福"和"伪融入"概念。本书在研究流动人口与非流动人口幸福感比较时，发现流动人口更幸福的原因是他们对幸福的预期低，本书把由于预期低导致的幸福称作"伪幸福"，我们应进一步思考"主观幸福感"和"客观幸福感"的关系。在研究流动人口社会融入状况时，本书发现和当地居民相比，流动人口除了生理融入和当地居民无明显差异外，其他维度均存在显著差距，流动人口目前仍处于"伪融入"状态。

2. 研究的不足

第一，对于幸福的分析和评价，较多地依赖问卷调查所获得的数据，加之没有统一规范的研究框架，因此如何从各种微观调查数据中获取有效的信息显得非常重要同时也非常困难，分析框架的选择和变量的选择具有主观性。

第二，研究方法的约束。由于主观幸福感是离散有序因变量，可选用的统计方法相对有限，多数实证研究均采用有序因变量模型或者最小二乘法，方法上难有突破。

第三，本书采用了三个不同数据库的样本，由于微观数据样本量大，变量多，在数据处理和衔接上存在不够细腻的地方。

主观幸福感的理论回顾及新构想

早在 2000 多年前，古希腊先哲们就开始了对幸福问题的研究，当时哲学家们对幸福的理解存在差异，因此形成了不同的流派。随着时代的发展，心理学、社会学以及经济学等学科对幸福感的问题研究越来越深入，在分析幸福感的具体问题之前，有必要对幸福感的研究历史做一个简单回顾。本章先阐述幸福感的研究历史，并对如何测量幸福感进行说明，之后在已有文献的基础上，提出主观幸福感的研究构想。

第一节 主观幸福感的研究历史

一、幸福的概念及特点

（一）幸福的概念

幸福是人们追求的终极目标，那么幸福究竟是什么？这是一个见仁见智的问题，每个人心中都有一个幸福的标准，有人说幸福是穷人的面包，是病人的健康，是沙漠中的一杯水，是炎炎夏日的一阵风，是温馨的家庭氛围，是陌路人的一个微笑。从专业角度来看，不同学科对幸福的判断标准也有所差异。在心理学中常用主观幸福感（subjective well-being）和生活满意度（life satisfaction）作为对幸福的衡量标准，在经济学中常用效用（utility）

流动人口发展路径的统计分析：从提升主观幸福感到社会融入的转变

Statistical Analysis on the Development Path of Floating Population: From Promoting Subjective Well-being to Social Integration

或者是福利（well-being，welfare）作为衡量个人福利和社会福利的主要指标。经济学家认为幸福是欲望的满足，社会学家认为幸福是良好的状态，心理学家认为幸福是身心的安宁和享受。正是因为对幸福有如此丰富的理解角度，迄今为止，学界也未能对幸福的定义作出权威、规范的描述。或许我们可以这样理解幸福，这是一个每个人都能说出其含义，但是谁都没法准确定义它的一个词语。

（二）幸福的特点

（1）主观性。不论从上述哪个角度来理解幸福，我们都可以发现它有一个明显的特点，就是幸福具有主观性，幸福只存在于个体的体验之中，不依赖外界的标准，到目前为止，还未发现有文献提出幸福的客观标准。

（2）综合性。人们对幸福的评价不是对某一个单独的生活领域评估后的感受，而是对整个生活感受的一个综合评价。

（3）时代性。人们对幸福的理解并不是一成不变的，在贫困时期和富裕时期，人们对幸福的要求有所不同。在贫困时期，能满足基本的衣、食、住、行就很幸福；在富裕时期，人们的要求则更高，除了衣、食、住、行等基本需求外，环境、情感、人际关系等非物质因素显得更加重要。

（4）木桶效应。我国学者吴丽明（2012）提出幸福的主要特点是满足"木桶理论"的规律。"木桶理论"表明，木桶的装水量不是由桶壁上最长的那块木板决定的，而是取决于最短的那块木板。幸福也有类似的特征，幸福受很多因素影响，就像木桶上面有很多木板，在影响幸福的诸多因素中，有些是正影响，有些是负影响，就像木桶上面有些是长木板，有些是短木板，有时候一个人的幸福不是由很多个正影响因素决定的，而是由少数甚至一个负影响因素决定。

（5）层次性。即物质需求是基本需求，精神需求是深层次的需求。只有在满足了基本需求的条件下，才可能去追求更高的精神需求。物质影响因素对幸福的影响程度具有边际效应递减性，当某个物质对于一个人已经非常丰富了，继续增加这种物质只能很小程度提升甚至不会提升幸福感；而精神层面的影响不具有边际幸福递减性，继续提高精神层面影响因素的状态，对于进一步提升幸福感依然会有明显的正效应。

二、幸福感的发展历史

（一）古典哲学视角的幸福理论

纵观幸福研究的发展史，人类对幸福的关注已有 2000 多年的历史。最早对幸福进行研究的学科是哲学，哲学家对幸福的认识和理解可以归结为两派，一派是"快乐论"，另一派是"实现论"。"快乐论"的代表人物是伊壁鸠鲁（Epicuros）和边沁（Bentham），"实现论"的代表人物是亚里士多德（Aristotle）。

伊壁鸠鲁是快乐论的鼻祖，他认为快乐是幸福生活的开始和终极目标，我们的一切抉择都是从快乐出发，我们的最终目的就是得到快乐。精神的快乐比感官的快乐更重要，但同时认为肉体和感官的快乐是一切快乐的基础。[①] 著名哲学家德谟克利特（Leucippus）从他的原子论世界观出发，认为幸福与不幸都源于灵魂，人应该生活在尽可能愉快的状态中，尽量减少痛苦。[②]

西方功利主义的创始人边沁关于幸福最有名的言论是"任何社会制定政策的标准是最大化最大多数人的幸福"。他认为，趋乐避苦是大自然赋予人类的本能，大自然将人置于"乐"与"苦"的主宰下，他们将指导人们如何选择。他对幸福学说的一个重要贡献是采用数量的方法计算苦乐的值。[③] 他认为不同的快乐和痛苦在性质上是没有差异的，但在量上有所不同。这一贡献为现代经济学中使用"效用"来衡量满足度的思想提供了重要参考。

（二）现代意义的幸福研究

现代意义上关于幸福的研究起始于第二次世界大战后的西方国家，而经

---

① 周辅成. 西方伦理学名著选集：上卷［M］. 北京：商务印书馆，1964：108.
② 北京大学哲学系外国哲学史研究室编译. 古希腊罗马哲学［M］. 北京：商务印书馆，1982：107－124.
③ 边沁. 道德与立法原理导论［M］. 时殷弘，译. 北京：商务印书馆，2000：87－88.

流动人口发展路径的统计分析：从提升主观幸福感到社会融入的转变

Statistical Analysis on the Development Path of Floating Population：From Promoting Subjective Well-being to Social Integration

济学对幸福的系统研究从 20 世纪 70 年代才开始。

1. 社会学视角的幸福研究

第二次世界大战后，贫穷和疾病席卷了全球，西方国家开始关注如何控制疾病、如何公平分配资源来提高老百姓的生活质量。进入 20 世纪 60 年代，随着各国经济的复苏，物质财富逐渐丰富，"丰衣足食"已经逐渐成为现实，然而，人们发现经济的快速发展只能解决社会的一部分问题，不能完全代替社会、家庭以及个人的发展，此时对能反映综合社会发展以及提高人民生活质量的指标需求非常迫切。1954 年，联合国成立了专门的委员会研究"生活标准"和"生活质量"，使它从初始的一个概念转变成了一个综合的指标体系。这个指标体系的前提是人民的生活质量可以由每个人对幸福感和满足度的主观评价来决定，这个体系避免了用单一的经济增长指标来衡量生活水平，而是一种可以度量居民生活水平的主观体系，而幸福感正是这个体系中非常重要的一个指标（Andrews & Withey，1976；Campbell，1981）。主观幸福感的研究从此开始。目前，世界权威的主观幸福感调查机构是世界价值观调查，它是对世界各国的人民进行涉及政治、经济、文化、社会、生活等方面的价值观全面调查的机构。从 1980 年至今，世界价值观调查已进行过七次全世界范围内的调查，其中包括 1990 年、1995 年、2001 年、2007 年、2013 年、2018 年对中国居民的主观幸福感和生活满意度的六次调查。

2. 经济学视角的幸福研究

受到边沁"痛苦和快乐可以计算"的启发，经济学家逐渐开始使用"效用"这一概念来衡量消费者消费一组商品所得到的满足程度，并且认为效用可以衡量为数字并进行计算（杰文斯，1871）。边际效用的创始人杰文斯（William Stanley Jevons）认为，消费的过程就是提高幸福和减少痛苦的过程，并且将边际效用理论应用到劳动时间分配上；他认为劳动是痛苦的过程，但所获得的收益是幸福的，人们理性的劳动时间选择应该是劳动边际效用等于劳动边际成本。萨缪尔森（Samuelson，1938）用自己提出的"显示偏好理论"对效用理论作出进一步的解释，他认为，效用衡量的是消费者的满足程度，满足程度是一种心理状态，不易观测和测量，但可以通过观测消费者的选择来判断其效用。理性的消费者通过行为展现自己的偏好，他们所选择的一定是使自己效用最大化的商品组合；在经历了效用理论和显示偏好理论的洗礼之后，经济学的关注集中于经济发展和收入增长，认为这必然带来幸福感的提升。

马歇尔（Alfred Marshall）认为，影响幸福的因素除物质外，还包含宗教、家庭情感和友谊等非物质层面的影响因素。20 世纪 20 年代庇古（Arthur Pigou）等创立的福利经济学，使用"福利"替代"幸福"对经济活动进行研究，庇古认为，福利可以分为经济福利和非经济福利，经济福利可以用金钱来衡量，要提高国民的经济福利需要扩大生产，增加国民收入，而非经济福利则需要满足国民精神需求和实现个人自由等。然而到 20 世纪 30 年代，罗宾斯（Lionel Robbins）对庇古的福利经济学进行了批判，他认为经济理论不应该包含价值判断，效用的可量化性和个人效用不可直接比，后来希克斯（John Hicks）等从帕累托理论的角度也批判了福利经济学，并且他们用序数效用替代了基数效用，彻底从福利经济学中抛弃了价值判断，于是序数效用论的兴起逐渐放弃了经济学中关于人类情感等精神层面的研究，仅使效用成为衡量人们偏好选择的一个函数，幸福研究彻底淡出了主流经济学。然而，随着经济的发展，社会财富急剧增长，人们的物质生活水平大幅提高，生活上的富裕激发了人们对生活质量的关注。第二次世界大战之后，世界迎来了和平的黄金发展期，各国的经济迅速发展，人们的物质生活条件显著改善，这似乎应该带来远远超过历史上任何时代的幸福世纪，然而现实情况却是人们的幸福感却并没有随之提升，这引起了学者们的反思，最早开始反思经济发展终极目标的当属美国经济学家伊斯特林，他通过研究战后美国的国民收入和幸福感之间的关系，发现收入的增长并没有带来幸福感的提升，因此提出了著名的"幸福悖论"，这一悖论的提出立刻引起了广泛的关注，开启了现代经济学幸福研究的大门。20 世纪后半叶，一种依靠自身评价来衡量幸福的研究开始兴起，也称为主观幸福感，随后国外很多学者诸如弗兰克（Frank，1984），奥斯瓦尔德（Oswald，1997）、克拉克和奥斯瓦尔德（Clark & Oswald，1994）、迪泰尔（Ditel，2003）等分析了相对收入、绝对收入、失业、通货膨胀等经济因素对主观幸福感的影响。

流动人口发展路径的统计分析：从提升主观幸福感到社会融入的转变

Statistical Analysis on the Development Path of Floating Population: From Promoting Subjective Well-being to Social Integration

第二节　主观幸福感的测量和可靠性

一、主观幸福感的测量

关于幸福感如何测量一直是学者们关注的焦点，20 世纪后半叶兴起了一种主要依靠个人对自身幸福感评价的方法，也称为"主观幸福感"（subject well-being）。它主要是指人们对其生活质量所做的情感性和认知性的整体评价，决定人们是否幸福的不是实际发生了什么，而是人们对于实际情况在情绪上作出的反应。迪纳（Dinner，2000）认为，主观幸福感是人们对已有生活状态和心中预期生活状态进行比较后的综合感受和评价，具有主观性、综合性、积极性的特点。

由于幸福感是一种主观感受，没有客观标准，所以对其测量较为困难，较早的研究大多采用图形来测量主观幸福感，比如坎特里尔（Cantril，1965）采用梯子和山脉，梯子和山脉越高代表主观幸福感越高；安德鲁斯和维西（Andrews & Withey，1976）采用面孔图来测量，用笑脸代表很幸福，悲伤的脸代表不幸福。而近些年，兴起了一种被广泛采用的测量方法——自陈量表法，即问卷设计中直接询问被调查者的主观幸福感，具体的问题表述方式略有不同，如维洛夫等（Veroff et al.，1960）设计的问题是"综合考虑这些天的感受，您认为自己是非常幸福、比较幸福还是非常不幸福呢？"还有一种更为常见的问法是"总体来说，您感觉自己幸福吗？"。回答的选项则有三分法、四分法、五分法、七分法、十分法等多种形式。例如中国综合社会调查（CGSS）问卷的问题是"整体来说，您觉得快不快乐？"回答选项为五分法"很快乐、还算快乐、普通、不太快乐、很不快乐"；世界价值观调查（WVS）问卷的问题是"考虑所有情况，您觉得愉快吗？"回答选项为四分法"很愉快、愉快、不太愉快、一点都不愉快"，有时问卷也会采用幸福感的近义词提问，如"总的来说，您对生活的满意度如何？"。回答选项为十分法，从 1（最不满意）到 10（最满意）描述满意度；全国流动人口动态监测数据的问卷问题是"和流出地相比，现在您觉得幸福吗？"，不同年份给出的选项答案也有差异，如 2010 年的回答为十分法，分别用 1 到 10 表示最不幸福到最幸福；2011 年的回答为四分法，即"更满意、一般、不满意、说不清"；2012 年的回答为五分法，即"很满意、满意、一般、不满意、很不满意"；2014 年采用 7 分制对"我对我的生活是满意的"进行评分。2016 年和 2018 年中国家庭追踪调查的问卷问题为"您有多么幸福？"，采用 0 ~ 10 分打分制。

二、主观幸福感测量的可靠性

仅用一个问题来测量一个人的幸福感是可信和有效的吗？威尔逊（Wilson，1967）通过对比主观评价和专家评定的结果，发现绝大部分专家评定的结果和主观评价的结果具有相似性，表明上述测量有效。罗宾逊（Robinson，1969）对可靠性问题进行过深入研究，发现上述测量幸福感是"稳定且经得起反复测量检验"。桑德维克（Sandvik，1993）的研究表明这种测量方法表现出了较为令人满意的心理测量学属性。福代斯（Fordyce，1983；1987）和迪纳（Diener，1984）的研究表明幸福量表的可靠性、有效性、一贯性和可比性均被证明是良好的。维恩霍文（Veenhoven，1984，1993，1996）认为尽管这种主观幸福度的测量很简单，但研究表明这一指标具有充分的效度和信度。另外，伊斯特林（Easterlin，2001）通过长期的研究证实，通过提出问题来测量幸福感具有研究价值，其测量结果可以进行跨文化和跨群体的比较研究。卡尼曼和克鲁格（Kahneman & Krueger，2006）对主观幸福感的测量给出了一个非常详尽的综述，指出自我陈述的量表可有效地体现主观幸福感。迪纳（Diener，2009）在图形、问题和数值三种形式的比较研究中，发现数值形式的量表效能相对更好。

三、本书所用数据的可靠性检验

本书在研究的过程中，运用了大量的微观调查数据，主要使用了中国流动人口动态监测数据（2009 ~ 2017 年）、中国综合社会调查数据（CGSS）

流动人口发展路径的统计分析：从提升主观幸福感到社会融入的转变

Statistical Analysis on the Development Path of Floating Population: From Promoting Subjective Well-being to Social Integration

（2003～2017 年）、中国家庭追踪调查数据（CFPS）（2008～2018 年）以及世界价值观调查数据（WVS）中国部分（1990～2018 年），下面对这四个数据库的数据可靠性进行检验和说明。

一是中国流动人口动态监测数据的信度和效度检验。在中国流动人口动态监测数据中，涉及价值判断的问卷题项分别是"我喜欢现在居住的城市""我关注我现在居住城市的变化""我很愿意融入本地人当中，成为其中一员""我觉得本地人愿意接受我成为其中一员""我觉得本地人总是看不起外地人""如果没有任何限制，您是否愿意把户口迁入本地""您是否打算在本地长期居住（5 年以上）"，前 5 个问题的回答选项为"完全不同意、不同意、基本同意、完全同意"，后 2 个问题的回答选项为"愿意（打算）、不愿意（打算）和没想好"。由于上述 7 个问题中前 4 个问题与后 3 个问题回答赋值的方向不一致，而信度分析要求问卷中问题回答具有一致性，故先将后 3 个问题赋值顺序进行调整，调整后的赋值越大，代表正向结果越强。表 1-1 是 α 系数信度检验结果，结果显示 α 系数为 0.749，表明该问卷可信度较好，即问卷问题目标的内部一致性较好。

表 1-1　　　　　　　　　　　　流动人口数据的信度检验

Cronbach's Alpha	项数	样本量（人）
0.749	7	158080

资料来源：根据历年中国流动人口动态监测数据计算得出。

效度检验采用因子分析法，提出公因子，根据其贡献率反映结构效度，最终根据解释的总方差提取 3 个公因子（见表 1-2），提取的 3 个公因子可以解释总变异的 73.59%，三个因子分别解释 42.24%、18.47% 和 12.88%，表明问卷问题的相关性较好。

表 1-2　　　　　　　　　　　　流动人口数据的效度检验

问题数量（个）	因子名称	贡献率（%）	累积贡献率（%）
意愿融入（4）	主观融入因子	42.24	42.24

续表

问题数量（个）	因子名称	贡献率（%）	累积贡献率（%）
长期融入（2）	长期融入因子	18.47	60.71
排外意愿（1）	客观接纳因子	12.88	73.59

资料来源：根据历年中国流动人口动态监测数据计算得出。

二是关于中国综合社会调查数据（CGSS）和中国家庭追踪调查数据（CFPS）的说明。本书在分析主观幸福感的关系以及流动人口与非流动人口的主观幸福感差异时用到中国综合社会调查数据，主要采用该数据中的主观幸福感变量（整体来说，您觉得快乐吗？）以及诸多事实性问题，诸如性别、年龄、收入等，本书涉及该数据中价值评价的问题不多，故此处不进行信度和效度检验。

三是关于世界价值观调查数据（WVS）的信度和效度检验。在世界价值观调查数据中，衡量居民主观幸福感的问卷问题涉及两个，第一个问题是"总体来说，您自我感觉快乐吗？"，回答为：（1）非常快乐；（2）比较快乐；（3）不快乐；（4）一点也不快乐。第二个问题是"总体而言，您对生活满意吗？"，回答选项为 1 ~ 10 分，分别代表从最不满意到最满意，另外该数据中有大量价值判断的问题，并以量表的形式回答，诸如工作满意度、财政满意度、家庭满意度等，下面就本书中涉及的相关变量进行信度和效度检验。

由于幸福感的两个问题的回答具有反向性，故将快乐与否的问题调整回答方向，将（1）设置为"一点也不快乐"、（2）设置为"不快乐"、（3）设置为"比较快乐"、（4）设置为"非常快乐"，这样该问题便与生活满意度的问题回答方向一致。下面对幸福感的评价和满意度的评价分别做信度检验，结果如表 1-3 所示，满意度的四个问题（财政满意度、工作满意度、家庭信任度、家庭生活满意度）的 α 系数为 0.712，结果表明这些问题具有内部一致性，而幸福感的两个变量的 α 系数为 0.645，虽然该系数仅为一般，但考虑到该类问题只有 2 个（一般而言，问题个数较多，其信度系数较高），其结果可以接受，表明信度尚可。

流动人口发展路径的统计分析：从提升主观幸福感到社会融入的转变

Statistical Analysis on the Development Path of Floating Population: From Promoting Subjective Well-being to Social Integration

表1-3 世界价值观调查数据的信度检验

问题	Cronbach's Alpha	项数	样本量（人）
幸福感	0.645	2	5515
满意度	0.712	4	5515

资料来源：根据历年世界价值观调查数据计算得出。

根据本书所选用的问卷问题，即财政满意度、工作满意度、家庭信任度和家庭生活满意度，与流动人口数据效度检验方法一致，采用因子分析方法提取公因子，最终按照贡献率，提取两个公因子（见表1-4），分别取名"经济满意因子"（财政满意度和工作满意度）和"家庭满意因子"（家庭信任度和家庭生活满意度），两个因子的贡献率分别为39.71%和28.36%，累积为68.07%，表明该问卷调查问题的相关性较好。

表1-4 世界价值观调查数据的效度检验

问题数量	因子名称	贡献率（%）	累积贡献率（%）
经济满意度（2个）	经济满意因子	39.71	39.71
家庭满意度（2个）	家庭满意因子	28.36	68.07

资料来源：根据历年世界价值观调查数据计算得出。

四是关于幸福感测量的假设。关于本书主观幸福感的衡量问题，幸福感是一个很难测度的变量，受多种因素影响，每个人对自己幸福感的评价也难以准确把握，鉴于此，本书所有关于幸福感变量的测度，均假设被调查者可以准确地定位自己的幸福水平。

第三节　主观幸福感的研究构想

一、主观幸福感的研究框架构想

主观幸福感最早属于哲学和心理学领域的研究范畴，后来，社会学、经济学等领域逐渐开始关注人们的幸福问题。目前，已有大量文献从不同学科角度研究不同群体的主观幸福感，然而，笔者发现很少有文献提出主观幸福感的研究框架，多数文献是从某一两类因素分析特定群体的幸福感，可以看出，到目前为止尚未形成一个规范的、广泛认可的主观幸福感分析框架，因此，在没有可借鉴的分析框架下，本书在综合已有研究的基础上，提出一个基于经济因素与非经济因素分析主观幸福感的综合分析框架。

（1）经济因素。从已有的研究可以发现，经济因素对主观幸福感依然存在显著的影响。本书的经济因素包含收入变量、支出变量和住房变量，其中，收入变量分为绝对收入和相对收入，具体变量设置在相关章节中进行说明。

（2）非经济因素。随着我国经济的高速发展，居民生活水平不断提高，影响居民幸福感的因素也在逐渐发生变化，除收入等经济因素之外，非经济因素对主观幸福感的影响越来越重要。本书研究的非经济因素包含个人特征变量、工作状况变量以及闲暇生活变量，另外，考虑到流动人口与当地居民的一个重要差异是流动人口存在社会融入问题，故在非经济因素中，将流动人口的社会融入状况作为一个重要变量进行分析。流动人口主观幸福感分析框架如图 1 - 1 所示。

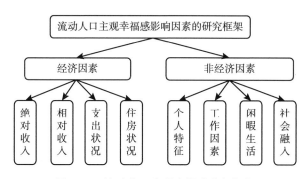

图 1 - 1　流动人口主观幸福感分析框架

二、研究方法

本书所采用的数据主要为微观数据，研究的主要因变量为主观幸福感，为排序的因变量，故本书主要采用有序因变量模型进行分析。另外，在分析相关问题时，还采用描述统计法、分位数回归模型、二元 Logit 模型、因子分析法、结构方程模型等，具体分析方法如下：

（1）描述统计法。本书主要采用描述统计法对中国流动人口的主观幸福感分布情况，以及对不同群体主观幸福感的差异进行描述，并对不同群体主观幸福感的差异进行显著性判断。

（2）有序因变量模型。本书的主体部分分析各种影响因素对主观幸福感的影响时主要采用有序因变量（ordinal regression model），该方法对于分析排序因变量模型具有优势，除了可以分析各个解释变量对因变量的影响，以及分类解释变量不同类别对基础类别的比数比外，还可以得到各个不同程度幸福感的阈值，对于解释不同群体更幸福的原因提供了帮助。

（3）分位数回归模型。本书除了分析解释变量对因变量的均值影响外，还分析了解释变量对不同幸福群体的影响，采用分位数回归方法揭示各个解释变量对不同分位点主观幸福感的影响差异。

（4）二元 Logit 模型。本书在分析流动人口主观幸福感的城乡差异时，将因变量主观幸福感设置为二值变量，即"幸福"与"不幸福"。对城乡流动人口进行分组回归，比较解释变量对城乡流动人口主观幸福感的差异。

（5）因子分析法。本书在研究流动人口社会融入状况时，采用因子分析法提取社会融入因子（三因子），并将提取的因子对主观幸福感进行有序回归。

（6）结构方程模型。本书在研究流动人口社会融入的结构与路径时，采用结构方程模型对流动人口融入路径进行分析，并采用中介效应研究各维度之间的因果关系。

中国流动人口主观幸福感的描述性统计分析

随着经济的不断发展，城镇化的进程不断深入，流动人口的规模越来越大，根据 2021 年公布的第七次全国人口普查数据统计，全国流动人口已达 3.758 亿人，平均每 4 个人就有 1 个是流动人口（国家卫生健康委员会统计口径下流动人口为 2.36 亿人）。据国家卫生健康委员会流动人口服务管理司的估计，这个规模在将来还会进一步增大，如此庞大的群体，他们在流入地的幸福状况如何关系到城镇化发展的质量以及整个经济社会的和谐发展。本章对流动人口的主观幸福感进行描述性分析，揭示流动人口的幸福总貌。

第一节　流动人口主观幸福感总体特征

一、相关概念界定

（一）流动人口

流动人口是在中国户籍制度条件下的一个概念，指离开了户籍所在地到其他地方居住的人口，但目前对于离开的时间和空间尚无统一的定义。国际上，类似的群体被称为"移民"（migration）。流动人口的统计口径有多种，国家统计局的统计口径[①]是指人户分离人口中不包括市辖区内人户分离的人

[①]　详见 2020 年 2 月 28 日国家统计局发布的《中华人民共和国 2019 年国民经济和社会发展统计公报》。

口。人户分离的人口是指居住地与户口登记地所在的乡镇街道不一致且离开户口登记地半年以上的人口。市辖区内人户分离的人口是指一个直辖市或地级市所辖区内和区与区之间，居住地和户口登记地不在同一乡镇街道的人口。

（二）主观幸福感

主观幸福感①是20世纪后半叶才提出的一个概念，虽然至今没有一个权威的规范的学术定义，但大体上可以这么认为，主观幸福感（subjective well-being，SWB）主要是指人们对其生活质量所做的情感性和认知性的整体评价。在这种意义上，决定人们是否幸福的并不是实际发生了什么，而是人们对所发生的事情在情绪上作出何种解释，在认知上进行怎样的加工，它评估相当长一段时期的情感反应和生活满意度。人们总在不断地对生活事件、生活环境和他们自己进行着评价，对事物进行好坏评价是人类的共性。也正是这些评价导致了人们愉快或不愉快的情绪反应。幸福是个体根据自己的标准对其生活质量评价满意时的愉快感觉。因此，一个人幸福与否，取决于自己主观上如何评价自己的生活，取决于自己的主观感觉。

二、流动人口的主观幸福感现状

流动人口动态监测数据已发布到2017年版，每版都有新的关注热点，关于幸福感的数据主要集中在2014年以前，2015年以后关注的热点为流动人口社会融入状况。因此，本书采用中国流动人口动态监测2010年上半年、2010年下半年、2011年和2012年的数据。关于主观幸福感的问卷设计如下：2010年上半年和下半年的问题是"以10分为满分，您给自己目前的生活的总体水平打分？"，回答为"0～10"的整数；2011年和2012年的问题是"总的来说，您在本地的生活幸福感怎么样？"，2011年回答选项为"1. 更幸福、2. 差不多、3. 不幸福、4. 说不清"，2012年回答选项为

---

① 有学者提出"主观幸福感"中"主观"和"感"存在重复，本书认为这种说法不无道理，然而考虑到该词汇已经被广泛应用，成为一个专有词汇，故本书仍采用该词汇。

"1. 很幸福、2. 幸福、3. 一般、4. 不幸福、5. 很不幸福"。从问卷设计可以看出，3 年问答略有差异，本书认为 3 年的问题都是要求被调查者从主观意愿上回答自己生活的总体水平或者幸福感，为了统一描述，这里统称为"主观幸福感"，回答方面则分别采用了十分法、四分法和五分法，且赋值方向不一致，十分法赋值越高，代表越幸福，而四分法和五分法赋值越低，幸福感越强。为了方便比较，这里统一回答顺序，并将回答变为 10 分制，具体的方法是将 2011 年和 2012 年的回答赋值顺序反向赋值，然后将四分法回答赋值项乘以 2.5，将五分法回答赋值项乘以 2。2014 年后，采用中国家庭追踪调查数据（2014 ~ 2018 年）中的主观幸福感进行计算，其问题是"您有多幸福？"，需用 0 ~ 10 分进行评价，本书选择人户分离的居民作为流动人口测算，① 处理后计算近年主观幸福感均值如表 2 - 1 所示。

表 2 - 1　　　　　　　　　流动人口主观幸福感描述统计

项目	2010 年	2011 年	2012 年	2014 年	2016 年	2018 年
主观幸福感均值（分）	6.460	7.690	7.340	7.420	7.540	7.510
标准差	1.557	2.236	1.447	1.458	2.221	1.769
样本容量（个）	245218	128000	158379	37148	33297	32670

资料来源：根据 2010 ~ 2018 年中国流动人口动态监测数据和中国家庭追踪调查数据汇总而成。

总体来看，近 10 多年流动人口的主观幸福感呈现稳定分布。2010 年最低，平均主观幸福感为 6.460 分，而 2011 年最高，达到 7.690 分。2010 ~ 2018 年，流动人口幸福感由 2010 年 6.5 分以下，上升到 2018 年的 7.5 分以上，整体比较稳定。为比较幸福感分布上的差异，再将回答分为三类，分别为"不幸福"（包含回答为"不幸福"和"很不幸福"以及得分为 0 ~ 3 分的个体）、"一般"（包含回答为"一般""差不多"以及得分为 4 ~ 6 分的个体）、"幸福"（包含回答为"幸福"和"很幸福"以及得分为 7 ~ 10 分的个体），具体分布如表 2 - 2 所示。

---

① 为了满足流动人口的统一界定，在中国家庭追踪调查数据中选择人户分离一个月以上的个体作为样本。

表 2 - 2　　　　　　　　　　流动人口幸福感分布　　　　　　　　单位：%

年份	不幸福	一般	幸福
2010	3.9	47.8	48.3
2011	4.7	56.5	38.8
2012	2.3	40.5	57.2
2014	5.2	51.8	43.0
2016	4.7	50.9	44.4
2018	5.1	38.9	56.0

资料来源：同表 2 - 1。

从表 2 - 2 可以看出，感觉自己不幸福的人相对较少，除 2014 年和 2018 年外，其余各年所占比重均在 5% 以下，2012 年仅占 2.3%；感觉自己幸福感一般的群体比重相对较高，除 2018 年外，均在 40% 以上，2011 年达到最高 56.5%；感觉自己幸福的群体比重也较高，2012 年和 2018 年都超过 50%，2011 年仅为 38.8%，整体上基本和感觉幸福感一般的群体持平。

第二节　基于个体特征的流动人口幸福感分析

一、基于性别特征的流动人口主观幸福感分布

我们对幸福感赋值采用本章第一节的方法（每年均 10 分赋值），总体来看，男性的主观幸福感均值为 7.30，略低于女性的 7.39，卡方统计量为 194.98，是高度显著的，表明不同性别的流动人口的主观幸福感有显著差异。表 2 - 3 揭示了 2010~2018 年流动人口的性别分布情况，整体上看，男女比例接近于 1∶1。图 2 - 1 呈现了性别与主观幸福感的关系，可以看出，近年来女性流动人口的主观幸福感整体上略高于男性。

表2-3 　　　　　　　　　　流动人口性别分布 　　　　　　　单位: %

性别	2010 年	2011 年	2012 年	2014 年	2016 年	2018 年
男	48.6	48.5	51.0	52.4	51.2	50.4
女	51.4	51.5	49.0	47.6	48.8	49.6

资料来源: 根据2010~2018年中国流动人口动态监测调查数据和中国家庭追踪调查数据(两年公布一次)计算得出。

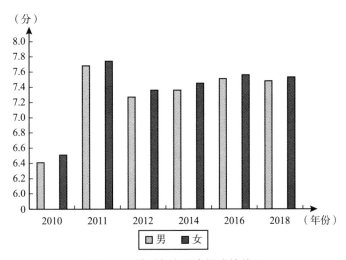

图2-1 　性别与主观幸福感的关系

资料来源: 同表2-3。

二、基于年龄特征的流动人口主观幸福感分布

表2-4显示了流动人口的年龄分布, 从流动人口的年龄结构来看, 2010~2018年的年龄分布结构类似, 平均年龄均为32~33岁, 比重较大的群体在20~44岁, 所占比重超过80%。50岁以上群体比重非常小, 合计不到3%, 15~19岁群体所占比重也相对较小, 均在7%以下, 年龄分布呈现出两头小、中间大的近似正态分布趋势。

图2-2呈现了2010~2018年流动人口分年龄段的幸福感均值趋势, 可以看出, 随着年龄增长, 主观幸福感呈现上升的趋势。2016年和2018年趋势更加明显; 2010年在50岁之前, 幸福感趋于平稳状态, 50岁之后出现向上提升的趋势。

表 2 - 4　　　　　　　　　　　　　流动人口年龄分布

年龄段（岁）	2010 年		2012 年		2014 年		2018 年	
	所占比例（%）	累积百分比（%）	所占比例（%）	累积百分比（%）	所占比例（%）	累积百分比（%）	所占比例（%）	累积百分比（%）
15～19	4.6	4.6	5.7	5.7	5.6	5.6	6.7	6.7
20～24	17.0	21.6	18.1	23.8	17.2	22.8	16.8	23.5
25～29	19.0	40.6	19.5	43.3	19.2	42.0	19.4	42.9
30～34	18.6	59.2	17.7	61.0	17.9	59.9	17.7	60.6
35～39	17.8	77.0	17.0	78.0	17.2	77.1	16.4	77.0
40～44	13.2	90.2	12.8	90.8	13.3	90.4	12.9	89.9
45～49	6.8	97.1	6.3	97.1	6.8	97.1	7.2	97.1
50～54	1.8	98.9	1.8	98.9	1.6	98.8	1.8	98.9
55～59	1.2	100.0	1.1	100.0	1.2	100.0	1.1	100.0
平均年龄（岁）	32.55		32.09		32.35		32.79	

资料来源：同表 2 - 3。

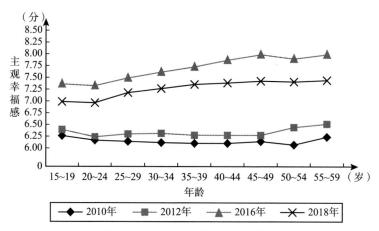

图 2 - 2　年龄与主观幸福感的关系

资料来源：同表 2 - 3。

三、基于受教育程度的流动人口主观幸福感分布

表 2 – 5 为流动人口受教育程度分布，可以看出，2010 ~ 2018 年每年初中文化程度的比重均为最大，且都超过 50%，之后是高中和小学，比重最小的是研究生，仅为 0.2% 左右，每年受过高等教育的比例均不超过 10%，表明流动人口整体的受教育水平相对较低。

表 2 – 5 　　　　　　　　流动人口受教育程度分布　　　　　　　单位：%

受教育程度	2010 年		2012 年		2016 年		2018 年	
	所占比例	累积百分比	有效百分比	累积百分比	所占比例	累积百分比	有效百分比	累积百分比
未上过学	2.20	2.20	1.69	1.69	1.62	1.62	1.68	1.68
小学	15.95	18.15	14.30	15.99	13.87	15.49	13.20	14.88
初中	53.20	71.35	53.92	69.91	54.16	69.65	52.95	67.83
高中	13.91	85.26	15.06	84.97	15.33	84.98	15.52	83.35
中专	6.59	91.85	6.26	91.23	6.45	91.43	6.93	90.28
大学专科	5.39	97.24	5.88	97.11	5.62	97.04	6.32	96.60
大学本科	2.55	99.79	2.73	99.84	2.69	99.73	3.17	99.77
研究生	0.21	100.00	0.16	100.00	0.26	100.00	0.23	100.00

资料来源：同表 2 – 3。

图 2 – 3 呈现了流动人口受教育程度和主观幸福感的关系，可以看出，2010 年主观幸福感整体随受教育程度的提高而提升；2016 年主观幸福感和受教育程度出现了负相关的现象，随着受教育程度的提高，幸福感反而下降；2018 年两者并没有表现出明显的趋势关系，从未上过学到中专有缓慢下降的趋势，而中专到研究生呈现出缓慢上升的趋势，整体来看，幸福感几乎不随受教育程度的不同而发生显著变化。

流动人口发展路径的统计分析：从提升主观幸福感到社会融入的转变

Statistical Analysis on the Development Path of Floating Population: From Promoting Subjective Well-being to Social Integration

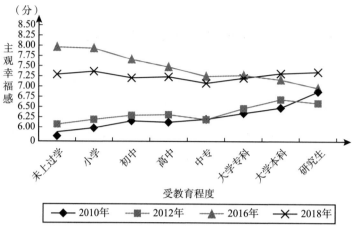

图 2 - 3   受教育程度与主观幸福感的关系

资料来源：同表 2 - 3。

四、基于婚姻状况的流动人口主观幸福感分布

2010 年和 2012 年调查数据的婚姻状况分为未婚、初婚、再婚、离婚和丧偶五类，2016 年调查数据将其分为未婚、在婚（将初婚和再婚合并）、离婚和丧偶四类，为了便于比较，这里统一将类别分为四类。表 2 - 6 揭示了流动人口婚姻状况的分布情况，可以看出，每年不同婚姻状况的分布非常稳定，在婚的比例非常高，每年的比例均超过 75%，其次是未婚，比例稳定在 22% ~23% 之间，离婚和丧偶的比重非常低，除 2018 年离婚比例超过 1%，其他均在 1% 以下。

表 2 - 6   流动人口婚姻状况分布   单位：%

婚姻状况	2010 年		2012 年		2016 年		2018 年	
	有效百分比	累积百分比	有效百分比	累积百分比	有效百分比	累积百分比	有效百分比	累积百分比
未婚	22.19	22.19	23.07	23.07	23.05	23.05	23.22	23.22
在婚	76.94	99.13	75.89	98.96	75.81	98.86	75.26	98.48
离婚	0.69	99.82	0.82	99.78	0.92	99.78	1.22	99.70
丧偶	0.18	100.00	0.22	100.00	0.22	100.00	0.30	100.00

资料来源：同表 2 - 3。

婚姻状况和主观幸福感的关系如图2-4所示，2010年离婚和丧偶的幸福感相对较低，在婚群体幸福感最高，但和未婚群体差异不大，而2012年未婚群体的幸福感最低，在婚、离婚和丧偶的幸福感较高，2016年在婚群体的主观幸福感最高，明显高于其他群体，而未婚、离婚和丧偶的幸福感没有明显差异。总体而言，在婚群体的幸福感最高，其他群体（独身）幸福感较低。

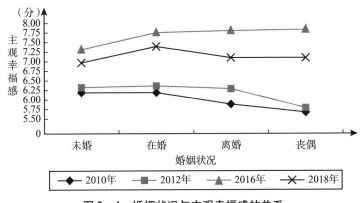

图2-4　婚姻状况与主观幸福感的关系

资料来源：同表2-3。

第三节　基于外在特征的流动人口幸福感分析

一、流动人口主观幸福感的空间差异分析

本章第二节从个人特征的角度描述了不同群体之间幸福感的差异，那么幸福感的差异在全国不同地区之间是否存在呢？本节将对这一问题进行分析。从流动人口动态监测数据涉及的样本范围来看，包含了我国31个省、自治区、直辖市和新疆生产建设兵团（以下简称"兵团"）一共32个省级单位，大部分省级单位采用等比例抽样，其样本为自动加权样本，而北京、上海、广东、江苏和浙江进行省份内分层，各子层内样本为自动加权样本，

流动人口发展路径的统计分析：从提升主观幸福感到社会融入的转变

Statistical Analysis on the Development Path of Floating Population: From Promoting Subjective Well-being to Social Integration

广东省的省会城市广州市作为特大流动人口城市单独作为一个独立子层，广东省其他城市作为一个子层进行抽样。上述 5 个进行省份内分层的地区样本量较多，广东省被抽样调查的样本量最多，2011 年和 2018 年①所占比重分别达到了 28.53% 和 27.92%；之后为浙江，两年比重也分别达到 18.91% 和 17.90%；江苏、上海、北京所占比例也相对较大。

2011 年和 2018 年各省级单位流动人口主观幸福感均值如表 2 - 7 所示，2011 年幸福感均值超过 8 分的有 10 个省级单位，均值最高的是黑龙江（8.516）、之后依次是天津（8.376）、内蒙古（8.335）、辽宁（8.301）、山东（8.156）、重庆（8.127）、四川（8.114）、新疆（8.092）和吉林（8.025），而我国经济发达地区广东（7.291）排名第 31 位、上海（7.658）排名第 25 位、北京（7.733）排名第 20 位，江苏（7.874）和浙江（7.870）分列第 14 和 15 位。

表 2 - 7　　2011 年和 2018 年不同省级单位流动人口主观幸福感均值

调查省级单位	2011 年		2018 年	
	所占比例（%）	主观幸福感均值（分）	所占比例（%）	主观幸福感均值（分）
安徽	0.93	7.681	0.80	7.847
北京	6.44	7.733	6.41	7.300
兵团	0.31	7.656	0.26	7.510
福建	4.81	7.663	4.85	7.299
甘肃	0.55	7.421	0.60	7.298
广东	28.53	7.291	27.92	7.067
广西	1.20	7.927	1.06	7.572
贵州	1.46	8.073	1.59	7.436
海南	0.50	7.449	0.48	7.317
河北	1.36	7.759	1.41	7.571

---

① 按省级单位统计篇幅较大，此处仅列出 2011 年和 2018 年的数据。

续表

调查省级单位	2011 年		2018 年	
	所占比例 （%）	主观幸福感均值 （分）	所占比例 （%）	主观幸福感均值 （分）
河南	0.94	7.668	0.93	7.430
黑龙江	0.56	8.516	0.53	8.036
湖北	0.99	7.886	1.03	7.621
湖南	1.34	7.759	2.01	7.433
吉林	0.25	8.025	0.30	8.058
江苏	9.99	7.874	8.98	7.564
江西	0.32	7.554	0.38	7.220
辽宁	0.62	8.301	0.60	7.948
内蒙古	1.95	8.335	2.02	7.787
宁夏	0.21	7.661	0.16	7.620
青海	0.25	7.257	0.26	7.221
山东	1.60	8.156	1.53	8.090
山西	1.17	7.903	0.99	7.592
陕西	0.55	7.574	0.83	7.278
上海	6.76	7.658	8.00	7.309
四川	1.99	8.114	1.63	7.818
天津	1.44	8.376	1.30	7.796
西藏	0.33	7.735	0.29	7.866
新疆	1.27	8.092	1.34	7.695
云南	1.60	7.869	1.65	7.470
浙江	18.91	7.870	17.90	7.267
重庆	0.87	8.127	1.96	7.739

资料来源：根据 2010~2018 年中国流动人口动态监测数据与中国家庭住户追踪调查数据计算得出。

2018 年幸福感均值超过 8 分[①]的仅 3 个省级单位，分别是山东

————————

① 2011 年和 2018 年各省级单位幸福感的 10 分制赋值有差异，但对各省级单位每一年的排名无影响。

（8.090）、吉林（8.058）和黑龙江（8.036）。前 10 位的其他省级单位依次是辽宁（7.948）、西藏（7.866）、安徽（7.847）、四川（7.818）、天津（7.796）、内蒙古（7.787）和重庆（7.739），而经济发达的 5 个省级单位排名进一步下降，广东（7.067）排名第 32 位，比上年下降 1 位，浙江（7.267）排名第 29 位，比上年下降 14 位，北京（7.300）排名第 25 位，比上年下降 5 位，上海（7.309）排名第 24 位，比上年上升 1 位，江苏（7.564）排名第 17 位，比上年下降 3 位。

从简单的流动人口幸福感排名可以看出，经济发达和居民幸福不能画上等号。如何将经济高速发展的成果转化为人民的幸福快乐，依然是值得深思的问题。

二、流动人口主观幸福感的流动范围差异

流动人口离开户籍地后的去向是值得关注的问题，他们更愿意留在自己所在省级单位还是去往其他省级单位？根据调查，流动人口流动范围分布如表 2 - 8 所示，不论哪一年，大部分流动人口更愿意跨省级单位流动，2010 年和 2012 年的跨省级单位流动率分别达到 72.0% 和 71.9%，2016 年和 2018 年虽然略有下降，但依然高达 69.6% 和 68.9%，总体而言，大约 70% 的流动人口选择了跨省级单位流动，而留在省级单位内跨市流动的比例在 22.8% 左右波动，留在市内跨县流动的比例相对较低，均在 10% 以下，2010 年和 2012 年仅为 5.2%。

表 2 - 8　　　　　　　　　　流动人口流动范围分布　　　　　　　单位：%

流动范围	2010 年	2012 年	2016 年	2018 年
跨省级单位流动	72.0	71.9	69.6	68.9
省级单位内跨市	22.8	22.9	22.8	22.7
市内跨县	5.2	5.2	7.6	8.5

资料来源：同表 2 - 7。

流动范围与主观幸福感的关系如图 2 - 5 所示，2010 年的跨省级单位流

动群体主观幸福感略高于省级单位内跨市以及市内跨县的群体，而 2016 年
和 2018 年情况发生了转变，跨省级单位流动群体幸福感最低，其次是省级
单位内跨市的群体，幸福感最高的是市内跨县流动的群体。

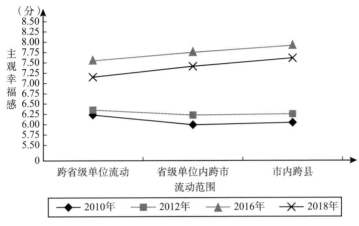

图 2－5　流动范围与主观幸福感关系

资料来源：同表 2－7。

三、流动人口主观幸福感的城乡差异

从流动人口的户口性质来看（见表 2－9），农业人口依然占据绝对主导
的比例，所占比重长期稳定在 85％ 左右，表明目前流动人口中绝大部分是
从农村流入到城市。

表 2－9　　　　　　　　　　　流动人口户口性质分布　　　　　　　　单位：％

户口性质	2010 年	2012 年	2016 年	2018 年
农业	84.2	86.4	86.0	85.7
非农业	15.8	13.6	14.0	14.3

资料来源：同表 2－7。

从户口性质和主观幸福感的关系来看（见图 2－6），各年的表现不尽相
同。2010 年、2012 年以及 2018 年呈现出非农业流动人口的幸福感高于农业

流动人口的幸福感，但 2016 年呈现相反的关系。

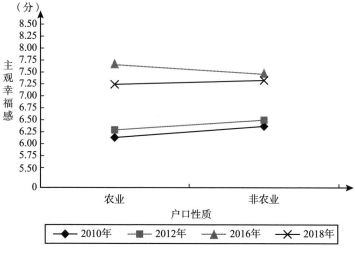

图 2 - 6　户口性质与主观幸福感的关系

资料来源：同表 2 - 7。

流动人口主观幸福感的影响因素分析

第一节　数据来源与计量方法

一、数据来源

本章采用的数据来源于中国流动人口动态监测数据（2009～2012 年）和中国家庭追踪调查数据（2014～2018 年），中国流动人口动态监测数据调查从 2009 年开始，每年进行一次，目前数据更新至 2017 年，涉及主观幸福感的数据主要集中在 2009～2012 年。2009～2011 年流动人口动态监测的抽样总体为调查前一个月前来本地居住、非本区（县、市）户口的 16～59 岁劳动年龄人口，2012 年调查的年龄范围由于其他需要增加了 15 岁这个年龄组，① 为 15～59 岁。本章使用的样本为 2012 年的调查数据，样本容量为 15.9 万人。

二、计量方法

很多时候，适合我们分析的变量仅仅是对定性结果的一种编码，例如本

---

① 育龄妇女的年龄范围为 15～49 岁，为了分析育龄妇女的相关问题，故增加了该年龄组。

节分析的主旨问题"主观幸福感"，我们对不同的幸福感赋予不同的编码，"1"代表很不幸福，"2"代表不幸福，……，"5"代表很幸福，这种在互斥并且有序的选项中进行选择的问题越来越常见，处理这类问题较好的方法是有序因变量模型，下面简单地介绍该方法的基本原理。

假设有 N 个人（标号为 $i=1$，2，…，N），每个人的主观幸福感可以用 D_i 的取值表示，D_i 的取值越高代表幸福程度越高。而一个人的幸福感取值取决于这个人既有的多种因素，假设幸福感取值 D_i 是 K 个因素的线性函数，这 K 个因素的取值对于某个人 i 来说，分别记为 X_{i1}，X_{i2}，…，X_{iK}。

那么，这个人的幸福感可以表示为：

$$D_i = \sum_{k=1}^{K} \beta_k X_{ik} + \varepsilon_i = Z_i + \varepsilon_i \qquad (3.1)$$

其中，β_k 是第 k 个变量的系数，如果 $\beta_k > 0$，表示第 k 个因素取值的增加会导致某个人幸福感的提升；ε_i 为随机扰动项，包含了一些未被捕捉到的影响幸福感的因素。然而，一个人的幸福感取值 D_i 是一个潜在变量，是难以观测的，能观测到的是一个人的幸福感处于某个等级 Y_i。我们以幸福感分为 5 个等级为例来说明，如 $Y_i=1$ 表示此人感觉很不幸福，$Y_i=2$ 表示此人不幸福，$Y_i=3$ 表示此人幸福感一般，$Y_i=4$ 表示此人感觉幸福，$Y_i=5$ 表示此人感觉很幸福，一个人的幸福感究竟处于哪个幸福感等级实际上是看潜在变量 D_i 的值是否超过临界值 δ_i，式（3.2）中的临界值 δ_i 也是需要估计的参数：

$$Y_i = 1，\text{如果 } D_i \leq \delta_1$$
$$Y_i = 2，\text{如果 } \delta_1 \leq D_i \leq \delta_2$$
$$Y_i = 3，\text{如果 } \delta_2 \leq D_i \leq \delta_3$$
$$Y_i = 4，\text{如果 } \delta_3 \leq D_i \leq \delta_4$$
$$Y_i = 5，\text{如果 } \delta_4 \leq D_i \qquad (3.2)$$

Y_i 的取值概率分别为：

$$P(Y_i = 1 \mid X) = P(Z_i + \varepsilon_i \leq \delta_1) = P(\varepsilon_i \leq \delta_1 - Z_i)$$
$$P(Y_i = 2 \mid X) = P(\delta_1 \leq Z_i + \varepsilon_i \leq \delta_2) = P(\delta_1 - Z_i \leq \varepsilon_i \leq \delta_2 - Z_i)$$
$$P(Y_i = 3 \mid X) = P(\delta_2 \leq Z_i + \varepsilon_i \leq \delta_3) = P(\delta_2 - Z_i \leq \varepsilon_i \leq \delta_3 - Z_i)$$
$$P(Y_i = 4 \mid X) = P(\delta_3 \leq Z_i + \varepsilon_i \leq \delta_4) = P(\delta_3 - Z_i \leq \varepsilon_i \leq \delta_4 - Z_i)$$

$$P(Y_i = 5 \mid X) = P(\delta_4 \leqslant Z_i + \varepsilon_i \leqslant \delta_5) = P(\varepsilon_i \geqslant \delta_4 - Z_i) \quad (3.3)$$

令 $F(x) = P(\varepsilon_i < x)$ 为误差项的累积概率分布，则式（3.3）可以写为：

$$P(Y_i = 1) = P(\varepsilon_i \leqslant \delta_1 - Z_i) = F(\delta_1 - Z_i)$$
$$P(Y_i = 2) = P(\delta_1 - Z_i \leqslant \varepsilon_i \leqslant \delta_2 - Z_i) = F(\delta_2 - Z_i) - F(\delta_1 - Z_i)$$
$$P(Y_i = 3) = P(\delta_2 - Z_i \leqslant \varepsilon_i \leqslant \delta_3 - Z_i) = F(\delta_3 - Z_i) - F(\delta_2 - Z_i)$$
$$P(Y_i = 4) = P(\delta_3 - Z_i \leqslant \varepsilon_i \leqslant \delta_4 - Z_i) = F(\delta_4 - Z_i) - F(\delta_3 - Z_i)$$
$$P(Y_i = 5) = P(\delta_4 - Z_i \leqslant \varepsilon_i \leqslant \delta_5 - Z_i) = F(\delta_5 - Z_i) - F(\delta_4 - Z_i)$$

$$(3.4)$$

此时，我们只要知道误差项的概率分布就可以通过极大似然法来估计出使样本出现概率最大的值，通常假设误差项的分布服从逻辑分布或正态分布，正如计量经济学家威廉·H. 格林（William H. Greene）所说，逻辑分布除了在末尾部分比正态分布大很多之外，其他与正态分布相似，要在理论上证明选择哪一种更好是件非常困难的事，在大部分时候，他们并没有太大的差别。[①] 本节采用假设误差项服从逻辑分布，即有序 logit 模型，其表达式为：

$$\ln\left(\frac{P(Y \leqslant j)}{1 - P(Y \leqslant j)}\right) = \beta_0 + \sum_{i=1}^{k} \beta_i X_i \quad (3.5)$$

式（3.5）表示某个事件发生和不发生的比，也叫比数比。在通常的实证分析中，每个分类变量都会设置一个参照组，而非参照组的系数表示的是和参照组相比，哪个类别更可能落到因变量的某个等级中，我们取 $\exp(\beta)$ 表示落入不同等级中的概率倍数。

第二节　经济因素对流动人口主观幸福感的影响分析

在影响流动人口主观幸福感的众多因素中，经济因素无疑起着重要的作

---

① 威廉·H. 格林. 计量经济分析（第六版）（下册）［M］. 张成思，译. 北京：中国人民大学出版社，2011：761.

用，经济状况是影响居民幸福生活的基础。在已有的文献中，经济因素主要指收入，包括绝对收入和相对收入，本章在选择经济因素时，不仅选择个人绝对收入、相对收入，家庭绝对收入，还考虑支出变量以及住房变量。本节接下来将重点分析上述变量对主观幸福感的影响。

一、收入、支出与幸福的关系

关于收入对主观幸福感的影响，可以从绝对收入和相对收入两个方面进行分析。为此本节提出两种假说：

第一种是基于绝对收入的幸福感假说。关于绝对收入和主观幸福感的关系，近几十年来讨论得最多的问题莫过于伊斯特林（Easterlin，1974）提出的"幸福悖论"，即经济增长会带来幸福的提升吗？在早期的经济学研究中，通常使用"效用"来衡量一个人的福利水平，效用是幸福的一个近似替代。在效用函数的框架下，经济发达的国家相较于不发达国家的人民更幸福，富裕的人相较于贫穷的人更幸福。随着经济的增长和收入的提高，人民的幸福感会增加是当时经济学界的共识，因为较高的经济发展水平的国家人民更富裕，收入更高的人民有更加高的预算线边界，也就有能力去消费更多的商品来提高他们的效用水平。即幸福与收入有着简单的正相关关系，收入越高就越幸福。直到1974年美国经济学家伊斯特林通过对第二次世界大战后美国的幸福感调查数据研究，发现虽然美国的经济持续增长，实际人均收入也显著增加，但人民的幸福水平并没有显著提高，因此提出了著名的"收入—幸福"悖论，这也引起了更多学者对"收入—幸福"之谜的关注。后来学者们通过不同的样本对幸福悖论进行了验证和分析，得出了一个具有规律性的结论：在发达国家和地区，随着经济的增长，幸福感并不会增长，而在发展中国家和贫穷的地区，随着经济的增长幸福感会随之提升，原因是收入的幸福边际效应递减，在生活水平较低、基本需求都难以满足的情况下，增加收入会大幅提高幸福感，而生活水平较高时，收入的增加不会显著的影响生活状况，幸福感也不会显著提升。

　　第二种基于相对收入的幸福感假说。相对收入理论的出现也对幸福感为什么不随收入的增加而提升做出了有力的解释，即人总是具有攀比性，和他人比，和自己的预期比，即使收入得到了较大的提高，但若不及社会平均收入提高的幅度，或者没有达到自己理想的预期，人们就会失落，幸福感不增甚至可能下降。经济学家斯图泽（Stutzer，2004）认为，影响主观幸福感的因素中，相对收入比绝对收入更加显著。国内学者谢识予等（2010）对上海市的样本分析也证实了这一观点，发现在控制诸如性别、婚姻、社会保障等因素后，绝对收入和主观幸福感并没有显著的关系。针对这种现象，幸福悖论的提出者伊斯特林（Easterlin，2001）也进行了研究，发现控制其他因素后，幸福程度和自身的绝对收入水平正相关，但同社会平均收入水平呈负相关。国内学者罗楚亮（2009）根据2002年城乡居民入户调查数据，研究认为绝对收入和相对收入都对幸福感产生显著影响，但相对收入的影响更大。田国强和杨立岩（2006）基于"攀比理论"建立个人效用模型，得出存在攀比效应时，收入的增加在一定的阶段内会提升个人效用，当超过某个临界值时，效用可能会下降。

　　已有的文献重点关注的大多是收入对主观幸福感的影响，很少关注支出对主观幸福感的影响，原因是在经济学"效用"的分析框架下，预算边界线的约束针对的是全部收入，假设全部收入都用于支出，那么收入高的人支出也高，故而学者们认为收入可以替代支出对主观幸福感的影响。

　　本书认为收入不能简单地代替支出对主观幸福感的影响，消费是一个不断满足需求的过程，当需求得到实现的时候，心理会产生快乐，如果一个人有较高的收入，但却有较低的消费，那么他的幸福感和收入较低但消费较高的人相比，究竟谁会更幸福呢？另外，本书认为不同的支出结构会导致不同的幸福程度，如果一个家庭的基本生活消费（如食品消费、房租）所占比重很大，那么能用于基本需求之外的消费（如闲暇、娱乐）就会很少，这样的家庭幸福感可能就不会很高。因此，本书考虑将支出变量作为影响流动人口主观幸福感的经济因素进行分析。

二、收入、支出与主观幸福感的描述性统计

（一）收入与主观幸福感的关系

流动人口动态监测数据调查了被访问者的个人收入，为了描述的方便，本部分将绝对收入按照组间距为 1000 元进行分组，流动人口的收入分布情况如图 3 – 1 所示，被调查者个人月收入在 1000 元以下的占比为 1.8%，1000 ~ 1999 元之间的占比为 18.3%，2000 ~ 2999 元之间的占比为 36.1%，3000 ~ 3999 元之间的占比为 22.5%，4000 ~ 4999 元之间的占比为 8.0%，5000 ~ 5999 元之间的占比为 6.0%，6000 元以上收入所占比重都相对较小，合计仅占 7.3%。总体而言，流动人口月收入集中在 2000 ~ 4000 元之间的占比较大，约 85% 的流动人口个人收入在 1000 ~ 5000 元之间。

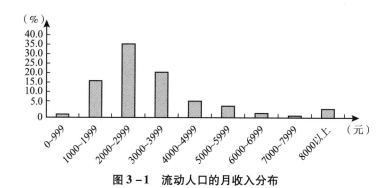

图 3 – 1 流动人口的月收入分布

资料来源：由中国流动人口动态监测数据汇总绘制而成。

在了解了中国流动人口的收入分布以后，可以进一步考察不同收入等级与主观幸福感的关系，调查数据中主观幸福感的取值分为 5 类，分别是："1. 很幸福、2. 幸福、3. 一般、4. 不幸福、5. 很不幸福"，该分类表明赋值越小越幸福，这不符合我们认识事物的习惯，这里我们将顺序反过来重新赋值，即"很不幸福 = 1、不幸福 = 2、一般 = 3、幸福 = 4、很幸福 = 5"。图 3 – 2 描述了不同收入等级主观幸福感的均值，可以看出，整体而言，随着收入的增加，流动人口主观幸福感呈现上升趋势。

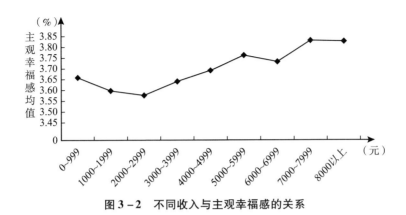

图 3 - 2 不同收入与主观幸福感的关系

资料来源：同图 3 - 1。

衡量相对收入最重要的一点就是需要找到比较组。根据相关文献，学者们提出了三种确定比较组的方法，第一种是基于外部比较的比较组，最简单的方法是以来自样本中的某一特定群体（比如同一地区、同一年龄、同一职业等）的平均收入作为比较组，然后用这个群体中的每一个成员的收入与平均收入相比作为相对收入；第二种是基于内部比较选择参照组，所谓内部比较，即自己的当期收入与过去的收入比，有时也会与自己预期将来的收入做比较，以这种方式来确定相对收入；第三种是直接将绝对收入按照收入的高低进行分组，比如第一组是最低收入组，然后依次是低收入组、中收入组、高收入组、最高收入组来确定相对收入水平。本书受问卷数据的约束，无法确定个人过去的收入或者将来预期的收入，故无法选择第二种方法，第三种方法虽然简单易行，但是考虑到我国不同地区发展水平有明显差异，这种忽略地区差异的分组方法不能很好地反映真实的相对收入水平，故综合各方面考虑，本书采用第一种基于外部比较的方式确定比较组，即选择同一省级单位的流动人口的平均收入作为对照组。图 3 - 3 为 31 个省（自治区、直辖市）和新疆生产建设兵团的流动人口平均月收入，可以看出各省级单位流动人口的平均个人月收入相差并不明显。

本书选择相对收入的指标处理方法为，每个人的相对收入等于其月收入除以其所在省份流动人口的月平均收入，经过计算后的流动人口相对收入分布如图 3 - 4 所示，可以看出，相对收入的分布并非对称分布，68.4% 的流

流动人口发展路径的统计分析：从提升主观幸福感到社会融入的转变

Statistical Analysis on the Development Path of Floating Population: From Promoting Subjective Well-being to Social Integration

动人口月收入在当地平均收入以下（相对收入小于1为月收入在当地平均收入以下，即图3-4前三组的比例和），超过35%的流动人口收入在平均收入的50%~80%之间，大约20%的人月收入在平均收入的80%~100%之间。

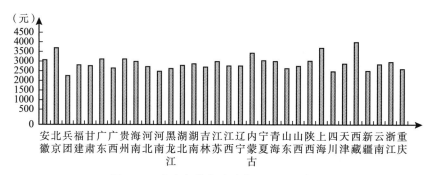

图3-3　各省级单位流动人口月平均收入

资料来源：同图3-1。

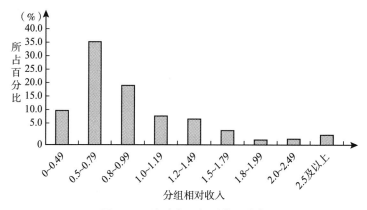

图3-4　流动人口相对收入分布

资料来源：同图3-1。

从流动人口分组相对收入与主观幸福感的关系来看（见图3-5），低收入组的相对收入和主观幸福感没有表现出明显的变化，即在平均收入以下的流动人口的收入对幸福感的影响不大，在平均收入以下的群体幸福感均值在3.60分附近较为平稳，随着相对收入的提高，主观幸福感也呈现出平稳上升的趋势。

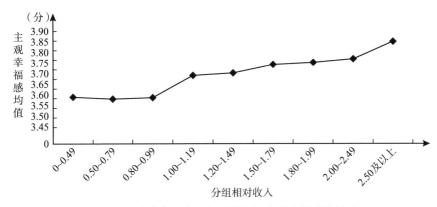

图 3 - 5　流动人口分组相对收入与主观幸福感的关系

资料来源：同图 3 - 1。

（二）支出与主观幸福感的关系

流动人口动态监测调查没有提供个人支出的数据，但提供了家庭总收入、家庭总支出以及住房支出、食品支出和每年可以寄回老家多少钱的数据。由于家庭人数难以确定，直接用总支出来衡量不能较好地反映出人均消费，因而采用家庭总消费占家庭总收入的比例来反映消费行为，以消除家庭人数的影响。

从消费收入比的分布来看（见图 3 - 6），总消费占总收入在 0.50～0.69 的群体比重最大，其次是 0.30～0.49 的群体，表明大约 80% 的流动人口至少存有总收入 30% 的储蓄的，接近一半的流动人口总收入的一半以上可以用来储蓄。

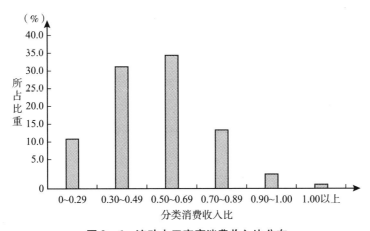

图 3 - 6　流动人口家庭消费收入比分布

资料来源：同图 3 - 1。

从消费收入比与主观幸福感的关系来看（见图3-7），消费收入比在90%以下的家庭主观幸福感相对较高且稳定，原因是这部分家庭有相对较多的储蓄；而在90%~100%之间出现急剧下降的现象，这部分家庭几乎处于收支平衡的状态，几乎没有什么储蓄，已经无法再选择其他的消费，因而幸福感相对较低。值得注意的是，消费高于收入的家庭幸福感出现了上升的现象，其原因可能有两种，一是家庭非常困难，基本收入难以满足支出，故而需要消耗前期的积蓄或者借贷消费；二是这是一种消费主义观的群体，他们主张"用明天的钱来享受今天的快乐"。

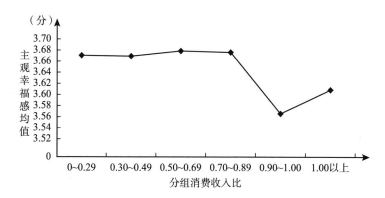

图3-7 消费收入比与主观幸福感的关系

资料来源：同图3-1。

一个值得关注的变量是食品支出占总支出的比重，即恩格尔系数，关于食品消费支出的衡量，问卷中的问题为"您家在本地的每月食品支出是多少钱？"，回答选项为"A. 直接支付多少钱；B. 包吃，折合多少钱，如果不包吃，该项填0元"。从流动人口食品支出与恩格尔系数来看（见表3-1），流动人口家庭每月食品直接支出的平均值为1148.22元，而包吃的价值均值为117.25元，合计家庭月食品支出为1265.60元，衡量家庭总支出的问卷问题是"您家在本地的每月总支出是多少钱？"，样本结果表明，流动人口月平均总消费支出为2549.30元。在计算恩格尔系数时，从定义上算，用食品总支出除以总消费支出，计算结果为0.50，考虑到食品支出中有一部分是免费包吃的，故我们计算食品直接支出与总消费支出的比，计算结果为0.45。

表 3 - 1 流动人口食品支出与恩格尔系数

项目	食品直接支出（元）	包吃价值（元）	食品总支出（元）	总消费支出（元）	恩格尔系数
变量值	1148.22	117.25	1265.60	2549.30	0.45/0.50

资料来源：根据 2009~2018 年中国流动人口动态监测数据计算得出。

按照联合国的标准，当恩格尔系数在 0.4~0.5 之间时，表示处于小康水平；在 0.5~0.6 之间时，表示处于温饱水平。整体来看，中国流动人口目前处于已脱离温饱水平走向小康水平的阶段。具体来看，情况则不容乐观，我们按照联合国的标准，将恩格尔系数进行分组，将大于 0.6 的称为"贫穷"组、0.5~0.6 之间称为"温饱"组、0.4~0.5 之间称为"小康"组、0.3~0.4 之间称为"相对富裕"组、0.2~0.3 之间称为"富足"组、0.2 以下称为"极其富裕"组，从流动人口家庭恩格尔系数分布情况来看（见表 3-2），属于"贫穷"组的群体所占比重最大，达到 44.4%，接近半数，远超过其他组别的群体，其次是属于"温饱"组的群体，比重为21.1%，而属于"富足"和"极其富裕"的群体合计占大约 1/10。从数据的分布情况不难看出，该分布呈现金字塔型（"贫穷"为塔底，"极其富裕"为塔尖），各群体的频数随着富裕程度的提升而下降；从主观幸福感来看，随着富裕程度的提高，幸福水平随之提升，但各组差异并不是很大。

表 3 - 2 流动人口家庭恩格尔系数分类分布

类别	频数	所占比例（%）	累计百分比（%）	主观幸福感（分）
贫穷	68214	44.4	44.4	3.65
温饱	32443	21.1	65.5	3.68
小康	19588	12.7	78.2	3.69
相对富裕	16929	11.0	89.2	3.69
富足	10881	7.1	96.3	3.69
极其富裕	5680	3.7	100.0	3.72
合计	153735	100.0		3.67

资料来源：同表 3-1。

三、住房与主观幸福感的关系

近些年，国家始终把保障民生、改善民生放在重要的位置，而住房问题是所有民生问题中老百姓最为关心的问题，住房消费支出金额庞大，尤其对于相对较为弱势收入不高的流动人口群体，更是一个长期的困扰。随着我国流动人口规模的日益扩大，流动人口在流入地的住房问题受到了政府以及学者们的广泛关注，考察流动人口的住房状况、发现流动人口的住房问题，对于了解流动人口在流入地的生活状况、制定相应的住房保障措施，最终使流动人口在当地幸福快乐的生活有重要意义。

关于住房变量的测度，本书选择住房性质作为衡量的标准，流动人口住房情况描述统计如表 3 – 3 所示。虽然流动人口住房性质的种类多达 9 种，但从具体分布情况可以看出，住房来源的渠道相对集中，租住私房是解决流动人口住房问题的最主要渠道，其比例高达 65.060%，其次是单位雇主提供免费住房，其比例为 12.450%，而拥有自购房或者自建房的比例合计不到 10%，能租到政府提供的廉租房的比例仅为 0.365%，表明流动人口在流入地的住房情况整体上不理想。造成流动人口住房问题的原因可以从以下四个方面体现：第一，流动人口没有被纳入城镇政府住房保障范围，导致住房来源渠道比较单一，我国各大城市往往将"本市非农业户籍"作为政府保障房的基本条件，这其实从制度上将流动人口排除在外，导致流动人口只有非常少（比例最低）的人可以获得政府廉租房；第二，流动人口流动性较强、稳定性较差，可能租房更适合其根据工作地点和工作性质调整自己的居住地点；第三，流动人口在流入地的社会关系网比较薄弱，人际关系十分有限，无法像当地人那样可以通过多种途径解决住房问题；第四，流动人口住房支出水平较低，不仅体现在租金支付能力低，其支付意愿也较低，根据《中国流动人口发展报告 2011》调查显示，关于未来 5 年在本地如何解决住房问题的打算，有大约 1/3 的人表示愿意租房，在这 1/3 的人口中，又有超过 60% 的人只愿意支付低于 500 元月租金的房租费。

表 3 - 3 流动人口住房情况描述统计

住房性质	频率（%）	月总支出（元）	月租房支出（元）	房租恩格尔系数[1]	主观幸福感（分）	卡方统计量[2]
租住单位雇主房	6.816	2127.18	394.65	0.186	3.57	
租住私房	65.060	2628.74	594.31	0.226	3.66	
政府提供廉租房	0.365	2658.18	465.38	0.175	3.61	
单位雇主提供免费住房	12.450	1412.43	109.34	0.077	3.53	
借住房	1.355	2572.40	0.00	0.000	3.81	4690.463 (0.000)
就业场所	3.728	2883.03	0.00	0.000	3.64	
自购房	8.813	3811.42	0.00	0.000	4.00	
自建房	0.812	2251.37	0.00	0.000	4.02	
其他非正规居所	0.602	1985.03	0.00	0.000	3.56	
合计	100.000	2549.30	429.15	0.168	3.67	

注：①恩格尔系数等于食品支出额占消费支出总额的比例，此处借用该概念，房租恩格尔系数等于房租支出占总支出的比例。

②卡方统计量检验不同住房性质的流动人口主观幸福感是否有显著差异。

资料来源：同表 3 - 1。

从流动人口月租房支出的情况来看，租住私房群体月租房的平均支出最高，达到 594.31 元，该项支出大约占月收入的 1/5，该比例在各类群体中最高，而租住政府提供廉租房的群体月住房支出平均达到 465.38 元，属于相对较高的住房支出。从主观幸福感来看，自建房和自购房群体的主观幸福感最高，均在 4 分以上，其次借住房群体主观幸福感相对较高，为 3.81 分，而其他类别群体的主观幸福感均在 3.70 分以下，幸福感最低的是居住在单位雇主提供免费住房的群体，仅为 3.53 分。拥有住房产权的群体幸福感明显高于无住房产权的群体，住房支出对于绝大多数家庭来说是最大笔的支出项目，从这层意义上说，拥有住房产权实际上是财富的一种体现，由此可见，拥有住房的福利不仅体现在有一个舒适的居住环境，其经济价值更是租房者难以企及的，而单位雇主提供免费住房虽然价廉，但并不一定物美，因而幸福感较低便不难解释。

流动人口发展路径的统计分析：从提升主观幸福感到社会融入的转变

Statistical Analysis on the Development Path of Floating Population: From Promoting Subjective Well-being to Social Integration

住房是流动人口生存发展的最基本需求，住房支出是流动人口在流入地最主要的支出之一，特别是近些年我国城市房价和房租的上涨，致使住房负担成为广大居民尤其是收入较低的流动人口群体所面临的重大生活压力之一。而实现流动人口住有所居，是改善民生、构建幸福社会的必然要求，要解决好流动人口的居住问题，政府的任务依然任重道远。

四、经济因素对主观幸福感的计量分析

（一）模型设定

本节主要分析经济因素对流动人口主观幸福感的影响，前面的描述性统计简单地揭示了经济因素变量与主观幸福感的关系。为了进一步揭示经济因素变量对主观幸福感的影响，下面将采用有序因变量回归模型进行分析。模型形式设定如式（3.6）：

$$SWB = \beta(economic) + \alpha(control) + \mu \qquad (3.6)$$

其中，因变量为 SWB，表示主观幸福感，是排序变量，取值为 $1 \sim 5$ 的整数；$economic$ 为经济因素变量，包含个人绝对收入、个人相对收入、家庭绝对收入、消费收入比、恩格尔系数以及住房性质；$control$ 为控制变量，包含个人特征变量，诸如性别、年龄、婚姻状况、受教育程度、就业状况；α 和 β 分别为各变量的待估参数；μ 为随机扰动项。

（二）模型估计结果分析

主观幸福感与经济因素有序回归结果如表 3 - 4 所示。

模型一控制了人口学及就业状况变量后，仅考虑个人绝对收入对主观幸福感的影响。从参数估计结果来看，个人绝对收入系数为正，且在 1% 显著性水平下显著，表明个人绝对收入对幸福感有显著的正向促进作用。

模型二分析个人相对收入对主观幸福感的影响效应。研究结果显示，如果同时引入绝对收入和相对收入变量，则因为其高度的相关性（两变量的相关系数为 0.99，方差膨胀因子均达到 51.162），导致绝对收入变量的回归

表3-4 主观幸福感与经济因素有序回归结果

指标	模型一	模型二	模型三	模型四	模型五	模型六
个人绝对收入	3.34E-05***			3.36E-05***	3.27E-05***	2.35E-05***
个人相对收入		0.573***				
家庭绝对收入			1.95E-05***			
消费收入比				-0.001**		
恩格尔系数					-0.165***	
月住房支出						6.09E-05***
自购（建）房 租住房（参照）						0.887***
幸福感阈值1	-6.168	-6.186	-6.265	-6.196	-6.308	-5.842
幸福感阈值2	-3.790	-3.808	-3.876	-3.819	-3.887	-3.421
幸福感阈值3	-0.295	-0.311	-.379	-0.325	-0.400	0.074
幸福感阈值4	1.982	1.968	1.901	1.955	1.884	2.387
拟 R^2	0.022	0.024	0.022	0.024	0.023	0.037
Chi^2	3118.77***	3311.29***	3594.21***	3272.57***	3125.16***	4995.04***

注：控制变量包括性别、年龄、年龄平方、受教育程度、婚姻状况、就业状况；表中*、**、***分别表示在10%、5%、1%显著性水平下显著。
资料来源：根据表3-1数据利用 Eviews 9 软件汇总得出。

系数出现负值，与之前的理论假设不符，因而在模型二中，仅考虑相对收入变量的影响。基于样本的数据表明，相对收入回归系数显著为正，表明相对收入对主观幸福感有显著的正影响。可以看出，除了绝对收入外，流动人口还非常看重自己的收入在同类群体中的相对位置。

模型三考虑家庭收入对主观幸福感的影响，结果表明家庭收入对主观幸福感存在显著正影响，从系数大小来看，家庭绝对收入对主观幸福感的影响略小于个人绝对收入，整体相差不大。

模型四在加入个人绝对收入的基础上，将家庭消费收入比引入模型，结果发现与模型一相比，个人绝对收入和相对收入系数几乎相等，而家庭消费收入比的系数为负，表明随着消费占收入的比重越来越大，其主观幸福感逐渐降低，消费收入比既反映了家庭消费行为，也反映了储蓄行为。在收入一定的情况下，消费多，储蓄必然就少，结论表明，对于流动人口，储蓄多能够提升幸福感，可以看出，流动人口在消费和储蓄的权衡上更看重储蓄。

模型五除了考虑个人绝对收入外，还引入了恩格尔系数变量，结果发现恩格尔系数为负，且在 1% 显著性水平下显著，表明随着食品支出在总支出所占比重的提高，主观幸福感降低，恩格尔系数实际上是衡量贫富的一种方法，该系数越大，表明越贫穷，从这层意义上看，证实了富裕的人比贫穷的人更幸福。

模型六重点考察了住房因素对幸福感的影响，在控制收入变量后，发现住房支出对幸福感有显著的正影响。一般而言，住房支出越高，居住的条件越好，一定程度上可以促进幸福感的提升。从住房性质来看，为了方便描述，这里将 9 类住房性质合并为两类：第一类为自购房和自建房，代表有产权的住房；另一类为租住房（无产权），包含其他 7 类，估计结果表明，自购（建）房的群体更幸福的概率显著高于租住房群体，进一步计算比数比（$e^{0.887} = 2.43$），可以看出自购（建）房的群体更幸福的概率为租住房群体的 2.43 倍，差距非常明显，证实了住房产权是一种财富的象征，对于主观幸福感有重要影响的结论。

第三节　非经济因素对流动人口主观
幸福感的影响分析（一）

随着经济水平的不断提高，老百姓的收入水平不断提升，收入对幸福感的影响在发生着微妙的变化，据人民网报道，根据《中国幸福小康指数》调查显示，收入对居民幸福的影响在下降，而健康、家庭关系、婚姻等非经济因素对幸福的影响在逐渐提升。[①] 由此可见，非经济因素对老百姓的幸福感影响越来越重要。本节将具体分析基于个人特征、工作因素、闲暇生活对流动人口主观幸福感的影响。

一、个人特征与主观幸福感的关系

根据已有的幸福感研究结论来看，个人特征是影响主观幸福感的重要因素。中国流动人口动态监测数据中的个人特征信息包括：性别、年龄、婚姻状况、受教育程度。下面本节将分别对上述变量与主观幸福感的关系进行分析。

（一）性别、年龄与主观幸福感的关系

社会分工和文化传统使不同性别在家庭、社会、工作中的角色重点以及心理预期都存在差异。一般认为，女性是弱势的一方，因此女性的主观幸福感受到更多的关注，然而男性和女性的主观幸福感是否有显著差异，研究没有形成统一的结论。大多数研究表明，女性比男性具有更高的幸福感（Alesina et al.，2004；Graham & Felton，2006）；也有部分研究表明，性别对主观幸福感的影响没有显著差异（Louis & Zhao，2002）；还有部分

---

① 2013 影响国人幸福感十大因素：收入重要性下降［EB/OL］. (2013 - 12 - 23) ［2022 - 10 - 08］. http：//finance. people. cn/n/2013/1223/c70846 - 23920371. html.

学者研究性别对幸福感影响时发现，性别对主观幸福感有显著影响，但如果进一步细分群体，例如再按照受教育水平细分，不同受教育水平的群体之间由性别导致的幸福感差异会变得不显著（Oswald & Powdthavee，2006）。

关于年龄对主观幸福感的影响，大多数研究表明，年龄对主观幸福感有负影响（Frey & Stutzer，2000；Smyth et al.，2008），"生、老、病、死"被认为是人生的几大痛苦之一，这意味着老年人更容易不幸福。但也有部分研究表明，年龄对主观幸福感有正影响（Cheung & Leung，2004），其原因是老年人生活预期低，压力小。从已有的研究来看，单独研究年龄和幸福感的线性关系，并不能揭示两者之间的真实关系，健康因素也是影响主观幸福感的重要因素之一，而年龄与健康又存在很紧密的联系，所以控制健康因素十分必要，研究发现控制健康因素后，年龄与主观幸福感之间存在"U"型曲线关系（Ferreri‐Carbonell & Gowdy，2007），幸福悖论的提出者伊斯特林认为，青年和老年人的幸福感较高，中年人幸福感较低，另外，弗雷和斯图泽（Frey & Stutzer，2000）研究认为年龄对主观幸福感的影响存在阈值，在控制其他变量后，当年龄大于 60 岁时，年龄对主观幸福感呈现正影响；当小于 60 岁时，年龄对幸福感为负影响。

关于健康对主观幸福感的影响研究，结论非常一致。几乎所有的研究都表明，健康对主观幸福感有显著影响，健康状况越好，幸福感越高；患有疾病或者身体不健康的群体幸福感较低（Oswald & Powdthavee，2006；Shields & Wheatley，2005）。

（二）婚姻状况、受教育程度与主观幸福感的关系

婚姻状况是影响主观幸福感的重要因素，大多数已有研究认为婚姻会提升幸福感（Dolan et al.，2008；Blanchflower & Oswald，2004），美满的婚姻会提升幸福感，而离婚、独居的人幸福感会降低。还有学者对微观个体进行跟踪调查，研究表明，离婚者的幸福感显著低于离婚前（Lucas，2005）；而独居者的状况更糟糕，研究发现独居者的幸福感最低，甚至低于离婚和守寡者（Helliwell，2003）。

关于受教育程度与主观幸福感的关系，学者们的研究并没有达成统一的

结论。有学者认为，受教育程度与主观幸福感呈现出负相关的现象，学历越高，幸福感越低（Clark，2003）；也有学者研究表明受教育程度与主观幸福感是正相关关系，受教育程度高的群体幸福感较高（Blanchflower & Oswald，2004）；还有学者认为，受教育程度不是影响主观幸福感的决定因素，它们之间并没有显著的关系（Flouri，2004）。从研究结论来看，学者们关于受教育程度对主观幸福感的影响还存在较大分歧，原因可能是所选择的样本不同，亦有可能是控制的变量不同所致。

（三）个人特征与主观幸福感的列联表分析

1. 数据处理

调查问卷中记录的年龄指的是被调查者的实际年龄，为了方便描述，我们将实际年龄，按照 5 岁一组分为 9 组；户口性质的选项为"农业""非农""不清楚"三个选项，由于"不清楚"这个选项无实际意义且样本量较少，仅占 0.2%，故将其删除；民族选项为全国 56 个民族，考虑到绝大多数为汉族，故将民族变量合并为汉族和少数民族两类；就业状态选项为"就业""失业""无业""操持家务""退休"，其中就业样本占 87.2%，其他类别样本所占比重较小，故将其他四类合并成一类，为"非就业"类。受教育程度分为"未上过学、小学、初中、高中、中专、大学专科、大学本科、研究生"，其中，初中文化程度的比重最高，占比 52.8%。为了描述的方便，我们将"未上过学"和"小学"合并成为"小学及以下"类，"初中"为一个类别，"高中"和"中专"合并为一类，"大学专科""大学本科""研究生"合并成"大专及以上"类；婚姻状况分为"未婚、初婚、再婚、离婚、丧偶"五类。

2. 个人特征与主观幸福感的关系检验

列联表分析可以进行分类变量之间的独立性检验，不同个人特征群体的主观幸福感分布也存在差异，卡方检验可以检验不同群体主观幸福感的差异是否显著（见表 3-5）。从卡方独立性检验可以看出不同性别、年龄、婚姻状况、受教育程度群体的主观幸福感在 1% 显著性水平下存在显著差异，表明个人特征因素对主观幸福感有显著影响。

流动人口发展路径的统计分析：从提升主观幸福感到社会融入的转变

Statistical Analysis on the Development Path of Floating Population: From Promoting Subjective Well-being to Social Integration

表 3 - 5　　　　　　　不同个人特征群体主观幸福感及卡方检验

个人特征	变量值	很不幸福	不幸福	一般	幸福	很幸福	卡方
性别	男	208 (0.3%)	1938 (2.3%)	34625 (41.7%)	36276 (43.7%)	10011 (12.1%)	191.38 ***
	女	132 (0.2%)	1352 (1.8%)	29537 (39.2%)	34631 (46.0%)	9668 (12.8%)	
年龄	15～19 岁	35 (0.3%)	311 (3.0%)	4960 (47.1%)	4175 (39.6%)	1060 (10.1%)	1855.91 *** （Fisher 精确检验）
	20～24 岁	67 (0.3%)	674 (2.5%)	12825 (48.3%)	10472 (39.5%)	2498 (9.4%)	
	25～29 岁	72 (0.2%)	686 (2.2%)	12855 (41.8%)	13521 (44.0%)	3608 (11.7%)	
	30～34 岁	76 (0.3%)	563 (2.0%)	10828 (38.7%)	12955 (46.3%)	3535 (12.6%)	
	35～39 岁	32 (0.1%)	421 (1.6%)	9635 (37.2%)	12250 (47.3%)	3579 (13.8%)	
	40～44 岁	24 (0.1%)	323 (1.6%)	7538 (36.5%)	9735 (47.2%)	3010 (14.6%)	
	45～49 岁	22 (0.2%)	229 (2.0%)	3876 (34.0%)	5592 (49.1%)	1671 (14.7%)	
	50～54 岁	4 (0.1%)	73 (2.5%)	1028 (34.6%)	1421 (47.8%)	446 (15.0%)	
	55～59 岁	9 (0.5%)	11 (0.6%)	617 (36.4%)	786 (46.4%)	272 (16.0%)	
婚姻状况	未婚	122 (0.3%)	1036 (2.8%)	18359 (49.9%)	13924 (37.9%)	3345 (9.1%)	2258.09 *** （Fisher 精确检验）
	初婚	201 (0.2%)	2161 (1.8%)	44166 (37.6%)	55254 (47.0%)	15816 (13.4%)	
	再婚	1 (0.1%)	41 (2.6%)	544 (34.0%)	756 (47.3%)	256 (16.0%)	
	离婚	16 (0.8%)	35 (1.8%)	894 (46.3%)	769 (39.8%)	216 (11.2%)	
	丧偶	1 (0.2%)	18 (3.8%)	200 (42.6%)	205 (43.7%)	45 (9.6%)	

续表

个人特征	变量值	很不幸福	不幸福	一般	幸福	很幸福	卡方
受教育程度	小学及以下	24 (0.1%)	451 (1.9%)	8745 (37.1%)	11099 (47.1%)	3251 (13.8%)	299.84***
	初中	153 (0.2%)	1643 (2.0%)	34512 (41.2%)	37680 (44.9%)	9864 (11.8%)	
	高中及中专	105 (0.4%)	817 (2.5%)	14799 (39.7%)	15387 (43.8%)	4457 (13.7%)	
	大专及以上	58 (0.2%)	378 (2.1%)	6105 (40.5%)	6742 (44.8%)	2106 (12.4%)	

注：当单元格频数小于5时采用 Fisher 精确检验。表中数字代表频数，括号内数字代表所占比重（因计算精度，有一定误差），卡方列数字上面的 *** 代表显著程度，* 、** 、*** 分别代表在 10%、5%、1% 显著水平下显著。

资料来源：由表 3-1 数据计算得出。

具体来看，从性别的主观幸福感分布情况来看，女性感觉"很不幸福"和"不幸福"的比例都低于男性，"感觉幸福"和"很幸福"的比例都高于男性，结合第二章主观幸福感的均值女性也略高于男性的结论，可以得出流动人口女性的幸福感高于男性。

从年龄来看，感觉"很不幸福"比重最高的年龄段是 55~59 岁，感觉"幸福"和"很幸福"的比例分布似乎呈现一种随着年龄增长幸福感递增的趋势，这种关系是否统计上显著成立还需进一步分析。

从婚姻状况来看，感觉"很不幸福"比重较高的群体为离婚（0.8%）和未婚（0.3%）；感觉"不幸福"比例较高的群体为丧偶（3.8%）和未婚（2.8%）；感觉"幸福"比例较高的群体为再婚（47.3%）和初婚（47.0%），比例较低的是未婚（37.9%）和离婚（39.8%）；感觉"很幸福"比例较高的群体是再婚（16.0%）和初婚（13.4%），比例较低的是未婚（9.1%）和丧偶（9.6%），所占比重均在10%以下，可以明显看出已婚群体的幸福感高于独身的群体。

从受教育程度来看，感觉"很不幸福"和"不幸福"比例最高的都是高中及中专教育程度群体；感觉"很幸福"和"幸福"比例最高的都是小

流动人口发展路径的统计分析：从提升主观幸福感到社会融入的转变

Statistical Analysis on the Development Path of Floating Population: From Promoting Subjective Well-being to Social Integration

学及以下群体，这表明受教育程度和主观幸福感的关系并不是简单的正相关关系，具体还需更进一步的计量分析。

（四）个人特征因素对主观幸福感的计量分析

上述描述性统计表明，性别、年龄、受教育程度、婚姻状况等个人特征都是影响流动人口主观幸福感的因素，并且初步刻画了按照个体不同特征划分的群体在主观幸福感上存在的差异，但依然需要进一步量化各种因素的影响程度以及影响机制。

由于主观幸福感为离散有序因变量，故此处选择有序回归模型方法进行研究，该方法的基本原理前文已经介绍，此处不再赘述。

1. 变量选择与模型设定

个人特征因素包含性别、年龄、民族、户口性质、婚姻状况、受教育程度，为了检验年龄与主观幸福感的"U"型关系，引入年龄的平方项进入模型，同时为了消除收入、工作等因素的影响，将其作为控制变量。模型的形式设置如下：

$$SWB = \beta_1 age + \beta_2 age^2 + \beta_3 sex + \beta_4 mz + \beta_5 hk + \beta_6 marry + \beta_7 edu + \alpha Z + \mu$$

$$(3.7)$$

其中，SWB 为主观幸福感，age 为实际年龄，age^2 为实际年龄平方，sex 为性别，mz 为民族，hk 为户口性质，$marry$ 为婚姻状况，edu 为受教育程度，Z 为控制变量，包含收入、工作因素等变量，α、β 为待估参数，μ 为随机扰动项。

2. 模型估计结果与分析

主观幸福感与个人特征因素的有序回归模型估计结果如表 3 - 6 所示。控制其他因素变量后，在 15 ~ 59 岁的范围内，实际年龄对主观幸福感有显著的负影响，年龄平方项对主观幸福感有显著的正影响，总体上看，年龄与主观幸福感的关系呈现"U"型分布，证实了两者之间的"U"型关系适合于流动人口群体。

表 3 - 6　　　　主观幸福感与个人特征因素的有序回归模型估计结果

解释变量	系数 B	标准误	Wald 检验	p 值	Exp(B)
年龄（实际年龄）	-0.063	0.013	25.340	0.000	—
年龄平方	0.001	1.91E10⁻⁴	27.430	0.000	—
性别（参照组：女）	-0.102	0.011	93.160	0.000	0.903
民族（参照组：少数民族）	0.059	0.023	6.743	0.009	1.061
户口性质（参照组：非农业）	-0.048	0.017	8.325	0.004	0.953
婚姻状况（参照组：丧偶）					
未婚	0.010	0.103	0.009	0.924	1.010
初婚	0.404	0.101	15.980	0.000	1.498
再婚	0.525	0.114	21.369	0.000	1.690
离婚	-0.030	0.111	0.072	0.789	0.970
受教育程度（参照组：大专及以上）					
小学及以下	-0.041	0.024	2.800	0.094	0.960
初中	-0.071	0.020	12.414	0.000	0.931
高中及中专	-0.047	0.021	5.215	0.022	0.954
幸福感阈值					
主观幸福感阈值1	-5.410				
主观幸福感阈值2	-3.036				
主观幸福感阈值3	0.460				
主观幸福感阈值4	2.737				
模型拟合	Chi2 = 3055.33　　p = 0.000				
拟 R^2	0.022				

注：模型控制了经济因素、工作等变量，由于篇幅，该表只给出个人特征因素的回归结果。
资料来源：由表 3 - 1 数据通过 Eviews 9 软件计算得出。

从性别来看，在其他条件相同的情况下，女性比男性更幸福，系数非常显著，从比数比来看，男性更幸福的概率为女性的 90.3%。女性更幸福的原因是多方面的，一是女性更容易表达自己的情感，幸福的评价往往会高于男性；二是女性的心理预期和社会定位一般也低于男性，所以更容易满足；三是随着社会的发展，女性的地位显著提高，无论是经济、教育状况、就业机会等方面和过去比都明显加强，这进一步提升了女性的幸福感。

从民族来看，汉族流动人口更幸福的概率为少数民族的1.061倍，系数显著，但差异不大。

从户口性质来看，差异较小，虽然非农业户口的流动人口比农业户口的流动人口显著更幸福，但更幸福的概率仅为农业户口的1.05倍。

从婚姻状况来看，离婚和丧偶的主观幸福感较低，其次是未婚，初婚的幸福感较高，更幸福的概率是丧偶的1.498倍，再婚的幸福感最高，更幸福的概率是丧偶的1.69倍，可见婚姻可以促进幸福。

从受教育程度来看，整体表现出受教育程度越高，幸福感越强。大专及以上的群体最幸福，其次是小学及以下文化程度的群体比较幸福，最不幸福的群体是初中文化程度。但定量来看，各文化程度群体的差异并不是很明显，从一定程度来说，受教育程度越高，幸福感越高的说法并不完全成立。为了进一步厘清教育对主观幸福感的影响，下文将通过其他模型来继续探讨教育对主观幸福感影响的机制。

（五）教育对主观幸福感影响的进一步探讨

在个人特征因素中，受教育程度是一项值得特别关注的因素，人类社会的发展从来都离不开教育，个人能力的提升也离不开教育，故很多研究将受教育程度不看作是个人特征，而是作为人力资本的重要变量，本书为了研究的方便，将其归类于个人特征。[①] 关于受教育程度与主观幸福感的关系，虽然引起了学者们的极大关注，但是直接研究两者关系的文献并不多见，很多研究都是将受教育程度作为一个重要的控制变量。就目前中国教育投资的情形来看，有两个值得深思的问题：第一，目前中国居民的教育投资热情较高，但教育投资回报率却相对较低，较高的教育投资换回了较低的回报，这种行为似乎不是一个理性的行为，甚至是难以解释的，如果我们从主观幸福感的视角来思考，或许可以回答这个问题；第二，如果教育对主观幸福感存在显著影响，那么这个影响是正影响还是负的影响？我们从幸福的视角分

----

① 本书研究主观幸福感的影响因素分类中不包含人力资本因素，故将其归类于个人特征。

析，不仅可以解释教育投资行为，也可以揭示受教育程度与主观幸福感的关系。

教育本身并不是导致主观幸福感高低的直接原因，之所以不同受教育程度的群体表现出不同的幸福水平，本书认为原因在于教育对主观幸福感产生效应有一个直接途径，就是通过教育投资提高个人的综合能力，以获得更好的工作或者更高的收入，从而最终改善生活水平促进幸福感提升。这里我们用收入表示这种传导途径，但收入在模型中存有内生性问题，为了消除这种内生性，我们假设个体的主观幸福感表示为：

$$SWB = f(educ, inc, z) = f[educ, inc(educ, z, w), z] \qquad (3.8)$$

其中，SWB 代表主观幸福感，$educ$ 表示受教育程度，inc 表示收入，z 表示除教育和收入之外的其他诸如性别、婚姻状况等变量，w 表示除了教育水平 $educ$ 和其他变量 z 外对收入有影响的工具变量，inc（$educ$，z，w）表示收入 inc 也可以表示为 $educ$，z，w 的函数。

收入函数则表示为：

$$inc = \beta_0 + \beta_1 educ + \beta_2 age + \beta_3 age^2 + \beta_4 pos + \beta_5 ind + \gamma Z + u \qquad (3.9)$$

其中，age 为年龄；age^2 为年龄的平方；pos 为工作职位，包含雇主、雇员、自营劳动者和家庭帮工，这里将其合并为两类，"雇主"作为一类，其他三类合并为"非雇主"一类；ind 为工作的行业，调查问卷中共分为 15 个行业，本书将 15 个行业合并为三个产业，第一产业（包含农、林、牧、渔业），第二产业（包含制造业、采掘业、建筑业和电煤水生产业）和第三产业（包含各种服务业)[①]。

因变量收入采用问卷中"上月您的收入为多少"获得，性别、受教育程度、婚姻状况、工作行业和工作身份变量均采用引入虚拟变量的方法，将"女性""小学及以下""独身""在第一产业的行业工作""非雇主"设置为参照组，年龄和年龄的平方为实际值，采用普通最小二乘法（OLS）估计参数，收入估计方程结果如表 3-7 所示。

---

① 第三产业包括批发零售、住宿餐饮、社会服务、金融保险和房地产、交通运输和仓储通信、卫生体育和社会福利、教育文化和广播电影电视、科研和技术服务、党政机关和社会团体、其他。

表 3 - 7   收入回归方程参数估计

变量	未标准化系数估计值		标准化的参数值	t	p 值
	B	Std. Error	B		
常数项	-1355.604	127.359		-10.644	0.000
男（女为参照组）	675.049	15.550	0.113	43.412	0.000
初中（小学及以下为参照组）	381.785	23.426	0.064	16.297	0.000
高中及中专	819.555	27.060	0.116	30.286	0.000
大专及以上	1992.030	32.598	0.203	61.109	0.000
在婚（独身为参照组）	450.581	23.790	0.067	18.940	0.000
年龄平方	-1.905	0.095	-0.399	-20.079	0.000
年龄	142.937	6.873	0.432	20.796	0.000
第二产业（第一产业为参照组）	544.893	65.169	0.091	8.361	0.000
第三产业	549.393	65.041	0.092	8.447	0.000
雇主（非雇主为参照组）	2172.448	26.331	0.216	82.504	0.000

资料来源：由表 3 - 1 数据通过 Eviews 9 软件计算得出。

此处我们重点关注的是流动人口教育的收益回报率，从系数结果可以看出，在控制了性别、婚姻状况、年龄、工作行业及工作身份变量后，受教育程度对收入有显著的正影响，随着受教育水平的提高，收入也随之增加，从这一点来看，表明对于流动人口来说，教育投资是具有经济价值的。具体比较不同受教育程度群体的收入差异，可以发现，初中文化程度的群体比小学及以下群体的月收入平均高 381.785 元，高中及中专群体比小学及以下群体平均高 819.555 元，而大专及以上的群体平均月收入比小学及以下群体高 1992.030 元。

下面将分析教育、收入和主观幸福感的关系，由于收入变量具有内生性，故采用工具变量法消除内生性的影响。具体采用 1996 年克拉克和奥斯瓦尔德（Clark and Oswald，1996）的分析方法，首先估计收入方程，用估计出的收入的预测值作为收入变量进入主观幸福感方程进行估计。为了说明收入在受教育程度和主观幸福感之间的传导作用，我们需要做两个模型进行对比，其中，一个模型不考虑收入变量，另一个将收入变量引入模型，最终的回归结果如表3-8所示。

表3-8　　　　　　　　　　　　参数估计

解释变量	模型一（普通最小二乘法）	模型二（两阶段最小二乘法）
性别（女为参照组）	-0.041 ***	-0.064 ***
年龄	0.120 ***	0.045 *
年龄平方	-0.064 ***	0.057 ***
民族（少数民族为参照组）	0.003	0.003
婚姻状况（独身为参照组）	0.032 ***	0.026 ***
小孩数量	-0.007 **	-0.007 **
初中（小学及以下为参照组）	-0.005	-0.025 ***
高中及中专	0.007 *	-0.027 ***
大专及以上	0.024 ***	-0.033 ***
第二产业（第一产业为参照组）	-0.158 ***	-0.186 ***
第三产业	-0.101 ***	-0.129 ***
雇主（非雇主为参照组）	0.031 ***	-0.039 ***
月收入	—	0.053 ***
R^2	0.071	0.104
F	68.679 ***	109.5 ***

注：第一列括号内表示的是参照组，＊、＊＊、＊＊＊分别表示在10%、5%和1%显著性水平下显著。

资料来源：由表3-1数据计算得出。

从回归结果来看，没有控制收入变量时，大专及以上学历的群体幸福感最高，其次是高中及中专，他们的幸福感显著高于小学及以下文化程度群体，初中群体幸福感虽然低于小学及以下群体，但这种差异并不显著，总体来说，随着教育程度的提升，主观幸福感也会增强。

当引入收入变量进入模型后，情况发生了明显的变化，初中、高中及中专、大专及以上群体的系数均为负数，且都高度显著。从系数大小来看，受教育程度越高，其系数反而越小，大专及以上学历的流动人口比小学及以下群体的主观幸福感平均低 0.033 分，高中及中专学历、初中学历群体分别比小学及以下群体低 0.027 分和 0.025 分。表明控制收入后，教育对主观幸福感呈现出显著的负影响。对比两个模型的结果，可以得出，教育对主观幸福感的影响随着收入变量的引入，由正变为负，这说明教育通过收入间接影响主观幸福感，这种间接影响效应证明了教育的经济价值，即更高受教育程度的群体由于拥有更高的收入致使他们有更高的幸福感，当没有引入收入变量时，系数为正，可能的原因是教育的价值不仅可以提高个人收入，带来经济层面的福利，也可以通过提升个人修养、养成良好的价值观等带来非经济层面的积极影响，这些非经济层面的积极影响也可以提升主观幸福感；而引入收入后，系数为负，其原因可能是受教育程度较高的群体，其心理预期也较高，尤其是从农村走出的高学历群体，他们承载着家庭的希望，本书样本中超过 80% 是农村户口，城市的竞争相对激烈，加之城市里受过高等教育的人越来越多，使得大学教育的经济价值迅速降低，即便接受良好的教育也未必能获得较高的经济福利，这就导致高学历群体的心理预期难以实现，而受教育水平较低的群体由于心理预期较低，往往更能接受现实，故而表现出随着受教育水平的提升，幸福感下降的现象便不难理解。

二、工作因素对主观幸福感的影响[①]

（一）工作因素与主观幸福感的关系

工作是绝大部分人收入的主要来源，每个人的经济地位、社会地位等很大程度上取决于工作的性质，不仅如此，个人的社会保障、人际交往几乎都或多或少和工作因素有关，从这层意义上讲，可把工作因素看作是影响居民主观幸福感最重要的因素。

社会经济学家库珀和马歇尔（Cooper & Marshall，1978）、卡恩（Kahn，1990）等把工作定性为"令人不快"的或者是"不幸的"，工作被认为是

---

① 工作因素包括就业状况、就业身份、就业职业等方面，由于它不是直接经济因素，最终会反映到收入这个重要经济因素中，因此此处将其归为非经济因素。

一种惩罚手段。他们认为工作之所以会导致不幸福，原因可以归纳为以下几点：第一，工作需要付出大量的体力、脑力甚至心理成本。现代工作不可避免地要付出体力或脑力的大量劳动，随着社会的发展，竞争日趋激烈，这种付出与日俱增，尤其在大城市，除劳动本身的劳累外，由于错综复杂的社会环境、人际关系等所带来的心理负担同样不可忽视。第二，工作会付出健康甚至生命成本，劳累成疾甚至劳累致死的情况时有发生，在一些诸如高空作业、煤炭工人等高危行业，工作的危险性更是不言而喻。第三，工作会挤占休闲娱乐时间，人类除了睡眠的时间以外，主要就是工作和休闲，人们需要在工作和闲暇之间做权衡取舍，显然更多的闲暇时间会带来更多的快乐被广泛接受。第四，工作的种类与个人的爱好不一致，从事自己喜欢的工作并且从中获得丰厚的福利是每位劳动者理想的愿望，然而，能将个人兴趣和工作种类完美结合起来的人却不多，甚至很多人工作的内容和自己所擅长的专业知识完全不相关，迫于生计，选择了自己并不喜欢的职业。

然而，也有学者提出了不同的看法，工作对幸福感的影响取决于个体对工作的认识。正如美国石油大亨洛克菲勒（John Davison Rockefeller）所说，"如果你视工作为一种快乐，那么人生就是天堂；如果你视工作为一种义务，那么人生就是地狱。"①

工作是绝大部分人最重要的谋生手段，同时也是人类参与社会、发展自我、证明自我价值的重要途径。工作是人类生活的主要部分，可以这样说，有工作的人不一定幸福，但失业的人一定不幸福。罗素（Bertrand Russell）在《幸福之路》（*The Conquest of Happiness*）一书中提到，工作或许会带来快乐或者痛苦，但如果工作不过度，即便是最简单重复的工作，对于大多数人来说，也比无所事事要快乐，主要原因有如下两点：第一，工作可以度过一天中的很多时间，避免了长时间的无聊空虚。第二，工作可以展示自己的能力，可以享受成功的喜悦。并且罗素认为，那些拥有特殊专业技能的人在工作中展现自己的能力所带来的幸福感要远高于那些不需要特殊技能的一般工作。

---

① 来源于洛克菲勒写给儿子的一封信：《天堂与地狱比邻》。

流动人口发展路径的统计分析：从提升主观幸福感到社会融入的转变

Statistical Analysis on the Development Path of Floating Population: From Promoting Subjective Well-being to Social Integration

（二）工作因素与主观幸福感的描述性统计

工作因素包含就业状况、就业行业、就业单位、就业职业和就业身份，研究表明，这五个方面都对幸福感产生影响。根据统计数据，有87.2%的流动人口目前处于就业状态，操持家务的比例为7.8%，失业的比例仅为1.4%，无业和退休的比例分别为3.4%和0.2%。下面将分别描述它们与主观幸福感的关系并对其独立性进行卡方检验（见表3-9）。

表3-9 流动人口工作因素与幸福感的列联

工作因素	幸福感（分）	很不幸福（%）	不幸福（%）	一般（%）	幸福（%）	很幸福（%）	卡方检验
就业状况							
就业	3.66	0.23	2.16	41.34	44.22	12.05	785.543（0.000）
失业	3.56	0.37	4.47	44.66	40.14	10.37	
无业	3.83	0.09	1.20	31.51	49.55	17.65	
操持家务	3.77	0.09	1.14	34.78	49.70	14.28	
退休	3.97	1.44	0.36	27.70	41.37	29.14	
就业行业①							
第一产业	3.89	0.20	0.56	29.47	49.67	20.10	1427.218（0.000）
第二产业	3.59	0.26	2.55	45.47	41.41	10.30	
第三产业	3.72	0.18	1.81	37.61	46.79	13.61	
就业单位②							
土地承包者	3.80	0.16	1.25	33.49	48.24	16.86	639.133（0.000）
机关事业单位	3.80	0.54	0.54	34.65	47.21	17.05	
个体工商户	3.72	0.17	1.79	37.51	46.81	13.72	
私营企业	3.62	0.25	2.33	43.47	43.07	10.87	
其他	3.67	0.20	2.14	40.48	44.59	12.59	
就业职业③							
国家机关人员	3.84	0.08	1.56	31.92	47.45	18.98	1216.041（0.000）
生产人员	3.56	0.26	2.76	47.14	40.68	9.16	
其他	3.70	0.21	1.89	38.81	45.87	13.22	

工作因素	幸福感（分）	很不幸福（%）	不幸福（%）	一般（%）	幸福（%）	很幸福（%）	卡方检验
就业身份							
雇主	3.79	0.11	1.80	33.66	47.97	16.46	1271.223 (0.000)
雇员	3.61	0.27	2.42	44.10	42.30	10.91	
自营劳动者	3.74	0.14	1.58	36.47	48.14	13.66	
家庭帮工	3.67	0.16	1.45	39.39	48.99	10.01	

注：表中第二列幸福感指主观幸福感均值，幸福类别下百分数为所占百分比（因计算精度，有一定误差），最后一列卡方检验括号内数值为 p 值。

①流动人口动态监测调查问卷中将就业行业划分为15个，分别为：制造业、采掘、农林牧渔、建筑、电煤水生产供应、批发零售、住宿餐饮、社会服务、金融/保险/房地产、交通运输/仓储通信、卫生/体育/社会福利、教育/文化/广播电影电视、科研/技术服务、党政机关/社会团体、其他。本书按照国家行业分类标准，将其划分为三次产业行业，其中农林牧渔业作为第一产业，制造业、采掘业、电力、燃气及水的生产和供应业与建筑业合并为第二产业，其他各个行业划分到第三产业。

②调查问卷中就业单位的性质共分为12类，分别为：土地承包者、机关/事业单位、国有及国有控股企业、集体企业、个体工商户、私营企业、港澳台企业、日/韩企业、欧美企业、中外合资企业、其他、无单位。本书根据分布情况及幸福感的差异将其分为土地承包者、机关事业单位、个体工商户、私营企业和其他五类。

③调查问卷中的就业职业包含18个类别，分别为：国家机关/党群组织/企事业单位负责人、专业技术人员、公务员/办事人员和有关人员、经商、商贩、餐饮、家政、保洁、保安、装修、其他商业/服务业人员、农/林/牧/渔/水利业生产人员、生产、运输、建筑、其他生产/运输设备操作人员及有关人员、无固定职业、其他。本书将其分为三类，第一类包含国家机关、党政组织、企事业单位负责人和公务员等有关人员，简称"国家机关人员"，第二类为"生产人员"，第三类为"其他"，包含没有归并到前两类的所有类别。

资料来源：同表3-1，通过整理得出。

从表3-9中可以发现，从就业状况来看，退休的人幸福感最高，得分为3.97分，而无业和操持家务的群体幸福感也相对较高，就业和失业的人幸福感最低，通过比较各类群体的幸福感，发现就业和失业的人相比，他们的幸福感较高，说明对于需要工作的人来说，工作可以促进幸福感的提升，而就业和其他非就业群体比，幸福感较低，从一定程度上表明了"工作令人不快"的结论，如果有合理的原因不工作，那么选择不工作幸福感较高。

从就业行业来看，仅有1.4%的流动人口从事农林牧渔业的工作，而在第二产业就业的比例为43.8%，第三产业的就业比例达到54.8%。从前文的分析可以看出，流动人口中有超过80%的人是从农村流入到城市，他们迁移出农村，显然绝大多数不会继续从事农业劳动，故在第一产业就业的比

流动人口发展路径的统计分析：从提升主观幸福感到社会融入的转变

Statistical Analysis on the Development Path of Floating Population: From Promoting Subjective Well-being to Social Integration

例非常小便不难理解；从就业行业与主观幸福感的关系来看，在第二产业就业的群体幸福感最低，其得分仅为 3.59 分，第一产业和第三产业就业的群体幸福感相对较高，究其原因，在城市从事第一产业劳动者并不是耕田种地这类工作，大多数是从事农林牧渔服务业，从性质上来看，类似于第三产业，而从事第二产业的劳动者多数为生产工人，从事的工作具有强度大、环境差、不稳定的特点，其幸福水平较低显而易见。

从就业单位的分布情况来看，个体工商户和在私营企业就职的规模最大，其比例分别达到 32.5% 和 38.7%，在机关事业单位就职的比例仅为 1.6%，在国有企业单位或国有企业控股单位工作的比例为 3.5%，无单位人员的比例为 9.4%；从就业单位性质与主观幸福感的关系来看，土地承包者和在机关事业单位工作的人主观幸福感最高，均为 3.80 分，而在私营企业工作的人幸福感最低，为 3.62 分，私营企业和机关事业单位相比，工作环境和收入，尤其是隐性福利有较大差距，幸福水平存在差距并不难解释，而土地承包者收入较高，其各方面的生活水平都能得到保障。

从就业职业来看，问卷中将所有职业分为 18 类（见表 3 – 9 表注③）。从分布情况来看，"生产"类职业所占比重最大，达 24.9%；其次是"其他服务业人员"和"经商"职业，比例分别达到 15.1% 和 13.8%；职业是国家机关、党政组织或企事业单位负责人的比例仅为 0.4%，表明流动人口的工作地位还处于较低的状态，在高层就职的人非常少。从就业职业与主观幸福感的关系来看（为了简化描述，只列出了分类后的情况），幸福感最高的职业是"国家机关人员"，得分为 3.84 分，而幸福感最低的职业是"生产人员"，得分仅为 3.56 分，生产类职业属于高强度、重体力的工作，且收入低、工作不稳定、工作条件差、培训和晋升机会少，这些因素会很明显地降低幸福水平。

从就业身份来看，大部分流动人口在新的城市是雇员，其比例达到 67%，自营劳动者的比例为 22.5%，而就业身份是雇主的比例仅为 9.6%，相当于每 10 个流动人口中有 1 个是雇主，家庭帮工则仅占 0.9%；从就业身份与主观幸福感的关系来看，雇主和自营劳动者幸福感较高，其原因是雇主和自营劳动者属于"自己为自己打工"的情况，其工作的热情较高、工作的时间相对自由，收入明显高于普通雇员，而雇员和家庭帮工的幸福感较低。

从各个工作因素和主观幸福感的独立性检验来看，卡方统计量均为高度显著，表明各个因素不同类别群体的主观幸福感有显著差异。

按照二元劳动力市场分割理论，我国现阶段劳动力市场内部存在主要劳动力市场和次级劳动力市场的分割，在主要劳动力市场中，劳动者收入高、工作稳定、工作条件好、培训和晋升机会多；而次级劳动力市场则与之相反。整体来看流动人口的工作状况，根据上述描述性统计的结论，大多数流动人口在私营企业就业或者个体经商，无单位人员的比例接近 10%，就业主要集中在传统的低端行业，且大多难以向主要劳动力市场转移，这种就业市场的劳动力分割，除了受劳动者本身的素质外，或许受户籍影响。样本数据表明，农村户口性质的流动人口是国家机关、党政组织、企事业单位负责人或者公务员的比例不到 1%，仅为 0.77%，而城镇户口性质的流动人口这一比例则为 7.25%，表明工作的户籍歧视存在于流动人口中。当然，不论是什么原因导致的这种分割现象，流动人口被分割在次级劳动力市场，不仅会对劳动者本身的权益和发展造成损害，同时也会造成劳动力资源的浪费，不利于社会健康稳定发展。

（三）工作因素对主观幸福感的实证分析

在研究工作对主观幸福感的影响时，不能回避的一个问题是工作因素是如何影响幸福感的，是直接影响，还是通过其他因素间接影响，就业状况、就业行业、就业单位、就业职业和就业身份五个工作因素是否都显著影响主观幸福感？为了得到上述问题的答案，我们建立回归模型揭示结论，上述五个工作因素变量均为分类变量，需要设置虚拟变量，按照上述描述统计的分类，选择每个变量最后一类作为参照组。根据已有研究，工作因素对主观幸福感的影响很可能会通过收入来表现，为了验证这一结论，这里建立两个模型，模型一不控制收入变量、模型二控制收入变量（两个模型都控制人口特征类的变量，为了节省篇幅，表 3 - 10 只列出工作因素变量的估计结果）。模型一的回归方程为：

$$SWB = \alpha unit + \beta prof + \gamma empl + \delta pos + \lambda ind + \sigma Z + \mu \qquad (3.10)$$

其中，*unit* 为就业单位性质，*prof* 为就业职业，*empl* 为就业状况，*pos*

流动人口发展路径的统计分析：从提升主观幸福感到社会融入的转变

Statistical Analysis on the Development Path of Floating Population: From Promoting Subjective Well-being to Social Integration

为就业身份，ind 为就业行业，① Z 为控制变量，包含个体特征变量，α、β、γ、δ、σ、λ 为待估参数，μ 为随机扰动项。

模型二在模型一的基础上引入收入变量，模型的估计结果如表 3 – 10 所示。

表 3 – 10 主观幸福感与工作因素的有序回归结果

工作因素	变量类别	模型一			模型二		
		估计值	p 值	Exp（B）	估计值	p 值	Exp（B）
就业单位（其他）	土地承包者	0.120	0.050	1.13	0.113	0.067	1.12
	机关事业单位	0.250	0.000	1.28	0.262	0.000	1.30
	个体工商户	0.119	0.000	1.13	0.120	0.000	1.13
	私营企业	0.090	0.000	1.09	0.086	0.000	1.09
就业职业（其他）	国家机关人员	0.428	0.000	1.53	0.419	0.000	1.52
	生产人员	− 0.112	0.000	0.89	− 0.107	0.000	0.90
就业状况（其他）	就业	− 0.371	0.000	0.69	− 0.155	0.016	0.86
	失业	− 0.620	0.000	0.54	− 0.320	0.002	0.73
就业身份（家庭帮工）	雇员	− 0.020	0.716	0.98	− 0.015	0.788	0.99
	雇主	0.194	0.001	1.21	0.129	0.025	1.14
	自营劳动者	0.072	0.190	1.07	0.051	0.358	1.05
就业行业（第三产业）	第一产业	0.328	0.000	1.39	0.331	0.000	1.39
	第二产业	− 0.142	0.000	0.87	− 0.152	0.000	0.86
收入					2.70E − 5	0.000	
阈值	很不幸福	− 5.514	0.000		− 6.067	0.000	
	不幸福	− 3.133	0.000		− 3.688	0.000	
	一般	0.372	0.019		− 0.181	0.216	
	幸福	2.657	0.000		2.108	0.000	
拟 R^2		0.029			0.030		
Chi^2		4009.455（0.000）			4211.428（0.000）		

注：第一列括号内的类别表示参照组。

资料来源：根据表 3 – 1 数据，利用 Eviews 9 软件计算得出。

———————

① 工作因素的 5 个变量均为分类变量，具体设置变量时每个变量设置 $n - 1$ 个虚拟变量，限于篇幅，此处未列出虚拟变量的形式。

从回归结果来看，大部分结论证实了描述性统计中的结果，重复的结论不再赘述。值得注意的是，模型一和模型二的估计结果差异并不是很大，控制收入变量后，工作因素对主观幸福感的影响并无显著变化，表明工作因素通过收入对主观幸福感影响的程度不大。当然，得出这个结论可能的原因是模型中包含的工作因素变量较多，收入的中间传导机制被分解到各个变量中，使得每个变量系数的变化都不大，导致了总体上看其结果变化不大。

（四）工作因素、收入与主观幸福感的进一步讨论

为了进一步探讨收入在其中的作用，这里需要对模型进行重新设置，上述工作因素的五个变量，有信息重合或者相关的情况，如某个人的就业职业是国家机关或者企事业单位的负责人，那么其就业单位就是国家机关，为了避免重复分析，我们重点分析就业行业和就业单位是否通过收入影响主观幸福感，为了方便计量，我们将就业单位进一步合并为两类："机关事业单位"和"其他单位"，将工作行业合并为两类，"第二产业"和"其他"，将主观幸福感看作得分为 1 ~ 5 的连续变量，做普通最小二乘回归，[①] 为了分析收入在其中的作用，模型一将就业单位和收入作为解释变量，模型如下所示：

$$SWB = \rho + \alpha unit + \gamma inc + \sigma Z + \mu \tag{3.11}$$

式（3.11）中的变量与前文一致，ρ 代表常数项，inc 代表个人收入。模型二在模型一的基础上加入就业单位与收入的交叉项（$unit * inc$），模型三将就业行业和收入作为解释变量，模型形式如式（3.12）所示：

$$SWB = \rho + \beta ind + \gamma inc + \sigma Z + \mu \tag{3.12}$$

模型四在模型三的基础上加入就业行业和收入的交叉项（$ind * inc$）。

以上四个模型的主观幸福感普通最小二乘回归估计结果如表 3 - 11 所示。

---

① 被解释变量"幸福感"是一个有序因变量，有序变量相邻选项之间的距离存在不可比性，因而直接采用普通最小二乘法（OLS）欠妥，然而有研究发现，有序 Probit 模型与普通最小二乘法在参数估计的方向和显著性上基本一致（Ferrer-i-Carbonell & Frijters, 2004），同时 OLS 更加直观并方便解释，因此此处采用最小二乘法。

表 3 – 11 　　　　　　　　　　主观幸福感普通最小二乘回归结果

解释变量	模型一		模型二		模型三		模型四	
	估计值	p 值	估计值	p 值	估计值	p 值	估计值	p 值
常数项	3.333	0.000	3.333	0.000	3.426	0.000	3.432	0.000
性别	−0.038	0.000	−0.038	0.000	−0.030	0.000	−0.031	0.000
年龄	0.008	0.000	0.008	0.000	0.006	0.001	0.006	0.001
年龄平方	−4.36E−5	0.073	−4.37E−5	0.072	−2.11E−5	0.384	−2.09E−5	0.389
初中	−0.010	0.096	−0.010	0.096	−0.016	0.007	−0.016	0.007
高中及中专	−0.001	0.865	−0.001	0.867	−0.013	0.051	−0.014	0.044
大专及以上	0.015	0.072	0.015	0.067	0.004	0.627	0.003	0.684
婚姻状况	0.138	0.000	0.138	0.000	0.138	0.000	0.138	0.000
就业单位	0.134	0.000	0.153	0.000				
就业行业					−0.102	0.000	−0.115	0.000
收入	1.24E−5	0.000	1.25E−5	0.000	1.15E−5	0.000	1.03E−5	0.000
收入 * 就业单位			−6.78E−6	0.217				
收入 * 就业行业							4.06E−6	0.005
R^2	0.875		0.892		0.853		0.873	
F	372.56	0.000	452.18	0.000	463.26	0.000	523.47	0.000

注：性别参照组为"女"，受教育程度参照组为"小学及以下"，婚姻状况参照组为"独身"，就业单位性质参照组为"其他单位"，就业行业参照组为"其他行业"。

资料来源：同表 3 – 10。

从模型一和模型二的回归结果可以看出，加入收入和就业单位交叉项后，大多数变量的系数以及显著性没有发生变化，收入和就业单位交叉项系数并不显著，表明就业单位不能显著提升收入对主观幸福感的影响效应。从模型三和模型四可以看出，收入和就业行业的交叉项系数在 1% 显著性水平下显著，并且系数为正，表明就业行业可以显著提升收入对主观幸福感的效应，其效应为：

$$1.03E（-5）+4.06E（-6）* 就业行业$$

这说明与在其他行业就业的群体比，收入对在第二产业就业的群体的主观幸福感效应要高 4.06E （-6）个单位。这也证实，如果考虑就业行业对不同个体的影响，收入对主观幸福感的效应将发生改变，前文分析表明第二产业就业的群体属于"很不幸福"，收入对他们的影响要高于其他就业的群体。我们从另外一个角度来看，在第二产业就业的群体与在其他产业就业群体的主观幸福感差异为：

$$-0.115 + 4.06E（-6）* 收入$$

这表明在保持其他因素不变的情况下，随着收入的增加，在不同产业就业的群体的主观幸福感差异会减小，当月收入达到 28325 元时，这种差异消失，即可以认为月收入为 28325 元的流动人口，工作行业对主观幸福感不存在影响。当收入继续提高，两者的主观幸福感差异又将增加，很显然，月收入达到 28325 元对于大多数流动人口并不是短期内能实现的目标。

三、闲暇生活对主观幸福感的影响

在经济高速发展、物质生活水平显著提高的同时，人们更加注重生活品质。工作学习之余，休闲在中国人的生活中越来越重要。关于闲暇和幸福感的关系，古希腊哲学家亚里士多德有经典的论述，"闲暇是全部人生的唯一本原，闲暇是幸福的表征，幸福包含着闲暇"。[①] 闲暇是别无目的的全然出于自身兴趣的活动，人在闲暇状态下才能回复到生命的本然状态。在亚里士多德看来，闲暇是幸福的必要因素。英国哲学家罗素也认为，闲暇是幸福的源泉，而且拥有和享受这种休闲、幸福的权利是人们精神的需要。值得注意的是，罗素认为闲暇的幸福是有前提条件的，即技术的进步和经济的发展，因为经济的发展是人们享受闲暇生活的重要保障。从上述分析不难看出，闲暇与主观幸福感是正相关关系。当然，上述结论是哲学家、思想家的哲学思考，而且结论是定性的，那么闲暇生活对主观幸福感的定量关系是怎样的？从目前的研究来看，很少有学者研究闲暇生活对主观幸福感的影响，或许是这方面数据难以获得，或许是认为闲暇并不是一个重要因素。本书认为，闲

---

① ［古希腊］亚里士多德，著. 尼各马可伦理学 ［M］. 廖申白，译注. 北京：商务印书馆，2003.

流动人口发展路径的统计分析：从提升主观幸福感到社会融入的转变

Statistical Analysis on the Development Path of Floating Population: From Promoting Subjective Well-being to Social Integration

暇生活对主观幸福感的影响有待探讨，尤其是对于流动人口，他们在流入地的闲暇生活如何，值得分析。

（一）变量说明与描述性统计

在全国流动人口动态监测数据中，关于闲暇生活的问卷问题有"您业余时间与谁来往最多（不包含客户）"，回答选项为"1. 同乡（户口在本地），2. 同乡（户口在老家），3. 其他本地人，4. 其他外地人，5. 很少与人来往"。还有"您平时有没有以下习惯？如果有，其程度如何？A. 看电视、电影、录像，B. 玩棋牌、麻将、电脑游戏，C. 上网、浏览通信（工作时间除外），D. 读书、看报、学习，E. 参加文艺、体育活动，F. 吸烟"，回答选项为"1. 是，2 否。如果选择是，需要进一步回答每周进行多少小时（吸烟回答为每周多少包）"。

首先，我们将对上述变量描述性统计，以了解流动人口闲暇生活的概貌。

流动人口人际交往分布如表 3 - 12 所示，可以看出，有近 60% 的流动人口主要和同乡交往，其中有 48.8% 的人主要和户口在老家的同乡来往，10.6% 的流动人口主要和户口在本地的老乡交往，表明流动人口在当地融入状况不太乐观，和当地人交流得较少，有超过 10% 的人很少与人来往则更值得关注。从交往对象与主观幸福感的关系来看，与本地人交往最多的群体幸福感最高，均值为 3.85 分，而与其他外地人来往和很少与人来往的群体幸福感最低，均值分别为 3.56 分和 3.57 分，这种差异经过卡方检验是显著存在的。正如所预期的结果，业余时间主要和本地人来往表明交际能力相对较强，适应新环境的能力强，同时通过结识当地的朋友，可以积累人脉，进一步扩大交际圈，对于工作、学习、休闲娱乐等方面都有积极影响，这有利于促进幸福感的提升，相反，很少与人来往的人则容易陷入孤僻、单调的生活节奏中，显然他们的幸福水平相对较低，而主要与其他外地人来往的幸福感也较低，可能的原因是他们彼此都因"同是天涯沦落人"而走到一起。

表 3 – 12　　　　　　　　流动人口人际交往分布

变量	频数	频率（%）	主观幸福感（分）	卡方统计量
同乡（户口在本地）	16729	10.6	3.77	3266.116 （P = 0.000）
同乡（户口在老家）	77309	48.8	3.64	
其他本地人	27579	17.4	3.85	
其他外地人	20782	13.1	3.56	
很少与人来往	15946	10.1	3.57	
无效回答	211	0.1	3.72	

注：因计算精度，存在一定误差。
资料来源：由表 3 – 1 数据汇总计算得出。

社会流行的休闲方式包括看电影、电视；玩棋牌、麻将、电脑游戏；上网；读书、看报、学习；参加文艺、体育活动等，流动人口闲暇生活分布如表 3 – 13 所示。

表 3 – 13　　　　　　　　流动人口闲暇生活分布

变量	是		否		卡方	习惯程度（小时/周）
	频率（%）	主观幸福感（分）	频率（%）	主观幸福感（分）		
看电影、电视	89.3	3.68	10.7	3.56	481.098***	12.21
玩棋牌、麻将、电脑游戏	31.2	3.66	68.8	3.68	36.743***	8.72
上网	43.2	3.65	56.8	3.69	186.136***	8.68
读书、看报、学习	44.8	3.71	55.2	3.64	425.369***	6.50
参加文艺、体育活动	18.2	3.78	81.8	3.65	837.846***	5.03

注：*、**、*** 分别表示在 10%、5% 和 1% 显著性水平下显著。
资料来源：由表 3 – 1 数据汇总计算得出。

从表 3 – 13 可知，绝大多数人（89.3%）有看电影、电视的习惯，他们的幸福感得分为 3.68 分，而不看电影、电视的人主观幸福感仅为 3.56 分，由卡方统计量可以看出这种差异是显著存在的。看电影、电视作为老百姓最基本的休闲方式，也是最容易实现的闲暇方式，受到广大老百姓的普遍欢迎，流动人口平均每周看电影、电视的时间为 12.21 小时，明显高于其他休闲方式。

而选择玩棋牌、麻将、电脑游戏的人仅占 31.2%，大多数居民没有这些习惯，而比较主观幸福感发现，不玩棋牌、麻将、电脑游戏的人幸福感略高，并且这种差异显著，表明玩棋牌、麻将、电脑游戏并不能显著提高幸福感，可能的原因是这类群体没有稳定工作，只能靠玩棋牌、麻将等娱乐活动打发时间，娱乐背后难掩生活的无奈。

和玩棋牌等游戏类似，有上网习惯的人幸福感略低于不上网的人，并且这种差异非常显著，表明上网并不能显著提升幸福感。值得注意的是，上网是现代城市居民流行的闲暇方式，流动人口中仅有不到一半的人有上网的习惯，说明流动人口还没有较好地适应现代城市的文化生活。

闲暇时间有读书、看报、学习习惯的群体幸福感显著高于没有该习惯的群体，读书、看报、学习不仅可以消磨闲暇时间，还可以增加知识、开阔视野，有利于身心健康，提高人力资本，这对于提升幸福水平有积极的促进作用。

从参加文艺、体育活动来看，业余时间参加文体活动的群体主观幸福感明显高于不参加活动的人。参加文艺、体育活动有利于身体健康、缓解压力、陶冶情操、培养广泛的兴趣、结识志同道合的朋友，这对提升幸福感无疑有很大的帮助。然而需要关注的是，流动人口中参与活动的比例非常低，样本中仅有 18.2% 的人有参与活动的习惯，导致这种现象的原因一方面可能是流动人口自身的原因，而另一方面可能与当地相关职能部门没有积极组织适合流动人口参与的各种活动有关，这一点有待改善。

总体而言，流动人口进入城市后需要经历观念转变、身份认同、社区接纳、社会融入的再社会化过程，其交往对象、闲暇时间的休闲方式选择在其中扮演着重要角色，而从上述流动人口的整体表现来看，他们在流入地的社会关系、社会网络和人际交往主要围绕着血缘、地缘等关系构成，其自身意识较强，而融入意识较差，与当地其他社会群体的交流不多，参与当地文艺、体育活动非常少，这显然不利于增强流动人口的归属感以及促进其社会融合。

上述描述性统计揭示了各种闲暇生活方式与主观幸福感的关系，但这种关系在统计上是否显著，各种变量对主观幸福感的影响程度如何，都需要进一步地分析，下面采用有序回归模型分析各变量与主观幸福感的关系。

（二）变量选择与模型设定

在变量设置上，我们依然选择人口学特征变量以及收入作为控制变量，是否参与各类闲暇活动作为解释变量，因变量为主观幸福感，模型如下所示：

$$SWB = \alpha comm + \beta mov + \gamma game + \delta net + \sigma read$$
$$+ \lambda sport + \tau smoke + \pi Z + \mu \tag{3.13}$$

其中，$comm$ 表示人际交往虚拟变量，"很少与人来往"为参照组，mov 表示看电影、电视变量，$game$ 表示玩棋牌、麻将、电脑游戏变量，net 表示上网变量，$read$ 表示读书、看报、学习变量，$sport$ 表示参加文艺、体育活动变量，$smoke$ 表示吸烟变量，上述变量均以回答"否"类别为参照组，Z 代表人口学特征等控制变量，μ 为随机扰动项。

（三）估计结果与分析

闲暇生活与主观幸福感的有序回归结果如表 3-14 所示（控制变量结果未列入表中），回归结果表明，从业余时间主要人际关系来看，各个比较组的系数均为正，表明很少与人来往的群体幸福感最低，闲暇时间主要与本地人来往的群体幸福感最高，其更幸福的概率是很少与人来往群体的近 2 倍，主要和户口在本地的同乡来往的群体更幸福的概率是很少与人来往的 1.621 倍，这证实了与当地人来往对于提升幸福感有显著的促进作用，而与户口在老家的同乡来往更幸福的概率仅为很少与人来往的 1.195 倍，与其他外地人来往并不能显著提升幸福感。

表 3-14　　　　闲暇生活与主观幸福感的有序回归结果

变量	估计值	标准误	Wald 检验	p 值	Exp(B)
同乡（户口在本地）	0.483	0.023	439.739	0.000	1.621
同乡（户口在老家）	0.178	0.018	94.919	0.000	1.195
其他本地人	0.692	0.021	1081.300	0.000	1.999

流动人口发展路径的统计分析：从提升主观幸福感到社会融入的转变

Statistical Analysis on the Development Path of Floating Population: From Promoting Subjective Well-being to Social Integration

续表

变量	估计值	标准误	Wald 检验	p 值	Exp(B)
其他外地人	0.020	0.022	0.803	0.370	1.020
看电影、电视	0.224	0.017	178.451	0.000	1.251
玩棋牌、麻将、电脑游戏	0.011	0.012	0.889	0.346	1.011
上网	−0.026	0.013	4.078	0.043	0.975
读书、看报、学习	0.119	0.012	103.621	0.000	1.126
参加文艺、体育活动	0.303	0.015	428.357	0.000	1.353
吸烟	−0.138	0.013	107.842	0.000	0.871
主观幸福感阈值 1	−5.158	0.106	2361.883	0.000	
主观幸福感阈值 2	−2.778	0.091	922.571	0.000	
主观幸福感阈值 3	0.750	0.090	69.178	0.000	
主观幸福感阈值 4	3.066	0.091	1146.321	0.000	
拟 R^2	0.025				
Chi^2	4145.362（0.000）				

注：闲暇时主要与谁来往变量中"很少与人来往"为参照组，闲暇方式中"否"类别为参照组。

资料来源：由表 3 - 1 数据汇总整理，并运用 Eviews 9 软件计算得出。

从闲暇时的休闲方式来看，看电影、电视的群体更幸福的概率是不看的 1.251 倍，并且这种差异是显著的；而玩棋牌、麻将、电脑游戏的人并不显著比不玩的人更幸福；有上网习惯的人的幸福感在 5% 显著性水平下显著低于不上网的人，虽然这种差异显著，但是差异很小，作为现代化的娱乐休闲方式之一，上网浏览非常重要，它不仅是一种休闲方式，更是衡量流动人口适应城市文化的一种表现，所以应该鼓励流动人口上网休闲；读书、看报、学习能显著提升幸福感，有这些习惯的人更幸福的概率更高；参加文艺、体育活动的人更幸福，其更幸福的概率为不参加文体活动群体的 1.353 倍，其原因在描述性统计时已做解释，此处不再赘述；吸烟不能促进幸福感的提升，不吸烟的人更幸福的概率是吸烟群体的 1.15 倍。

从闲暇方式看流动人口在流入地的生活状况，发现流动人口还没有完全适应现代化的城市生活。流动人口是一个特殊的社会新阶层，他们来到一个新的环境（大多数为农村来到城市），进入了完全不同于农村的一种生活环境，农村业余生活相对单调，而城市的闲暇方式丰富多彩，流动人口需要提高适应能力，尽快融入新环境当中。除了正常工作外，科学、合理的休闲生活，对于增强社会的认同感和归属感有着积极的作用，也是进一步提升在当地幸福感的重要途径。

第四节　非经济因素对流动人口主观幸福感的影响分析（二）

中国是一个人口大国，在过去计划经济体制下，城乡之间、不同区域之间的人口流动受到极大的限制，改革开放之后，尤其是在我国城镇化进程加快的背景下，出现了大规模的人口流动，大量人口从农村流入城市，他们在流入地的融入状况如何，当地居民是否接受他们，他们是否愿意长期融入当地，都是值得关注的问题，流动人口的社会融入状况不仅关系到流动人口自身的福利以及是否能在流入地幸福地生活，更是影响我国转变经济发展方式、城乡统筹发展、社会和谐稳定的重大问题。因此，本节将重点考察流动人口的社会融入现状以及社会融入对流动人口主观幸福感的影响。

一、社会融入的概念

流动人口和本地居民相比，一个重要的差别就是社会融入问题，社会融入是指流动人口在迁入地逐步被接受和适应当地的社会文化。大规模的人口流动引发了群际互动和融合的新问题，从已有研究来看，由于人口流动的一个主要原因是到经济发达的地区获得更高的收入，故而对流动人口的社会融入主要集中在对东部发达地区的研究，对中部、西部地区的研究相对较少，而根据《中国流动人口发展报告2017》，近几年流动人口的流动趋势发生了些许变化，流入东部地区的人口逐渐下降，流入中西部地区的规模逐渐增大，因此，本节从全国范围角度研究流动人口的社会融入问题。

关于社会融入的概念，莫曼（Moerman，1965）通过田野调查的结果证

流动人口发展路径的统计分析：从提升主观幸福感到社会融入的转变

Statistical Analysis on the Development Path of Floating Population: From Promoting Subjective Well-being to Social Integration

明，个体的主观认同（subjective identification）而不是各种客观特征是界定群体归属的核心问题。恩津格和比泽维尔德（Entzinger & Biezeveld，2003）认为本地居民对流动人口的接纳（或排斥）的态度对流动人口的社会融入有重要意义，这对流动人口的心理有重要影响。本尼迪克特·安德森（Benedict Anderson）指出，一个民族是一个"想象的共同体"，任何一个民族的人都不可能认识他们大部分的族人，但在他们心中有一个共同的连接体，这个连接体就是区别本族人和外族人的一个标准。①

流动人口的社交网络是衡量其融入程度和幸福感的重要因素。多元化的社会交往会增强流动人口的主观幸福感，一般而言，流动人口与当地人的交往，往往能扩展其社交网络以及增加其社会资本，从而能更快速更融洽地融合到新的环境中。一般认为，社会融合状况越好，流动人口的幸福感更高。

流动人口的社会融入包含三个层面：第一是经济层面融入，第二是社会层面融入，第三是心理层面融入。这三个层面的融入是层层递进的，经济层面的融入是立足于流入地的基础；社会层面的融入是城市生活的进一步提升，反映了流动人口参与当地城市生活的状况；心理层面的融入是最高融入，流动人口只有完成了心理上的融入，才能表明他完全融入当地的生活。故而可以认为，心理融入是社会融入的最终状态和根本目标，而流动人口心理融入的具体表现可以用流动人口的社会融入感衡量，本节主要从主观心理层面分析流动人口社会融入问题。

二、流动人口社会融入的因子分析

（一）变量说明与描述性统计

流动人口动态监测数据问卷调查中涉及社会融入的问题包含 7 个，分别是"我喜欢我现在居住的城市""我关注我现在居住城市的变化""我很愿

---

① 本尼迪克特·安德森. 想象的共同体：民族主义的起源与散布［M］. 吴睿人，译. 上海：上海人民出版社，2003.

意融入本地人当中，成为其中一员""我觉得本地人愿意接受我成为其中一员""我觉得本地人总是看不起外地人""如果没有任何限制，您是否愿意把户口迁入本地""您是否打算在本地长期居住（5 年以上）"，前 5 个问题的回答选项为："完全不同意、不同意、基本同意、完全同意"，后 2 个问题的回答选项为："愿意（打算）、不愿意（打算）、没想好"。由于上述 7 个问题中前 4 个问题与后 3 个问题回答赋值的方向不一致，为了便于比较以及后文进行因子分析，故先将后 3 个问题赋值顺序进行调整，调整后的赋值越大，代表正向融入越强。流动人口社会融入情况描述统计如表 3 - 15 所示。从结果可以看出，前 4 个问题选项的最大值为 4，其均值都在 3.20 以上，第五项均值稍低，仅为 2.89，但依然在选项中值（2.50）之上，后两个问题选项最大值为 3，其均值分别为 2.25 和 2.30，都大于选项中值（2.00），且标准差普遍较小，表明流动人口的融入感良好且分布较稳定。

表 3 - 15　　　　　　　　流动人口社会融入情况描述统计

变量	均值	标准差	最小值	最大值
我喜欢我现在居住的城市	3.39	0.56	1	4
我关注我现在居住城市的变化	3.34	0.58	1	4
我很愿意融入本地人当中，成为其中一员	3.31	0.64	1	4
我觉得本地人愿意接受我成为其中一员	3.20	0.64	1	4
我觉得本地人总是看不起外地人	2.89	0.79	1	4
如果没有任何限制，您是否愿意把户口迁入本地	2.25	0.84	1	3
您是否打算在本地长期居住（5 年以上）	2.30	0.88	1	3

资料来源：由表 3 - 1 数据汇总整理得出。

（二）社会融入因子的构建

首先，为了消除不同问题之间选项赋值之间的差异，我们将 7 个问题的回答赋值标准化，然后对其进行 KMO 检验和 Bartlett 球形检验，发现 KMO =

流动人口发展路径的统计分析：从提升主观幸福感到社会融入的转变

Statistical Analysis on the Development Path of Floating Population: From Promoting Subjective Well-being to Social Integration

0.777，Bartlett 统计量为 304693，其 p 值为 0.000，表明这 7 个问题适合做因子分析。为了检验量表测量结果的可信度，我们对这 7 个问题进行信度检验，选用克朗巴哈系数，检验结果显示如表 3－16 所示，$\alpha = 0.749$，表明测量结果信度良好。

表 3－16   可靠性检验

KMO 和 Bartlett 球形检验	克朗巴哈系数（Cronbach's α）	项数	样本量
KMO = 0.777 Bartlett = 304693 $p = 0.000$	0.749	7	158080

资料来源：由表 3－1 数据汇总整理，并运用 SPSS21 软件计算得出。

其次，采用主成分法，根据解释的总方差提取 3 个公因子，提取的 3 个公因子可以解释总变异的 73.59%，三个因子分别解释 42.24%、18.47% 和 12.88%，解释力良好。

为了描述方便，这里对 7 个问题按顺序分别命名为 $x1 \sim x7$。社会融入旋转成分矩阵如表 3－17 所示。

表 3－17   社会融入旋转成分矩阵

问卷题目（变量名）	成分		
	1	2	3
我喜欢我现在居住的城市（$x1$）	0.820	0.101	0.042
我关注我现在居住城市的变化（$x2$）	0.832	0.081	0.008
我很愿意融入本地人当中，成为其中一员（$x3$）	0.809	0.160	0.091
我觉得本地人愿意接受我成为其中一员（$x4$）	0.732	0.084	0.302
我觉得本地人总是看不起外地人（$x5$）	0.150	0.021	0.972
如果没有任何限制，您是否愿意把户口迁入本地（$x6$）	0.103	0.857	-0.020
您是否打算在本地长期居住（5 年以上）（$x7$）	0.136	0.843	0.058

资料来源：由表 3－1 数据汇总整理，并运用 SPSS21 软件计算得出。

从表 3 - 17 可以看出 $x1$、$x2$、$x3$ 和 $x4$ 在第一个主成分上载荷较大，分别达到 0.820、0.832、0.809 和 0.732，这四个问题主要描述的是主观融入感受，故可以将这个因子命名为"主观融入因子"。而在第二个主成分上 $x6$ 和 $x7$ 的因子载荷较高，分别达到 0.857 和 0.843，这两个问题主要是描述长期居住意愿的，或者说长期融入意愿，因此把这个因子命名为"长期融入因子"。在第三个主成分上，$x5$ 因子载荷较高，达到 0.972，这个问题描述的是当地人的排外意愿，或者说流动人口是否被本地人接纳，因此命名为"客观接纳因子"。

最后，根据因子得分系数矩阵（见表 3 - 18），可以得到用各个变量的线性组合表达的 3 个主成分表达式（3.14），并由此可以得到每个样本的 3 个因子得分。

表 3 - 18　　　　　　　　　　因子得分矩阵

变量名	成分		
	1	2	3
$x1$	0.347	−0.052	−0.117
$x2$	0.362	−0.069	−0.155
$x3$	0.324	−0.007	−0.063
$x4$	0.259	−0.050	0.172
$x5$	−0.126	−0.004	0.985
$x6$	−0.081	0.605	−0.037
$x7$	−0.079	0.590	0.038

资料来源：同表 3 - 17。

$$F1 = 0.347x_1 + 0.362x_2 + 0.324x_3 + 0.259x_4 - 0.126x_5$$
$$- 0.081x_6 - 0.079x_7$$
$$F2 = -0.052x_1 - 0.069x_2 - 0.007x_3 - 0.050x_4 - 0.004x_5$$
$$+ 0.605x_6 + 0.590x_7$$

流动人口发展路径的统计分析：从提升主观幸福感到社会融入的转变

Statistical Analysis on the Development Path of Floating Population: From Promoting Subjective Well-being to Social Integration

$$F3 = -0.117x_1 - 0.155x_2 - 0.063x_3 + 0.172x_4 + 0.985x_5$$
$$- 0.037x_6 + 0.038x_7 \tag{3.14}$$

三、流动人口社会融入感的影响因素

（一）变量设置与说明

影响流动人口社会融入感的因素有很多，如居住状况、工作状况、社会保障情况、社交情况、子女入学情况等。任远和乔楠（2010）研究表明，流动人口是否享受当地医疗保险、养老保险、工伤保险、失业保险等方面的保障会直接影响到其在当地的社会认同状况以及对当地的总体评价；另外，子女在当地的入学情况也会影响到流动人口的自我认同评价。除此之外，工作制度（包括工作的强度和时间等）、居住制度（是否在住房上获得政策性支持）等方面也会对流动人口的社会融入感产生重要影响。本书综合各种影响因素，将其分为两大类：第一类为制度因素，第二类为个体行为因素。其中，制度因素包括如下四类：（1）居住制度，包含居住许可及住房性质；（2）工作制度，包含工作身份、工作时间和工作强度；（3）社会保障制度，选择是否享有当地医疗保险；（4）子女就学制度，包含小孩就学的学校性质和是否缴纳赞助费。个体行为因素包括如下两类：（1）人际交往因素，包含与家人交流和与外人交流；（2）社会参与因素，包含是否参加各种（健康教育、文体等）社区活动。

由于变量大多为分类变量，故需要设置虚拟变量来比较不同类别的社会融入感差异，变量选择及说明如表3–19所示。

表 3 – 19 变量选择及说明

变量	变量名称	变量处理方式
被解释变量	主观融入因子	以因子分析得分赋值
	客观接纳因子	以因子分析得分赋值
	长期融入因子	以因子分析得分赋值

变量			变量名称	变量处理方式
解释变量	制度因素	居住制度	居住许可证	持有居住证为0，其他为1
		工作制度	工作时间	每周工作天数，5天以上为参照，设为0；5天及以下为1
			工作强度	每天工作小时数，8小时以上为参照，设为0；8小时及以下为1
		社会保障制度	医疗保险	不清楚/无医疗保险为0，有为1
		子女就学制度	学校性质	公立学校为0，其他为1
			赞助费	交赞助费为0，其他为1
	个体行为因素	人际交往	与家人联系	春节不回家过年为0，回家为1
			与他人联系	很少与人来往为0，设置和本地人交流、和同乡人交流、和其他人交流3个虚拟变量
		社会参与	文体活动	不参加为0，参加为1
			公益活动	不参加为0，参加为1
			健康教育活动	不参加为0，参加为1
			选举活动	不参加为0，参加为1
控制变量			性别	女设置为0，男设置为1
			年龄	按实际年龄赋值
			受教育程度	小学及以下赋值为参照组，设置初中、高中及中专、大专及以上三个虚拟变量
			收入	按个人月收入赋值

资料来源：根据表3-1的数据和表3-18的结果整理得出。

（二）制度因素对社会融入感的实证分析

下面分别以前文分析的"主观融入因子""长期融入因子""客观接纳因子"为因变量，以制度因素的各变量为自变量，控制诸如性别、年龄、受教育程度和收入等因素进行多元回归分析，制度因素对因变量的回归结果如表3-20所示。

流动人口发展路径的统计分析：从提升主观幸福感到社会融入的转变

Statistical Analysis on the Development Path of Floating Population: From Promoting Subjective Well-being to Social Integration

表 3 - 20 社会融入感与制度因素回归结果

变量	模型一（主观融入因子）		模型二（长期融入因子）		模型三（客观接纳因子）	
	系数	p 值	系数	p 值	系数	p 值
常数项	-0.273	0.000	-0.336	0.000	-0.182	0.000
持有暂住证或居住证（持有为参照组）	-0.056	0.000	-0.162	0.000	-0.173	0.000
周工作天数（5 天以上为参照组）	0.024	0.002	0.128	0.000	-0.067	0.000
日工作小时（8 小时以上为参照组）	0.075	0.000	0.007	0.227	0.033	0.000
医疗保险（无医疗保险或不清楚为参照组）	0.041	0.000	0.108	0.000	-0.055	0.324
学校性质（公立学校为参照组）	-0.062	0.000	-0.056	0.000	-0.028	0.000
赞助费（交赞助费为参照组）	0.104	0.000	-0.243	0.164	0.070	0.000
控制变量						
性别（女为参照组）	-0.028	0.000	-0.032	0.000	0.010	0.066
教育（小学及以下为参照组）						
初中	0.056	0.000	0.040	0.000	0.012	0.151
高中及中专	0.132	0.000	0.126	0.000	0.021	0.031
大专及以上	0.211	0.000	0.284	0.000	0.127	0.000
年龄	0.009	0.000	0.013	0.000	0.002	0.000
收入	0.024	0.000	0.068	0.000	0.007	0.008
R^2	0.115		0.214		0.09	
F	152.91	0.000	551.26	0.000	93.13	0.000

资料来源：根据表 3 - 1 的数据汇总整理，并运用 Eviews 9 软件计算得出。

整体来看，制度因素的解释变量对三个不同模型的解释程度略有差异，分别解释了因变量变化原因的 11.5%、21.4% 和 9%，在虚拟变量较多的模型中，R^2 相对较低是可以接受的，而 F 统计量均高度显著，表明模型整体是显著的，诸多因素联合起来对因变量有显著影响。

具体来看，持有暂住证或居住证的系数在三个模型中均为负，且高度显著，表明没有持证或者不清楚自己是否持证的流动人口主观融入城市意愿、长期融入意愿和客观接纳意愿都显著低于持证的流动人口，居住是人们自给自足的基础条件，没有暂住证或居住证的居民显然难以融入当地，不清楚自己是否持证表明对自己在城市的一些情况不太关注，他们融入城市的意愿显然没有那么强烈。从是否持证的分布来看，持有证件的占比 76.1%，没有持证或者不清楚是否持证的合计占 23.9%。大部分流动人口持证，说明政府在管理流动人口居住方面取得了成效，从目前的动向来看，有部分城市已经开始实施流动人口持证全覆盖。

从工作时间来看，因工作时间小于或等于 5 天的流动人口对主观融入意愿和长期融入意愿有显著正影响，这部分流动人口每周有超过 2 天的休闲娱乐时间，劳逸结合相对合理，有比较理想的生活工作方式，更愿意长期保持这种状态，国家法定的周工作时间是 5 天，超过 5 天的工作时间可能是加班或者是工作制度的安排，相对而言，劳动者的闲暇会较少，尤其是每周工作 7 天的劳动者，工作强度较大，显然不是理想的生活方式，他们往往主观上不愿意以这种生活方式融入甚至长期融入当地；而对于日工作小时数，每天工作小于或等于 8 小时的流动人口有更强的主观融入意愿、长期融入意愿以及客观接纳意愿，每天超过 8 小时的工作时间表明劳动者是超负荷工作，这部分群体工作压力大，这会大大降低他们融入当地的意愿。从分布来看，每周工作 5 天及以下的仅占 18.3%，工作 5 天到 6 天[①]的占比 34.2%，超过 6 天的占比 47.5%，其中，一周上满 7 天班的比重高达 40.6%；从每天工作的小时数来看，工作 8 小时及以下的占比 43.3%，工作 8~10 小时的占比 33.3%，工作 10 小时以上的达 23.4%，整体来说，流动人口工作强度比较大，政府需要给予每周上满 7 天班和每天工作在 10 小时以上的群体政策上的支持。

流动人口是否享受城镇职工医疗保险对他们的主观融入意愿和长期融入意愿有显著影响，对客观接纳意愿影响不显著。享有当地城镇居民医疗保险

---

① 每周工作天数调查中，天数可以取小数，比如每周工作 5.5 天，指工作 5 天半。

的群体融入感更强烈。不清楚自己是否享有医疗保险和不享有医疗保险的群体融入感较低，不清楚是否享有医疗保险的群体可能不太关注自身的种种情况，其融入当地的意愿不会那么强烈，对于没有医疗保险的群体而言，医疗成本将会非常高，这会直接影响他们进一步留在当地甚至长期居住的愿望。从流动人口是否享有城镇职工医疗保险的分布情况看（见表 3 – 21），没有享受职工医疗保险的比重高达 70.2%，这是非常庞大的群体，要提升流动人口的融入感，这方面需要重点关注。

表 3 – 21 　　　　　　　　　　流动人口医疗保险分布

是否享受医疗保险	频数	所占比例（%）	累计百分比（%）
是	41776	26.3	26.3
否	111238	70.2	96.5
不清楚	5542	3.5	100.0

资料来源：根据表 3 – 1 数据汇总整理得出。

子女教育问题也是困扰流动人口融入当地的一个重要方面。从近些年流动人口的流动形势可以发现，流动人口从早期的个体流入城市逐渐转变为举家流动，子女教育成为重点需要考虑的问题。流动人口的子女能否享受和当地儿童一样的待遇，是在公立学校就学还是私立学校甚至是专门为流动人口子女建立的打工子弟学校就学，就学是否需要交纳赞助费，都是需要关心的问题。从回归结果来看，孩子在公立学校就学的群体主观融入意愿、客观融入意愿和长期融入意愿都显著高于孩子在私立学校或者打工子弟学校就学的群体。在公立学校就读，意味着可以享受与当地儿童同样的待遇，流动人口群体融入当地的愿望会更强。子女在当地就学是否缴纳赞助费对融入意愿也会产生显著的影响，缴纳赞助费一方面会增加流动人口的经济负担，另一方面是对流动人口的区别待遇，两方面都会对流动人口的社会融入意愿产生消极的作用，缴纳赞助费的群体主观融入意愿、客观接纳意愿都显著低于不缴纳的群体。从分布来看，流动人口子女在公立学校就学的比例高达 86.2%，需要缴纳赞助费的群体也仅占 11.5%，说明来自学校性质以及缴费方面的歧视涉及范围非常小，教育制度改革取得了较好的效果。

从上述制度因素对流动人口社会融入的影响来看，居住制度、工作制度、医疗保险制度和子女就学制度，均对流动人口的融入意愿产生了明显的影响。

（三）个人行为因素对社会融入感的实证分析

个人行为因素包括人际交往和参与活动两个维度，而人际交往可以分为与家人交往和与他人交往两个方面，参与活动包含是否参与社区文体活动、公益活动、卫生健康教育活动和选举活动。下面分别以"主观融入因子""客观接纳因子""长期融入意愿因子"为因变量，个人行为因素以及控制变量为解释变量做多元回归模型。回归结果如表 3 - 22 所示。

表 3 - 22　　　　　　　社会融入感与个人行为因素回归结果

变量	模型一 （主观融入因子）		模型二 （长期融入因子）		模型三 （客观接纳因子）	
	系数	p 值	系数	p 值	系数	p 值
常数	− 0.440	0.000	− 0.552	0.000	− 0.168	0.000
回家过年 （不回家过年为参照组）	0.002	0.764	− 0.115	0.000	0.039	0.000
与他人交流（以很少与人来往为参照组）						
与本地人交流	0.022	0.020	− 0.004	0.667	0.002	0.808
与同乡人交流	0.292	0.000	0.064	0.000	0.255	0.000
与外地非同乡人交流	− 0.085	0.000	0.000	0.968	− 0.010	0.372
参与文体活动 （不参与为参照组）	0.025	0.001	− 0.004	0.591	0.102	0.000
参与公益活动 （不参与为参照组）	0.205	0.000	0.118	0.000	0.066	0.000
参与卫生健康教育活动 （不参与为参照组）	0.128	0.000	0.060	0.000	0.127	0.000
参与选举活动 （不参与为参照组）	0.079	0.000	0.020	0.076	− 0.006	0.620

续表

变量	模型一 （主观融入因子）		模型二 （长期融入因子）		模型三 （客观接纳因子）	
	系数	p 值	系数	p 值	系数	p 值
控制变量						
性别（女为参照组）	− 0.026	0.000	− 0.044	0.000	0.023	0.000
教育（小学及以下为参照组）						
初中	0.019	0.027	0.044	0.000	− 0.022	0.010
高中及中专	0.051	0.000	0.130	0.000	− 0.059	0.000
大专及以上	0.080	0.000	0.326	0.000	− 0.013	0.297
年龄	0.007	0.000	0.013	0.000	0.001	0.021
收入	0.019	0.000	0.072	0.000	− 0.001	0.649
R^2	0.208		0.193		0.151	
F	409.71	0.000	351.70	0.000	211.97	0.000

资料来源：根据表 3 - 1 的数据汇总整理，并运用 Eviews 9 软件计算得出。

整体来看，个人行为因素的解释变量对三个因变量的解释能力稍有不同，其分别解释了因变量变化的 20.8%、19.3% 和 15.1%；从 F 统计量来看，其值分别达到 409.71、351.70 和 211.97，均为高度显著，表明诸多个人行为解释变量和控制变量联合起来对因变量的影响是显著的。

具体来看，回家过年对三种融入因子的影响方向有一定的差异，对主观融入意愿有正影响但不显著，对长期融入因子有显著的负影响，对客观接纳因子有显著的正影响。这表明是否回家过年对融入意愿的影响是复杂的，回家过年的群体长期融入意愿低于不回家过年的，可以理解为在新的城市不回家过年的群体已经融入得较好，恋家的情怀已经不那么强烈，或者是这部分群体已举家迁往流入地，无须回家过年；而回家过年的群体客观接纳融入因子要高于不回家过年的，从传统道德的角度看，过年回家探亲符合传统习俗，不回家过年被认为是一种亲情缺失的体现，故而他们的融入意愿会因此受到影响；当然，是否回家过年或许和社会融入意愿没有太明显的关系，正如主观融入因子结果体现的那样，两者并不具有显著的关系。

从和他人交往的情况来看，与人交往的群体显著比很少与人交往的群体有更强烈的融入意愿。从交流的对象来看，与同乡人交流较多的群体在三个方面的融入意愿都是最强烈的，其系数分别达到 0.292、0.064 和 0.255，这种融入意愿差异非常大，[①] 说明"老乡情怀"在异地依然起着重要作用，和老乡一起共同融入新城市的意愿能提升个人融入的意愿；和当地人的交往能显著地提升主观融入意愿，和当地人多交流能加快适应当地习俗的速度，也可以通过交流扩展人脉，积累各方面资源，这无疑会加强流动人口融入当地的愿望；另外，与外地的非同乡人交流会降低主观融入意愿，这可能是受外地人对当地的负面评论的影响而导致不愿融入当地。从交往的分布来看，平时与同乡人交往最多的占 59.4%，与本地人交往最多的占 17.4%，与外地人交往最多的占 13.1%，很少与人交往的占 10.1%，表明在异地，大多数流动人口最愿意和老乡交往。

从参与社区活动来看，参与各种社区活动对融入意愿有显著的正影响。其中，参与文艺、体育活动能显著提升流动人口主观融入意愿和客观接纳意愿，参与社区公益活动和卫生健康教育活动能显著提升主观融入意愿、长期融入意愿和客观接纳意愿，参加选举活动能显著提升主观融入意愿和长期融入意愿。参与社区各项活动，可以加深对当地文化的了解，结识更多的朋友、消除人与人之间的隔阂，参与选举活动更是行使政治权利的体现，融入层次进一步深入，可见积极参与各项社区活动对于营造一个公平、友爱、团结、互助的氛围有积极影响，流动人口生活在这样一个和谐的环境中，显然会有长期留在当地的意愿。从流动人口社区活动参与率来看（见表 3 – 23），参与各种活动的比例都相对较小，尤其是选举活动，仅有 7.3% 的流动人口参与，其他活动参与率也仅在 3 成左右，显然，流动人口在参与各项活动方面处于不太有利的地位，要改善现状需要政府在政策上引导以及社区多举办各种活动。

---

① 由于三个因变量是标准化后的取值，故而系数 0.292、0.255 相对较大。

表 3 - 23 　　　　　　　　　　**流动人口社区活动参与率** 　　　　　单位：%

参与活动情况	文体活动	公益活动	卫生健康教育活动	选举活动
参与	26.7	27.1	33.3	7.3
不参与	73.3	72.9	66.7	92.7

资料来源：根据表 3 - 1 数据汇总整理得出。

另外，从控制变量的估计结果来看，在主观融入意愿和长期融入意愿方面，女性融入意愿更强，而在客观接纳方面，男性融入得更好。从受教育程度对融入意愿的影响来看，随着受教育程度的提高，融入意愿会随之提升；从年龄来看，在 15~59 岁范围内，随着年龄的增长，融入的意愿也会增强；从收入来看，高收入者往往更乐意融入当地。

四、社会融入感与主观幸福感的关系

（一）分析框架

到目前为止，关于流动人口社会融入和主观幸福感关系的研究文献非常少，故而没有可以借鉴的分析框架进行该问题的分析，本书结合实际经验，以及上文分析的社会融入衡量方法，对两者的关系提出如下假设：

假设 1：主观上更愿意融入流入地的流动群体的主观幸福感更高，即主观融入因子对主观幸福感有正向影响。

假设 2：更愿意长期融入流入地的群体主观幸福感更高，即长期融入因子对主观幸福感有正向影响。

假设 3：认为当地人不歧视外地人的群体主观幸福感更高，即客观融入因子对主观幸福感有正向影响。[①]

下面将通过实证模型分析社会融入的三个因子对主观幸福感的定量影响。

---

① 原始数据客观融入因子对主观幸福感是负影响，但前文已经将客观融入因子问题答案进行反序排列，故调整顺序后为正影响。

（二）变量选择与模型设置

在 2012 年中国流动人口动态监测调查问卷设计中，幸福感变量由问卷问题"总体来看，您觉得在本地的幸福感状况如何？"来获得，问题回答选项为："1. 很幸福、2. 幸福、3. 一般、4. 不幸福、5. 很不幸福"，由于原始选项赋值结果为幸福程度越高的赋值越小，不符合习惯，本书将回答赋值反序，即"很不幸福"赋值为 1、"不幸福"赋值为 2、"一般"赋值为 3、"幸福"赋值为 4、"很幸福"赋值为 5。本书选择的自变量为社会融入的三个因子，即主观融入因子、长期融入因子和客观接纳因子，为了消除其他因素对主观幸福感的影响，本书结合已有研究以及数据的可得性，选择收入、消费、受教育程度、年龄、性别、民族等因素作为控制变量。

由于主观幸福感为多分类的离散因变量，而且有明显的排序，故选用有序因变量模型来分析社会融入对主观幸福感的影响。模型如式（3.15）~式（3.17）所示。

$$SWB = \alpha sint + \beta_1 age + \beta_2 sex + \beta_3 marry + \beta_4 edu + \beta_5 mz + \beta_6 inc + \beta_7 coninc + \mu$$
$$(3.15)$$

$$SWB = \alpha lint + \beta_1 age + \beta_2 sex + \beta_3 marry + \beta_4 edu + \beta_5 mz + \beta_6 inc + \beta_7 coninc + \mu$$
$$(3.16)$$

$$SWB = \alpha oint + \beta_1 age + \beta_2 sex + \beta_3 marry + \beta_4 edu + \beta_5 mz + \beta_6 inc + \beta_7 coninc + \mu$$
$$(3.17)$$

其中，式（3.15）中的 $sint$ 代表主观融入因子变量，式（3.16）中的 $lint$ 代表长期融入因子变量，式（3.17）中的 $oint$ 代表客观融入因子变量，其他变量均为控制变量，包括年龄（age）、性别（sex）、婚姻状况（$marry$）、受教育程度（edu）、收入（inc）以及消费收入比（$coninc$），μ 为随机扰动项，α、β 为待估参数。

（三）估计结果与分析

模型估计结果如表 3-24 所示。在控制性别、年龄、民族、受教育程度、收入等因素后，发现主观融入因子、长期融入因子和客观接纳因子对主

观幸福感都有积极并且显著的影响。从影响程度来看，主观融入因子对主观幸福感影响程度最大，系数为0.796，其次是长期融入因子，系数为0.425，最低的是客观接纳因子，系数为0.324。从三种融入因子包含的内容来看，即关注现在城市的变化、喜欢现在城市、愿意融入现在城市、认为本地人也愿意接纳自己这四个因素对主观幸福感的贡献高于愿意把户口转入本地、愿意长期居住此地以及觉得本地人瞧不起外地人三个因素。实证结果证实前文的三个假设是合理的。

表3-24　　　　　　　　　　社会融入感与主观幸福感的回归结果

变量	模型一			模型二			模型三		
	估计值	p 值	Exp（B）	估计值	p 值	Exp（B）	估计值	p 值	Exp（B）
主观融入因子	0.796	0.000	—	—	—	—	—	—	—
长期融入因子	—	—	—	0.425	0.000	—	—	—	—
客观接纳因子	—	—	—	—	—	—	0.324	0.000	—
年龄（55~59岁为参照）									
15~19	-0.177	0.005	0.838	-0.228	0.000	0.796	-0.293	0.000	0.746
20~24	-0.246	0.000	0.782	-0.274	0.000	0.760	-0.319	0.000	0.727
25~29	-0.207	0.000	0.813	-0.241	0.000	0.786	-0.254	0.000	0.776
30~34	-0.176	0.002	0.839	-0.229	0.000	0.795	-0.219	0.000	0.803
35~39	-0.088	0.131	0.916	-0.135	0.018	0.874	-0.111	0.051	0.895
40~44	-0.073	0.210	0.930	-0.081	0.158	0.922	-0.057	0.320	0.945
45~49	-0.035	0.557	0.966	-0.020	0.734	0.980	-0.007	0.907	0.993
50~54	-0.011	0.873	0.989	-0.021	0.760	0.979	-0.008	0.901	0.992
收入（8000元以上为参照）									
0~999	-0.414	0.000	0.661	-0.202	0.000	0.817	-0.383	0.000	0.682
1000~1999	-0.452	0.000	0.636	-0.339	0.000	0.712	-0.507	0.000	0.602
2000~2999	-0.422	0.000	0.656	-0.367	0.000	0.693	-0.524	0.000	0.592
3000~3999	-0.314	0.000	0.731	-0.286	0.000	0.751	-0.401	0.000	0.670
4000~4999	-0.217	0.000	0.805	-0.209	0.000	0.811	-0.295	0.000	0.745
5000~5999	-0.093	0.000	0.911	-0.099	0.003	0.906	-0.153	0.000	0.858
6000~6999	-0.161	0.005	0.851	-0.184	0.000	0.832	-0.201	0.000	0.818
7000~7999	0.008	0.000	1.008	0.047	0.441	1.048	-0.031	0.607	0.969

续表

变量	模型一			模型二			模型三		
	估计值	p 值	Exp（B）	估计值	p 值	Exp（B）	估计值	p 值	Exp（B）
家庭消费收入比（1.00 以上为参照）									
0.00～0.29	0.231	0.000	1.260	0.207	0.000	1.230	0.114	0.039	1.121
0.30～0.49	0.264	0.000	1.302	0.225	0.000	1.252	0.158	0.004	1.171
0.50～0.69	0.252	0.000	1.287	0.222	0.000	1.249	0.184	0.001	1.202
0.70～0.89	0.183	0.001	1.201	0.172	0.002	1.188	0.163	0.003	1.177
0.90～1.00	0.006	0.926	1.006	−0.013	0.832	0.987	−0.021	0.725	0.979
民族（少数民族为参照）	0.078	0.001	1.081	0.013	0.569	1.013	0.056	0.015	1.058
教育（大专及以上为参照）									
小学	0.151	0.000	1.163	0.120	0.000	1.127	0.011	0.633	1.011
初中	0.063	0.001	1.065	0.068	0.000	1.070	−0.030	0.115	0.970
高中及中专	0.028	0.176	1.028	0.044	0.031	1.045	−0.005	0.802	0.995
性别（男为参照）	0.121	0.000	1.129	0.111	0.000	1.117	0.139	0.000	1.149
婚姻状况（丧偶为参照）									
未婚	−0.05	0.634	0.951	0.137	0.188	1.147	−0.002	0.985	0.998
初婚	0.310	0.003	1.363	0.442	0.000	1.556	0.385	0.000	1.470
再婚	0.301	0.010	1.351	0.503	0.000	1.654	0.482	0.000	1.619
离婚	−0.156	0.169	0.856	0.050	0.657	1.051	−0.046	0.682	0.955
拟 R^2		0.145			0.069			0.051	
Chi^2	21367	0.000	—	9780	0.000	—	7130	0.000	—

资料来源：根据表 3-1 数据汇总整理，并运用 Eviews 9 软件计算得出。

第五节 基于群组特征的主观幸福感影响因素分析

从已有研究来看，学者们对影响居民主观幸福感的因素有了较为全面的分析，但也存在一点不足，已有的研究多是分析解释变量对主观幸福感的均

流动人口发展路径的统计分析：从提升主观幸福感到社会融入的转变

Statistical Analysis on the Development Path of Floating Population: From Promoting Subjective Well-being to Social Integration

值变化的影响，掩盖了这些解释变量对不同分位点幸福感的群体的影响差异。

一、数据来源

本章采用 2010~2018 年中国家庭追踪调查数据[①]，问卷设计为"以 10 分为满分，给自己的幸福打个分?"，回答的范围为 0~10 的整数（包含 0）。

二、流动人口幸福感的描述性统计

从流动人口主观幸福感的分布情况来看（见表 3 - 25），回答比例最高的分值为"6""7""5""8"，其比例累计已超过 85% ，表明大部分流动人口认为自己是比较幸福的；认为自己非常不幸福的（回答为 0~3，尤其是 0 和 1）的比例非常小，合计不到 5% ；而认为自己非常幸福的（回答为 8~10）的比例超过 1/4。2010 年上半年主观幸福感均值为 6.35，标准差为 1.618，变异系数为 0.255；2010 年下半年主观幸福感均值为 6.49，标准差为 1.516，变异系数为 0.234；2010 年主观幸福感均值为 6.42。

表 3 - 25　　　　　　　　流动人口主观幸福感分布　　　　　　　　单位: %

年份	主观幸福感										
	0	1	2	3	4	5	6	7	8	9	10
2010	0.21	0.28	1.17	2.73	4.20	22.27	22.85	20.88	18.69	3.69	3.03
2018	0.13	0.27	0.67	2.21	3.58	18.49	24.25	23.51	20.45	4.24	2.21
平均	0.17	0.28	0.92	2.47	3.89	20.38	23.55	22.20	19.57	3.97	2.62

资料来源：根据 2010~2018 年中国家庭追踪调查数据汇总得出。

分类变量与主观幸福感列联表及卡方检验如表 3 - 26 所示，从检验结果可以看出，各个分类变量的卡方统计量（或 Fisher 统计量）都是在 1% 显著

---

① 2018 年是目前的最新数据。

性水平下显著，表明不同类别的群体的主观幸福感有显著差异。

表 3 - 26　　　　　　分类变量与主观幸福感列联表及卡方检验

变量	变量类别	2010 年		2018 年	
		幸福感均值	卡方	幸福感均值	卡方
性别	男	6.32	141.00***	6.46	79.95***
	女	6.38		6.52	
婚姻状况	在婚	6.36	73.85***	6.51	121.25***
	独身	6.34		6.44	
受教育程度	初中及以下	6.32	84.38***	6.47	463.59***
	高中及中专	6.37		6.48	
	大专及以上	6.59		6.70	
就业状况	就业	6.38	366.32***	6.50	210.26***
	其他	6.19		6.41	
相对收入①	0 ~ 1000 元/月	6.05	3006.55***	6.14	2551.74***
	1001 ~ 2000 元/月	6.36		6.27	
	2001 ~ 3000 元/月	6.62		6.38	
	3001 元以上/月	6.77		6.70	
职业	管理者②	6.87	422.34***	7.18	45.85*** （Fisher 统计量）
	办事人员	6.34		6.49	
子女数量	无	6.39	437.227***	6.52	344.16***
	1 个	6.39		6.54	
	2 个	6.25		6.46	
	3 个及以上	5.92		6.38	

　　注：年龄、年龄平方、绝对收入变量均为连续型变量，故未列入表中，*、**、*** 分别表示在 10%、5% 和 1% 显著性水平下显著，当有类别频数小于 5 时，使用 Fisher 精确统计量检验类别差异。

　　①2010 年调查数据中，涉及了个人绝对月收入，此处按照绝对收入的分布情况，将其分为四个档次。上半年被调查者收入普遍较低，月收入 3000 元以下的比例达到 90% 以上，下半年相对较高，这一比例仅为 55.4%，此处根据上半年收入分布制定了等级标准。

　　②管理者包含国家与社会管理者、经理人员以及企业主，办事人员包含专业技术人员、个体工商户、商业服务业人员、产业工人、农业劳动者等。

　　资料来源：根据 2010 ~ 2018 年中国家庭追踪调查数据，并运用 Eviews 9 软件计算得出。

流动人口发展路径的统计分析：从提升主观幸福感到社会融入的转变

Statistical Analysis on the Development Path of Floating Population: From Promoting Subjective Well-being to Social Integration

从表 3 - 26 可知，从性别来看，不论是 2010 年还是 2018 年，女性的主观幸福感均值都高于男性，表明女性比男性更幸福，这一结论与前文其他年份结论一致。

从婚姻状况来看，在婚群体（包含初婚和再婚）的主观幸福感高于独身群体（包含未婚、离婚和丧偶），2010 年两个群体的差异相对较小，均值仅仅相差 0.02 分，2018 年差异扩大，达到 0.07 分，表明婚姻可以促进幸福感的提升。

从受教育程度来看，随着受教育水平的提高，主观幸福感也显著提升。如果从均值大小来比较，高中及中专的幸福感均值比初中及以下群体分别高 0.05 分和 0.01 分，而大专及以上群体的幸福感均值比高中及中专群体高 0.22 分，表明高等教育提升主观幸福感的效应更加明显。

从就业状况来看，没有工作群体的幸福感显著低于正在就业的群体；从就业职位来看，国家机关或社会单位的管理者的主观幸福感均值远高于办事人员，其差距分别高达 0.53 分、0.69 分。

从相对收入状况来看，处于相对较高收入等级的群体幸福感显著高于低收入群体，表明对于流动人口，收入依然是影响主观幸福感的重要因素。

从子女数量来看，有一个子女是最理想的结果，主观幸福感最高，其次是没有子女的群体，有 3 个及以上子女的人幸福感最低。直观上解释，对于流动人口而言，在收入普遍不高的情况下，子女数量越多，抚养子女的困难就会越大，容易出现养不起的情况，这无疑会大大降低他们的幸福感。

三、不同幸福群体的主观幸福感影响因素的实证分析

（一）方法简介

由于主观幸福感是一个排序的离散因变量，所以大多数研究采用的方法为有序因变量模型或者广义有序离散变量回归，也有部分直接采用普通最小二乘法。但这些方法只能描述出各种自变量对主观幸福感均值变化的影响，不能描述出自变量对不同幸福感人群的影响，然而有时候我们想知

道各个自变量对主观幸福感的中位数以及其他分位点上的影响程度，这时候我们就需要用分位数回归来揭示这种关系。下面将简单介绍分位数回归的基本原理。

分位数回归（quantile regression）最早是由凯恩克（Koenker）和巴西特（Bassett）于 1978 年提出,[①] 它是估计一组回归变量 X 与被解释变量 Y 的各分位数之间线性关系的一种建模方法。普通最小二乘法是基于残差平方和最小的计算方法，而分位数回归的计算是基于非对称形式的残差绝对值最小，其中，中位数回归是利用最小绝对值离差法（least absolute deviations）。它和普通最小二乘法的区别主要是参数估计的方法和其渐进分布的估计，而在回归系数检验和模型设定方面与普通最小二乘法类似。

分位数回归的优点有以下几点：第一，能更为全面地描述因变量条件分布的情况，而不仅仅是分析因变量的条件均值，不同分位数下的回归系数常常是不相同的，可以揭示解释变量对不同水平被解释变量的影响差异；第二，如果样本中存在离群值，分位数回归因为是通过加权误差绝对值之和最小而不易受到离群值的影响，其估计结果更加稳健；第三，分位数回归对误差项的假定并不是很强，即便误差项不服从正态分布，也能得出较为有效的结果；第四，分位数回归适合于模型中存在异方差的情况。

因此，本书选用分位数回归模型进行分析。下面将简单地介绍分位数回归的思想和估计方法。

假设随机变量 Y 的概率分布为：

$$F(y) = prob(Y \leqslant y) \tag{3.18}$$

Y 的 τ 分位数定义为满足 $F(y) \geqslant \tau$ 的最小 y 值，即：

$$q(\tau) = \inf\{y: F(y) \geqslant \tau\}, \ 0 < \tau < 1 \tag{3.19}$$

式（3.19）中 $F(y)$ 的 τ 分位数 $q(\tau)$ 可以由最小化 ε 的目标函数得到，即：

$$q(\tau) = \arg\min_{\varepsilon}\left\{\tau\int_{y>\varepsilon}|y-\varepsilon|dF(y) + (1-\tau)\int_{y<\varepsilon}|y-\varepsilon|dF(y)\right\}$$

① Koenker, Roger and Gilbert Bassett, Jr. Regression Quantile [J]. *Econometrica*, 1978, 46 (1): 33–50.

$$= \arg\min_{\varepsilon} \left\{ \int \rho_{\tau}(y - \varepsilon) dF(y) \right\} \tag{3.20}$$

式（3.20）中，$\arg\min_{\varepsilon} \{ \cdot \}$ 函数表示函数取最小值时 ε 的值，$\rho_{\tau}(u) = u(\tau - I(u < 0))$ 为检查函数，根据 u 取值的正负进行非对称的加权。我们考察此最小化问题的一阶条件：

$$0 = -\tau \int_{y > \varepsilon} dF(y) + (1 - \tau) \int_{y < \varepsilon} dF(y) = -\tau(1 - F(\varepsilon)) + (1 - \tau)F(\varepsilon)$$
$$= -\tau + F(\varepsilon) \tag{3.21}$$

可以发现，$F(\varepsilon) = \tau$，即 $F(y)$ 的第 τ 分位点值就是上述最小问题的解。

现假设有 k 个解释变量，那么分位数回归模型可以写为：

$$q_{\tau}(y \mid x) = x'\beta(\tau) \tag{3.22}$$

当 τ 在（0，1）上变动时，求解下面最小化问题就可以得到不同分位点的参数估计值：

$$\hat{\beta}_N(\tau) = \operatorname{argmin}_{\beta(\tau)} \left(\sum_{i=1}^{N} \rho_{\tau}(y - x'\beta(\tau)) \right) \tag{3.23}$$

利用线性规划的方法可以求解上述 β 值。线性规划的解法本部分不再赘述。

（二）基于普通最小二乘法的分析

首先，我们用混合横截面数据回归来揭示各解释变量与幸福感均值之间的关系，设置函数形式如下：

$$SWB = \beta_1 + \beta_2 sex + \beta_3 age + \beta_4 age^2 + \beta_5 marry + \beta_6 children + \beta_7 education$$
$$+ \beta_8 employ + \beta_9 inc + \beta_{10} profession + u \tag{3.24}$$

式（3.24）中，SWB 为主观幸福感得分；sex 表示性别虚拟变量，男赋值为 1，女为 0；age 表示实际年龄，age^2 表示实际年龄的平方；$marry$ 表示婚姻虚拟变量，在婚赋值为 1，独身为 0；$children$ 表示子女实际数量；$education$ 表示受教育程度；$employ$ 表示就业状态虚拟变量，就业为 1，其他为 0；inc 表示个人实际月收入；$profession$ 表示就业职位虚拟变量，管理者赋值为 1，办事人员为 0；β_j 表示各变量的参数；u 表示随机扰动项，包含了未列入模型中的其他因素。

回归结果如表 3 - 27 所示。

表 3-27　　　　　　　　　　　　　最小二乘回归结果

变量	模型一		模型二		模型三	
	β 估计值	p 值	β 估计值	p 值	β 估计值	p 值
常数项	5.838	0.000	5.425	0.000	5.430	0.000
age	−0.026	0.000	−0.017	0.000	−0.019	0.000
age^2	3.7E−4	0.000	2.75E−4	0.000	3.01E−4	0.000
sex	−0.114	0.000	−0.173	0.000	−0.173	0.000
marry	0.373	0.000	0.303	0.000	0.302	0.000
children	0.026	0.000	−0.062	0.000	−0.024	0.044
$children^2$	—	—	—	—	−0.014	0.0004
education	0.140	0.000	0.089	0.000	0.125	0.000
employ	0.187	0.000	0.043	0.000	0.045	0.000
inc	2.97E−7	0.000	—	—	2.80E−7	0.000
relainc	—	—	0.294	0.000	—	—
profession	0.423	0.000	0.380	0.000	0.382	0.000
R^2	0.48		0.50		0.56	
F	277.48	0.000	955.52	0.000	869.83	0.000

注：relainc 表示相对收入。

资料来源：根据 2018 年中国家庭追踪调查数据整理，并运用 Eviews 9 软件计算得出。

从回归结果来看，各系数都非常显著，表明上述变量对主观幸福感均有显著影响。模型一和模型二的区别是在衡量收入时，模型一采用绝对收入变量，而模型二采用相对收入变量。

从性别来看，模型一表明，在控制其他变量后，平均而言，男性比女性的幸福感得分低 0.114 分，模型二中男女的幸福感得分平均相差 0.173 分；从年龄来看，两个模型实际年龄项系数均为负，而年龄平方项系数为正，表明年龄与主观幸福感之间存在"U"型关系，我们进一步解出"U"型底部的年龄点，发现模型一最不幸福的年龄是 35.14 岁，模型二是 30.9 岁，由此可以推断 30~35 岁年龄段是幸福感最低的阶段；从婚姻状况来看，两个模型均表明在婚群体平均比独身群体的主观幸福感高，其相差的分数分别为 0.373 分和 0.303 分。

流动人口发展路径的统计分析：从提升主观幸福感到社会融入的转变

Statistical Analysis on the Development Path of Floating Population: From Promoting Subjective Well-being to Social Integration

从子女数量来看，两个模型的结论相反，模型一表明，当子女数量增加 1 个时，幸福感平均会上升 0.026 分；模型二表明，当子女数量增加 1 个时，幸福感平均会下降 0.062 分。从描述性统计来看，子女数量和主观幸福感之间并不是简单的线性关系，当子女从 0 增加到 1 个时，幸福感是上升的，超过 1 个时，幸福感会随着子女数量的增加而递减，此处呈现出相反的现象。为了解释这个问题，我们在模型中加入子女数量的平方项，来捕捉这种近似倒 "U" 型关系，我们得到模型三，可以看出，加入子女数量平方项后，子女数量和其平方项系数均为负且显著，证实了两者之间倒 "U" 型的关系，我们进一步通过子女数量及其平方项的系数解出最幸福的子女个数约为 1 个。

从受教育程度来看，随着受教育水平的提高，主观幸福感会提升，但控制绝对收入和控制相对收入对这种提升的影响是不同的。控制绝对收入时，教育水平每提升一个层次，幸福感平均提高 0.140 分；而控制相对收入时，这种提升仅为 0.089 分。结合前文分析教育通过收入影响主观幸福感的结论，可以看出，教育不仅可以通过绝对收入提升主观幸福感，也可以通过相对收入提升主观幸福感。

从就业情况来看，两个模型均表明有工作的人比无工作的人幸福感更高，但这种差异并不相同，控制绝对收入时，就业的人比无业的人主观幸福感平均高 0.187 分，而控制相对收入时，这种差距仅为 0.043 分。从就业职位来看，管理者的主观幸福感显著高于一般办事人员，控制绝对收入时，两者的差距为 0.423 分，而控制相对收入时，这种差距降低到 0.380 分。从这两个工作因素对主观幸福感的影响来看，控制相对收入时得出了两类群体主观幸福感差距减少的结论，表明绝对收入和相对收入在就业因素对主观幸福感的影响中所起的作用有所不同。

从收入情况来看，个人绝对收入系数显著为正，系数非常小的原因是月收入每增加一元，对主观幸福感的得分影响是微乎其微的，相对收入系数同样显著为正，表明不论是相对收入还是绝对收入，均对主观幸福感的提升具有显著的促进作用。

（三）基于分位数回归的分析

上面通过普通最小二乘法分析了各个解释变量对主观幸福感均值的影响，下面将通过分位数回归来揭示各变量对不同分位点主观幸福感的影响差异，分位数回归结果如表 3 – 28 所示。

表 3 – 28 　　　　　　　　　分位数回归结果

变量	0.1 分位点	0.25 分位点	0.5 分位点	0.75 分位点	0.9 分位点
性别	− 8.88E – 3	− 0.333 ***	− 0.262 ***	− 8.88E – 3	− 5.12E – 3
年龄	5.20E – 4	1.82E – 4	0.002 ***	1.39E – 4	5.09E – 4
受教育程度	4.30E – 3	6.66E – 3	0.065 ***	4.30E – 3	1.58E – 3
婚姻状况	0.333 ***	0.333 ***	0.291 ***	0.333 ***	− 3.33E – 4
子女个数	− 1.74E – 4	− 5.21E – 3	− 0.022 ***	− 3.74E – 4	− 4.23E – 4
就业状况	5.17E – 5	− 6.35E – 5	− 0.021 ***	− 3.19E – 5	− 5.26E – 5
就业职位	0.333 ***	0.333 ***	0.542 ***	0.333 ***	1.000 ***
绝对收入	− 1.59E – 10	− 3.97E – 10	− 1.36E – 07 *	− 1.32E – 7	− 3.67E – 10
相对收入	0.333 ***	0.333 ***	0.357 ***	0.333 ***	− 3.31E – 8
常数项	3.333 ***	4.333 ***	5.082 ***	6.333 ***	8.000 ***

注：*、**、*** 分别表示在10%、5%和1%显著性水平下显著。
资料来源：同表 3 – 27。

从回归结果可知，各变量对不同幸福程度群体的影响的确存在差异。从性别来看，主观幸福感所有分位点的系数均为负，进一步证实了流动人口女性更幸福的结论，需要注意的是，这种性别上的差异在很低的分位点和较高的分位点上均不显著，表明对于感觉很幸福和很不幸福的群体，性别上的差异并不明显；从婚姻状况来看，除非常幸福的群体（0.9 分位点）系数较小且不显著外，婚姻状况对处于其他分位点的群体影响差异变化不大，均表现为再婚的人比独身的人幸福感得分高大约 0.3 分；从年龄、受教育程度以及子女数量来看，表现出类似的特征，在中位数附近的分位点显著，而在较高或者较低分位点的系数较小，几乎接近于 0，并且不显著，表明个人特征因素对幸福感处于平均水平附近的群体有显著影响，对很幸福或者很不幸福的群体，这种影响微乎其微。

从就业和收入情况来看，就业职位和相对收入对不同幸福感群体的影响比较显著，管理者的幸福感得分在各个幸福感分位点上都显著高于一般办事人员，这种差异在 0.33 ~ 1 分之间波动，最幸福的群体管理者比办事人员幸福感得分差距达到 1 分；而相对收入每提高一个档次，对大部分群体幸福感能提升 0.33 分左右，但对最幸福的群体没有表现出提升效应；而绝对收入对主观幸福感的影响非常小，多数分位点表现出无显著影响或者系数接近于 0 的显著影响，可能是控制了相对收入，导致绝对收入对主观幸福感的影响减弱的缘故。

从不同分位点斜率检验结果看，Wald 检验统计量值为 10035.81 （$p <$ 0.01），表明不同分位点回归估计系数不全相等，对每个变量的 0.25 分位点、0.50 分位点和 0.75 分位点的系数是否相等进行检验，均为拒绝原假设，表明不同分位点系数显著不同。图 3 - 8 为各个解释变量对不同分位点幸福感的影响差异图，可以更直观地反映出这种差异。

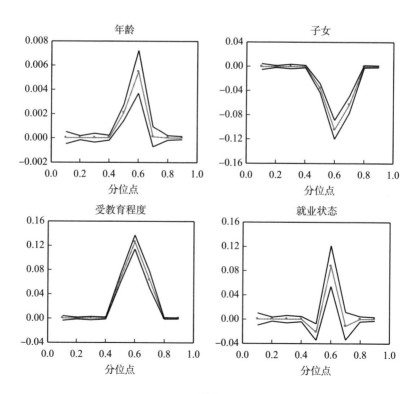

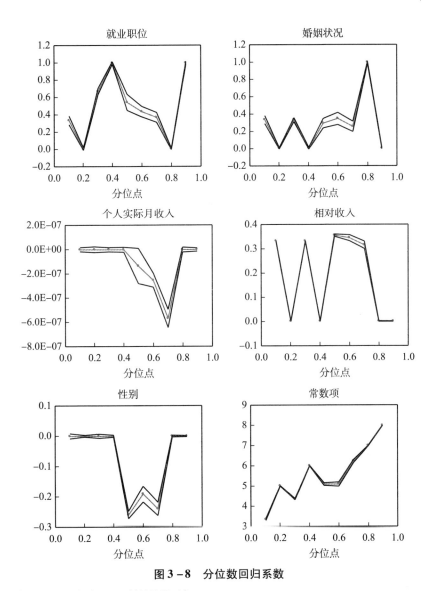

图 3-8 分位数回归系数

资料来源：根据表 3-28 结果绘制而来。

第四章 不同流动人口群体主观幸福感的差异研究

　　流动人口按照户口性质可以分为农村流动人口和城镇流动人口，即人口流动表现为农村人口流入城市或者城市人口流入另一个城市，当然也存在少量城市人口流入农村的状况（这类群体不是本书考虑的问题）。那么，不同户口性质的流动人口主观幸福感有何差异，各种影响因素对两类群体的影响方向和程度是否相同，流动人口主观幸福感是否存在城乡分割现象，都是值得研究的问题。流动人口正在经历代际更替，新生代流动人口成为主力军。[①] 国家统计局 2005 年 1% 人口抽样调查显示，新生代流动人口规模约 5980 万人，占总流动人口数量的 40.6%。而 2011 年 4 月国家统计局公布的第六次全国人口普查结果汇总公报数据显示 2010 年该数量达到了 1.18 亿人，占比超过 50%，据原国家卫生和计划生育委员会流动人口司预计，我国城镇化将继续迅速发展，如果按现有政策和人口流动趋势，到 2030 年这一数据将达到 2.79 亿人，超过流动人口总量的 90%。新生代的流动人口将是未来流动人口中的绝对主体。流动人口的流向区域是值得关注的问题，长期以来流动人口主要聚集在东部沿海地区的一些大城市和加工制造业产业聚集区，尤其是珠江三角洲地区，而近些年，情况发生了变化，流动人口在全国流动呈现出三个趋势：一是流动方向由东部沿海地区向中西部地区转移；二是在东部地区，由珠江三角洲向长江三角洲转移，并进一步向京津地区等北方地区流动；三是在省份内，由省会等大城市向周边中小城市流动。那么在不同区域的流动人口幸福状况如何，其影响因素有哪些，都是本章关注的

---

　　① 本书新生代流动人口指 1980 年及以后出生的劳动年龄人口，新生代城镇户籍流动人口指的是 1980 年及以后出生、户口性质为非农业的劳动年龄人口。

重点。下面将分别从流动人口幸福感的城乡差异、区域差异和代际差异三个
方面进行分析。

第一节　流动人口幸福感的城乡差异

我国经济改革与经济转型促进了经济的迅速发展，城乡居民的生活水平
大幅度提升，居民的物质生活条件得到了显著的改善。然而，经济快速发展
的背后，依然掩盖不了两个事实：一是城乡之间的分割依然存在，这一点可
以由城乡收入差距的不断扩大体现，从 20 世纪 90 年代中后期开始，城乡收
入差距持续扩大的趋势就长期存在，国家统计局统计数据显示，2002 年城
乡居民的货币收入之比已经达到 3:1，如果考虑到城镇居民的其他隐性福
利，这一比例会超过 4:1，据 2020 年国家统计局公布的上年数据，2019 年
城乡居民货币收入比依然保持在 3 倍以上，为 3.10:1，而这一数据已经是
近 10 年来的最低差距，而近 10 年来，城镇居民的非货币福利在不断增加，
农村居民则很少享有隐性福利，如果综合货币收入和隐性福利，城乡收入差
距会更大。二是经济改革的成果在城乡居民之间分配不公平，在城乡居民
的生活、居住、就业、教育、医疗等多方面，城市居民的获益明显高于
农村。

收入水平的提高或许并不能完全反映出居民的福利状况，福利应该具有
更丰富的内涵，尽管经济学重点研究的问题是经济发展或者收入增长，然而
这不应当是社会发展的终极目标，它是国民实现"幸福"目标的手段，国
民幸福是国家发展的最终目标。

流动人口中有大量的乡村居民，他们选择从农村来到城市，很大程度是
为了获得更高的收入、更好的福利以及最终过上更幸福的生活。本节试图讨
论城乡流动人口幸福感的影响因素以及其影响差异。

我们对城乡的界定做一个简单的说明，城乡分割很大程度是一种户籍制
度下的表现，这里我们把户口性质为农业的群体称作农村流动人口，而非农
业户口的群体称作城镇流动人口。本节的数据来自中国流动人口动态监测
数据。

流动人口发展路径的统计分析：从提升主观幸福感到社会融入的转变

Statistical Analysis on the Development Path of Floating Population: From Promoting Subjective Well-being to Social Integration

一、城乡流动人口差异描述性统计

（一）城乡流动人口的收入比较

2018 年流动人口的月平均收入为 3191.92 元，其中，农业户口群体的月平均收入为 3026.32 元，非农户口群体的月平均收入为 4193.37 元，可以看出，虽然同为流动人口，城乡居民的收入差距依然存在，城镇流动人口的月平均收入比农村流动人口高 38.56%；农村流动人口的主观幸福感平均得分为 3.66 分，城镇流动人口的平均得分为 3.71 分。城乡流动人口收入与幸福感分布如表 4 - 1 所示，从分类收入来看，对于农村流动人口，觉得自己很幸福比例最高的是月收入 8000 元及以上的群体，比例达到 19.1%，其次是 7000 ~ 7999 元的群体。整体来看，高收入组认为自己很幸福的比例高于低收入组，从幸福感均值来看，整体上呈现出随着收入提高幸福感提升的趋势。对于城镇流动人口，0 ~ 999 元月收入的群体认为自己很幸福的比例高达 23.6%，明显高于其他收入组群体，且幸福感均值也是各组别中最高的，其他收入组则表现出随收入增长幸福感提升的趋势。

表 4 - 1 城乡流动人口收入与幸福感分布

城乡	收入分类（元）	指标	幸福感					合计	幸福感均值
			很不幸福	不幸福	一般	幸福	很幸福		
农村	0 ~ 999	频数	7	48	881	1028	256	2220	3.67
		占比（%）	0.3	2.2	39.7	46.3	11.5	100.0	
	1000 ~ 1999	频数	57	494	10149	9314	2759	22773	3.62
		占比（%）	0.3	2.2	44.6	40.9	12.1	100.0	
	2000 ~ 2999	频数	103	997	19962	19110	4527	44699	3.60
		占比（%）	0.2	2.2	44.7	42.8	10.1	100.0	
	3000 ~ 3999	频数	47	527	10974	12122	3093	26763	3.66
		占比（%）	0.2	2.0	41.0	45.3	11.6	100.0	

续表

城乡	收入分类（元）	指标	幸福感					合计	幸福感均值
			很不幸福	不幸福	一般	幸福	很幸福		
农村	4000～4999	频数	11	204	3308	4175	1223	8921	3.72
		占比（%）	0.1	2.3	37.1	46.8	13.7	100.0	
	5000～5999	频数	8	129	2020	3018	947	6122	3.78
		占比（%）	0.1	2.1	33.0	49.3	15.5	100.0	
	6000～6999	频数	1	51	718	1076	285	2131	3.75
		占比（%）	0.0	2.4	33.7	50.5	13.4	100.0	
	7000～7999	频数	0	14	236	460	132	842	3.84
		占比（%）	0.0	1.7	28.0	54.6	15.7	100.0	
	8000元及以上	频数	3	67	1161	1845	726	3802	3.85
		占比（%）	0.1	1.8	30.5	48.5	19.1	100.0	
城镇	0～999	频数	4	5	69	90	52	220	3.81
		占比（%）	1.8	2.3	31.4	40.9	23.6	100.0	
	1000～1999	频数	15	55	1006	1061	301	2438	3.65
		占比（%）	0.6	2.3	41.3	43.5	12.3	100.0	
	2000～2999	频数	25	95	2166	2179	606	5071	3.64
		占比（%）	0.5	1.9	42.7	43.0	12.0	100.0	
	3000～3999	频数	7	105	1669	1891	558	4230	3.68
		占比（%）	0.2	2.5	39.5	44.7	13.2	100.0	
	4000～4999	频数	7	59	852	921	307	2146	3.68
		占比（%）	0.3	2.7	39.7	42.9	14.3	100.0	
	5000～5999	频数	7	34	764	1053	307	2165	3.75
		占比（%）	0.3	1.6	35.3	48.6	14.2	100.0	
	6000～6999	频数	2	20	323	445	129	919	3.74
		占比（%）	0.2	2.2	35.1	48.4	14.0	100.0	
	7000～7999	频数	0	6	106	171	52	335	3.80
		占比（%）	0.0	1.8	31.6	51.0	15.5	100.0	
	8000元及以上	频数	9	60	617	1004	349	2039	3.80
		占比（%）	0.4	2.9	30.3	49.2	17.1	100.0	

注：因计算精度，存在一定误差。

资料来源：同表3-1，经过分组汇总得出。

流动人口发展路径的统计分析：从提升主观幸福感到社会融入的转变

Statistical Analysis on the Development Path of Floating Population: From Promoting Subjective Well-being to Social Integration

（二）城乡流动人口的就业比较

城乡流动人口就业状况分布如表 4 - 2 所示，从就业情况来看，无论是农村还是城镇流动人口，就业的比例都达到 86% 以上，表明大部分流动人口处于就业状态。从主观幸福感的情况来看，平均而言，退休群体的主观幸福感最高，达到 3.97 分，其次是在学群体，幸福感为 3.92 分，退休[①]和在学群体幸福感较高是由于他们的压力相对较小。本部分重点比较就业和失业[②]群体的幸福感，可以发现，失业群体幸福感在所有群体中最低，就业群体的幸福感排倒数第二，从就业状况来看，这两类人是需要工作的，需要工作的人幸福感低于其他人群。

表 4 - 2　　　　　　　　　城乡流动人口就业状况分布

项目		就业状况							合计
		就业	务农	失业	无业	操持家务	在学	退休	
农村	频数	117148	1242	1724	3104	11014	1399	0	135631
	百分比（%）	86.4	0.9	1.3	2.3	8.1	1.0	0.0	100.0
城镇	频数	19528	56	462	601	1406	336	277	22666
	百分比（%）	86.2	0.2	2.0	2.7	6.2	1.5	1.2	100.0
合计	频数	136676	1298	2186	3705	12420	1735	277	158297
	百分比（%）	86.3	0.8	1.4	2.3	7.8	1.1	0.2	100
农村	幸福感	3.65	3.86	3.53	3.78	3.76	3.93	—	3.66
城镇	幸福感	3.69	3.92	3.66	3.85	3.81	3.91	3.97	3.71
综合	幸福感	3.66	3.87	3.56	3.79	3.77	3.92	3.97	3.67

资料来源：同表 4 - 1，经过汇总计算得出。

---

① 按照样本的年龄范围，15～59 岁虽是劳动年龄的范围，但也存在正常退休的情况，国家法定的企业职工退休年龄是男年满 60 周岁，女工人年满 50 周岁，女干部年满 55 周岁。从事井下、高温、高空、特别繁重体力劳动或其他有害身体健康工作的，退休年龄为男年满 55 周岁，女年满 45 周岁，因病或非因工致残，由医院证明并经劳动鉴定委员会确认完全丧失劳动能力的，退休年龄为男年满 50 周岁，女年满 45 周岁。

② 失业是指目前没有从事有收入的工作但在积极寻找工作的劳动年龄人口，无业是指没有从事有收入的工作也不想找工作的人。

从工作强度来看，对于农村流动人口，每周工作 5 天以上群体的主观幸福感均值为 3.67 分，而每周工作 5 天以下群体的主观幸福感均值为 3.65 分，每天工作 8 小时以上群体的主观幸福感均值为 3.66 分，每天工作 8 小时以下群体的主观幸福感均值为 3.67 分，工作强度与主观幸福感关系并不明显；对于城镇流动人口，周工作 5 天以上群体的主观幸福感均值为 3.69 分，低于周工作 5 天以下群体的主观幸福感均值为 3.74 分，而每天工作 8 小时以上与工作 8 小时以下群体的主观幸福感均值相等，都为 3.71 分，整体来看，工作强度大的主观幸福感较低。城乡流动人口的这种差异，可能的原因是农村流动人口流动之前大多为务农，对工作时间并不敏感，而城镇流动人口流动之前对国家法定的工作时间比较适应，故而一旦超过法定工作时间就会降低幸福感，当然，这里仅从描述性统计直观上得出的结论，具体工作强度对主观幸福感还需要进一步的分析。

（三）城乡流动人口子女就学差异

从城乡流动人口子女就学的学校性质来看，农村流动人口的子女在公立学校①就学的比例为 31%，而城镇流动人口的子女在公立学校就学的比例仅为 27.2%，从这一点上看，农村流动人口处于优势。比较子女就读学校的性质和主观幸福感的关系可以发现，对于农村流动人口，子女就读公立学校的主观幸福感均值为 3.73 分，就读其他类型学校的为 3.63 分；对于城镇流动人口，子女就读公立学校的主观幸福感均值为 3.78 分，而就读其他学校的为 3.68 分。子女就读学校的性质一定程度上反映了流动人口的地位或者权利，子女就读公立学校表明和当地居民享受同样的权利，不论城乡，都表现出子女就读公立学校的群体主观幸福感高于就读其他类型学校的群体，城乡相比，在子女就读同种类型学校的情况下，城镇流动人口主观幸福感高于农村流动人口。

（四）流入时间与幸福感关系的城乡差异

从流入时间来看，有 14.5% 的流动人口是当年流入当地的，流入当地

---

① 流动人口子女就学的学校类型包括公立学校、私立学校和打工子弟学校。

时间为 1 年、2 年和 3 年的比重分别为 19.4%、13.6% 和 10.9%，流入时间
10 年以内的比例达到近 90%，流入时间达 36 年以上的比例非常少，流入时
间最长的达到 51 年。从城乡流动人口流入时间与主观幸福感的关系来看，
整体上农村流动人口随着流入时间的增加，主观幸福感呈现提升趋势，城镇
流动人口表现出类似的特征，然而，流入时间在 30 年以上的情况下，主观
幸福感却出现了大幅波动的状况（见图 4-1）。我们结合城镇流动人口流入
时间的分布情况，可以发现这些波动较大的群体只是个别现象，如城镇流动
人口流入时间为 34 年的仅有 2 人，36 年的有 3 人，40 年的仅有 1 人，个别
现象不具有一般性。故从整体上看，不论城乡，都表现出随着流入时间的增
加，主观幸福感提升的趋势，其原因是，刚刚流入当地不久的人，往往需要
一个适应阶段，这个阶段伴随着犹豫、焦虑等负面情绪影响，幸福感更容易
较低，而对于流入时间较长的群体，既然选择了长期居住当地，可以表明对
当地是较为适应的，至少不会对当地有较大的负面情感，更重要的是，经过
长期的融入，对当地的文化、生活、环境、人际关系都有了深入的认识并已
经适应，其主观幸福感较高并不难解释。

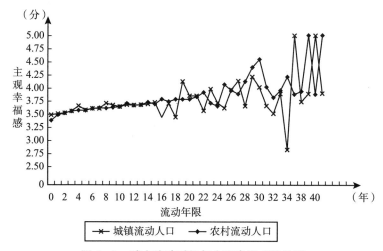

图 4-1 城乡流动时间与主观幸福感的关系

资料来源：同表 4-1，经过分组绘制。

（五）城乡流动人口社会融入因素差异

从融入意愿的角度来看（见表 4-3），在完全同意"我很愿意融入当

地，成为其中的一员”的比例中，城镇群体高于农村8.1个百分点，不同意该观点的农村群体比例要高于城镇，整体上看，城镇流动人口融入当地的意愿强于农村；从对当地的情感来看，在完全同意“我喜欢现在居住的城市”的比例中，城镇群体依然高于农村4.6个百分点，在完全同意“我关注现在城市的变化”的比例中，城镇群体高于农村8.9个百分点，整体上看，城镇流动人口对当地的感情体验强于农村流动人口；从长期融入的角度看，如果没有任何限制，在愿意把户口转移到本地的比例中，城镇群体高于农村居民16.4个百分点，在愿意长期（5年以上）居住本地的比例中，城镇群体依然高于农村群体12.7个百分点。可以看出，城镇流动人口不论是在融入意愿、感情认知和长期居住方面，都明显高于农村流动人口。从主观幸福感（表4-3中括号内数据）来看，不论城镇还是农村流动人口，均表现出随着融入程度的提高、对现居住城市感情的加深以及长期融入意愿的加强，主观幸福感提高的现象。

表4-3　　　　　　　　　城乡流动人口社会融入感分布

城乡	变量	完全不同意	不同意	基本同意	完全同意
农村	我很愿意融入当地，成为其中一员	0.9 (3.21)	7.2 (3.23)	53.2 (3.52)	38.7 (3.96)
城镇		0.9 (3.42)	4.8 (3.12)	47.5 (3.52)	46.8 (3.97)
农村	我喜欢现在居住的城市	0.5 (3.25)	1.8 (3.05)	56.7 (3.47)	40.9 (3.97)
城镇		0.8 (3.29)	2.3 (2.96)	51.5 (3.48)	45.5 (4.01)
农村	我关注现在城市的变化	0.6 (3.25)	4.0 (3.23)	57.7 (3.52)	37.6 (3.94)
城镇		0.6 (3.43)	2.8 (3.10)	50.1 (3.53)	46.5 (3.94)

城乡	变量	愿意（打算）	不愿意	没想好	
农村	如果没有限制，是否愿意把户口转移到本地	48.0 (3.87)	25.1 (3.46)	26.9 (3.50)	
城镇		64.4 (3.83)	16.2 (3.45)	19.4 (3.52)	
农村	您是否打算在本地长期居住（5年以上）	56.2 (3.85)	14.3 (3.34)	29.5 (3.47)	
城镇		68.9 (3.84)	10.3 (3.35)	20.8 (3.46)	

注：表中数据为各类群体所占百分比，括号内数据为主观幸福感均值。

资料来源：同表4-1，经过分组计算得出。

流动人口发展路径的统计分析：从提升主观幸福感到社会融入的转变

Statistical Analysis on the Development Path of Floating Population: From Promoting Subjective Well-being to Social Integration

（六）城乡流动人口社会活动参与差异

从参与社区文体活动来看（见表4-4），不论城乡，参与率都较低，其中，农村流动人口参与率仅为25.9%，城镇流动人口为31.9%。从参加选举的情况来看，农村群体参与率仅为6.3%，城镇群体为13.0%，选举活动是政治权利的一种体现。从数据情况来看，流动人口在当地参与政治活动的热情并不高。从参与活动与主观幸福感的关系来看，农村群体参与文体活动的幸福感均值为3.79分，不参与的为3.62分，参与选举活动幸福感均值为3.82分，不参与的为3.65分；城镇流动人口参与文体活动幸福感均值为3.82分，不参与的为3.66分，参与选举活动的为3.88分，不参与的为3.68分。可以看出，参与活动对主观幸福感有促进作用，城乡居民在参与社区活动的积极性上有比较明显的差异。

表4-4　　　　　　　　城乡流动人口活动参与情况分布

项目	参与文体活动	不参与文体活动	参与选举活动	不参与选举活动
农村	25.9 (3.79)	74.1 (3.62)	6.3 (3.82)	93.7 (3.65)
城镇	31.9 (3.82)	68.1 (3.66)	13.0 (3.88)	87.0 (3.68)
合计	26.7 (3.79)	73.3 (3.63)	7.3 (3.84)	92.7 (3.66)

注：表中数据为各类群体所占百分比，括号内数据为主观幸福感均值。
资料来源：同表4-1，经过分组计算得出。

（七）城乡流动人口的闲暇活动差异

从闲暇活动来看（见表4-5），"看电影、电视"的所占比例为89.3%，而"玩棋牌游戏"的比例仅占31.2%，"上网"的比例为43.2%，"读书、看报、学习"的占44.8%，"参加文体活动"的占18.2%。分城乡来看，"看电影、电视"的比例相差不大，而"玩棋牌游戏""上网""读书、看报、学习""参加文体活动"的比例则表现出城镇流动人口明显高于农村流动人口的现象。整体来看，在休闲方式上，农村居民还相对落后。从主观幸福感来看，看电影、电视的比不看的幸福感高，玩棋牌游戏的幸福感略低于不玩的，可能的原因是玩棋牌游戏可能会涉及输赢，影响主观幸福感。上网的人幸福感略低于不上网的人，读书、看报、学习和参加文体活动的人幸福感明显较高，尤其是参加文体活动，锻炼身体、陶冶情操无疑可以增进居民的幸福感。

表4-5　　　　　　　城乡流动人口休闲活动参与率与主观幸福感

项目	看电影、电视	玩棋牌游戏	上网	读书、看报、学习	参加文体活动
农村	89.2	30.1	39.4	41.0	15.5
城镇	89.7	38.0	65.8	66.9	33.8
合计	89.3	31.2	43.2	44.8	18.2
幸福感均值					
农村	3.68（3.55）	3.65（3.67）	3.64（3.68）	3.70（3.64）	3.78（3.64）
城镇	3.72（3.61）	3.70（3.72）	3.70（3.72）	3.74（3.66）	3.77（3.68）

注：表中上半部分数据代表参加活动的百分比，未参加的比例为1-参加的百分比（未列出），下半部分数据为参加活动的幸福感均值，括号内为未参加该活动幸福感的均值。
资料来源：同表4-1，经过分组计算得出。

二、城乡流动人口主观幸福感影响因素的实证分析

本节将因变量主观幸福感设置为"幸福"和"其他"两个结果，其中，"幸福"包含原始问卷中自我评价"很幸福"和"比较幸福"两类；"其他"包含原始问卷中"一般""比较不幸福""很不幸福"三类。

认为自己"幸福"的有90586人，比例为57.1%，认为自己属于"其他"类的有67970人，所占比重为42.9%。

（一）方法简介

本部分选择的模型为二值选择模型，下面将简单介绍该模型的基本原理。[①] 最简单的二值选择模型为线性概率模型（LPM），其形式如下：

---

① 陈强. 高级计量经济学及Stata应用［M］. 北京：高等教育出版社，2010.

$$y_i = x_i'\beta + u_i \, (i = 1, \ 2, \ 3, \ \cdots, \ n) \tag{4.1}$$

由于 u_i 并不服从正态分布，而且由式（4.1）预测出来的 y_i 可能大于 1 或者小于 0，为了解决这两个问题，考虑 y 的两点分布概率：

$$\begin{cases} P(y = 1 \mid x) = f(x, \ \beta) \\ P(y = 0 \mid x) = 1 - f(x, \ \beta) \end{cases} \tag{4.2}$$

通过选择合适的函数形式 $f(x, \ \beta)$（比如累积分布函数），可以保证 $0 \leqslant \hat{y} \leqslant 1$，并将 $\hat{y}$ 理解为 "$y = 1$" 发生的概率，由于：

$$E(y \mid x) = 1 \times P(y = 1 \mid x) + 0 \times P(y = 0 \mid x) = P(y = 1 \mid x) \tag{4.3}$$

如果 $f(x, \ \beta)$ 为标准正态分布的累积分布函数：

$$P(y = 1 \mid x) = f(x, \ \beta) = \Phi(x'\beta) = \int_{-\infty}^{x_i\beta} \Phi(t) \, dt \tag{4.4}$$

则该模型称为 Probit 模型，如果 $f(x, \ \beta)$ 为逻辑分布的累积分布函数，则模型称为 Logit 模型：

$$P(y = 1 \mid x) = f(x, \ \beta) = \Lambda(x_i'\beta) = \frac{\exp(x'\beta)}{1 + \exp(x'\beta)} \tag{4.5}$$

显然这是一个非线性模型，故可以采用极大似然估计法（MLE）估计。以 Logit 模型为例，某个观测数据的概率密度为：

$$f(y_i \mid x_i, \ \beta) = \begin{cases} \Lambda(x_i'\beta), \ \text{若} \ y_i = 1 \\ 1 - \Lambda(x_i'\beta), \ \text{若} \ y_i = 0 \end{cases} \tag{4.6}$$

或者可以将其写为：

$$f(y_i \mid x_i, \ \beta) = [\Lambda(x_i'\beta)]^{y_i} \times [1 - \Lambda(x_i'\beta)]^{1 - y_i} \tag{4.7}$$

将式（4.7）取对数可以得到：

$$\ln f(y_i \mid x_i, \ \beta) = y_i \ln[\Lambda(x_i'\beta)] + (1 - y_i) \ln[1 - \Lambda(x_i'\beta)] \tag{4.8}$$

假设各个样本相互独立，则整个样本的对数似然函数为：

$$\ln L(\beta \mid y, \ x) = \sum_{i=1}^{n} y_i \ln[\Lambda(x_i'\beta)] + \sum_{i=1}^{n} (1 - y_i) \ln[1 - \Lambda(x_i'\beta)] \tag{4.9}$$

可以通过数值计算的方法求解这个非线性最大化的问题。

值得注意的是，上述模型求解出的参数值 β 并不是边际效应，而是对数发生比，取反对数后可以求出两类结果的发生比，即落入某一类别的概率是

另一类别概率的倍数。欲求边际效应，应该以如下方式计算：①

$$\frac{\partial P(y=1\mid x)}{\partial x_k}=\frac{\partial P(y=1\mid x)}{\partial(x_i'\beta)}\times\frac{\partial(x_i'\beta)}{\partial x_k}=\Phi(x_i'\beta)\times\beta_k \qquad (4.10)$$

（二）变量选择及模型估计

本部分的解释变量设置包含个人特征变量（性别、年龄、婚姻状况）、收入变量（个人绝对收入、家庭消费收入比）、参与活动变量（社区文体活动、选举活动）、闲暇活动变量（看电影电视、棋牌游戏、读书看报等）、社会融入变量（关注现在城市、喜欢现在城市等②）以及就业状况、医保状况、子女就读学校性质等多方面因素变量。其中性别、婚姻状况、医疗保险、学校性质以及闲暇活动变量均为虚拟变量，城乡流动人口主观幸福感的Logit模型估计结果如表4-6所示。

从个人特征因素来看，不论城乡，性别变量均表现出女性比男性更幸福的结论，城镇流动人口性别对幸福感的影响差异更明显，女性处于"幸福"类别的概率比男性高1.9%，而农村流动人口女性幸福的概率比男性仅高1.1%；从婚姻状况来看，已婚群体幸福感高于单身群体，两者的差异对于城镇流动人口更加明显，已婚城镇群体幸福的概率比独身高9.5%，而农村群体这一差异为8.2%；从年龄来看，城乡群体差异明显，对于农村流动人口，年龄对主观幸福感的影响非常显著，结合年龄和年龄平方项的符号，表现出年龄和主观幸福感呈现"U"型关系的现象，这与前面所得到的结论相一致，而城镇流动人口两者表现出并不显著的倒"U"型关系。

从经济因素来看，绝对收入的系数显著为正，从边际效应来看，绝对收入每提高一个单位，农村流动人口处于幸福类别的概率会提高14.2%，而城镇流动人口会提高18.9%；反映家庭经济状况的消费收入比系数为负，表明消费在收入中的比重越高，幸福感越低，其原因是消费比重越大，储蓄率就越小，较少的储蓄显然会制约居民更多的消费选择，在一定程度上会降低幸福感，当然这种影响统计上并不显著。

---

① Stata软件可以采用mfx命令求出边际效应。
② 社会融入变量取值采用本书第三章社会融入对主观幸福感影响中的办法，取标准化后的值，此处按连续型变量处理。

流动人口发展路径的统计分析：从提升主观幸福感到社会融入的转变

Statistical Analysis on the Development Path of Floating Population: From Promoting Subjective Well-being to Social Integration

表4-6　城乡流动人口主观幸福感分组回归结果

变量	农村流动人口					城镇流动人口				
	估计值	标准误	z值	$P > \lvert z \rvert$	dy/dx	估计值	标准误	z值	$P > \lvert z \rvert$	dy/dx
性别*	−0.046	0.016	−2.82	0.005	−0.011	−0.085	0.038	−2.24	0.025	−0.019
婚姻状况*	0.347	0.022	16.14	0.000	0.082	0.413	0.043	9.61	0.000	0.095
年龄	−0.028	0.006	−4.36	0.000	−0.007	1.96E−5	0.015	0.00	0.999	4.41E−6
年龄平方	4.08E−4	8.74E−5	4.67	0.000	9.47E−5	−3.95E−6	2.05E−4	−0.02	0.985	−8.87E−7
就业状况	−0.081	0.048	−1.68	0.092	−0.019	−0.198	0.204	−0.97	0.332	−0.043
绝对收入	0.614	0.047	12.94	0.000	0.142	0.843	0.094	8.98	0.000	0.189
消费收入比	−1.56E−4	3.64E−4	−0.43	0.668	−3.62E−5	−2.84E−4	0.001	−0.31	0.758	−6.37E−5
医疗保险*	−0.141	0.019	−7.54	0.000	−0.033	−0.059	0.037	−1.6	0.109	−0.013
学校性质*	−0.017	0.017	−1.03	0.304	−0.004	−0.051	0.042	−1.22	0.223	−0.011
周工作天数	0.024	0.008	3.19	0.001	0.006	−0.001	0.019	−0.03	0.973	−1.40E−4
日工作小时数	−0.040	0.004	−10.8	0.000	−0.009	−0.050	0.010	−4.99	0.000	−0.011
社区文体活动*	0.303	0.017	18.13	0.000	0.069	0.283	0.037	7.6	0.000	0.062
选举活动*	0.048	0.024	2.01	0.045	0.011	0.116	0.049	2.37	0.018	0.026
看电视、电影*	0.139	0.021	6.63	0.000	0.033	0.236	0.049	4.78	0.000	0.054

续表

变量	农村流动人口					城镇流动人口				
	估计值	标准误	z值	P>|z|	dy/dx	估计值	标准误	z值	P>|z|	dy/dx
玩棋牌游戏*	0.039	0.016	2.41	0.016	0.009	0.083	0.035	2.38	0.017	0.019
上网*	-0.046	0.017	-2.78	0.005	-0.011	-0.118	0.039	-3	0.003	-0.026
读书、看报、学习*	-0.018	0.015	-1.2	0.229	-0.004	-0.048	0.038	-1.27	0.203	-0.011
文艺体育活动*	0.120	0.022	5.42	0.000	0.027	-0.077	0.040	-1.93	0.053	-0.017
愿意长期居住	0.268	0.008	35.45	0.000	0.062	0.320	0.019	16.39	0.000	0.072
愿意户口转入	0.251	0.008	32.69	0.000	0.058	0.161	0.019	8.38	0.000	0.036
愿意融入本地	0.274	0.009	30.51	0.000	0.064	0.289	0.022	12.99	0.000	0.065
关注城市变化	0.121	0.010	12.49	0.000	0.028	0.089	0.023	3.88	0.000	0.020
喜欢现在城市	0.382	0.010	39.82	0.000	0.089	0.462	0.022	21.25	0.000	0.104
常数项	0.747	0.132	5.66	0.000	—	0.587	0.370	1.59	0.113	—
拟R²	0.135					0.147				
LR Chi2	19979.68 (0.000)					3974.88 (0.000)				
正确预测率（%）	70.08					71.63				

注：*表示为虚拟变量，虚拟变量设置参照组取值为0，非参照组取值为1。其中，女、未婚、失业、有医疗保险、公立学校、不参加各种文体活动、选举活动为参照组。表中"dy/dx"项代表边际效应，由于其显著性与前面参数估计结论一致，故此处未输出。
资料来源：同表4-1，采用Eviews 9软件计算得出。

从就业状况来看，城乡流动人口表现出了一定的差异，农村流动人口就业状况系数在10%显著性水平下显著为负，表明就业的群体幸福感略低于未就业人群，从边际效应看，就业群体处于幸福类别的概率低于未就业群体1.9个百分点，从结论上证实了描述性统计中就业群体幸福感均值低于未就业群体的观点，如果有充分的理由可以不工作，那么选择不工作时更幸福，而城镇流动人口就业群体幸福的概率比未就业群体低4.3个百分点，但这种差异并不显著；从工作强度来看，农村群体随着每周工作天数的增加幸福感显著提升，周工作每增加一天，幸福的概率会提高0.6%，随着日工作小时数的增加幸福感显著降低，日工作每增加一小时，幸福的概率会降低0.9%，而城镇群体随着每周工作天数的增加或日工作小时数的增加幸福感均会降低，其幸福的概率分别会降低0.014%和1.1%，显然他们不适应高强度的工作状态，产生这种差异的原因可能来源于流动前的状态，农村流动人口过去大多为务农，对工作强度和时间相对而言不太敏感，而城镇流动人口过去就在城镇生活工作，更加习惯法定节假日的作息时间，故而对强度较大的工作不适应。

从参与社会活动来看，城乡群体差异不大，均表现出参与社区文体活动以及选举活动能显著提升主观幸福感，从系数大小来看，农村居民更加注重社区文体活动，参加文体活动处于幸福类别的概率比未参加的高6.9%，而城镇居民这一差异为6.2%，城镇居民更加注重选举活动，参加选举活动幸福的概率比未参加的高2.6%，而农村居民仅为1.1%；从社会保障来看，农村居民享有城镇职工医疗保险的群体显著比无医疗保险的群体更幸福，其幸福的概率比没有医疗保险的高3.3%，而城镇居民这一差异为1.3%，而且这种表现并不十分显著；从子女就读学校的性质来看，虽然子女就读公立学校的群体更加幸福，但不论对于城镇居民还是农村居民，这种差异并不显著。

从闲暇时间所选择的休闲方式来看，农村居民看电影、电视幸福的概率比不看的高3.3个百分点，而城镇居民高5.4个百分点；农村居民玩棋牌游戏幸福的概率比不玩的高0.9个百分点，而城镇居民高1.9个百分点；整体来看，这两项休闲方式对主观幸福感的提升作用农村居民小于城镇居民。上网反而会显著降低城乡流动人口的主观幸福感，其降低的概率分别为1.1%

和 2.6%，可以看出城镇居民上网降低幸福的概率更大；读书、看报、学习对城乡流动人口的主观幸福感影响并不显著；参加文艺体育活动对农村流动人口主观幸福感有显著的正影响，参加的人幸福的概率比不参加的人高 2.7 个百分点，而对城镇流动人口具有显著的负影响，参加的人幸福的概率比不参加的低 1.7 个百分点。

从对流入城市的情感认知（社会融入）角度来看，城乡流动人口差异不大，总体来说，更愿意长期居住当地、更愿意将户口转入、更愿意融入当地成为其中一员、更关注现在城市的变化和更喜欢现在城市的居民幸福感更高。具体来看，愿意长期居住当地的意愿每增加 1 个单位，农村流动人口幸福的概率会提高 6.2 个百分点，城镇流动人口会提高 7.2 个百分点；愿意将户口转入本地的意愿每增加 1 个单位，农村流动人口幸福的概率会提高 5.8 个百分点，城镇流动人口会提高 3.6 个百分点；愿意融入本地的意愿每增加 1 个单位，农村流动人口幸福的概率会提高 6.4 个百分点，城镇流动人口会提高 6.5 个百分点；对现在城市变化的关注度每提高 1 个单位，农村流动人口幸福的概率会提高 2.8 个百分点，城镇流动人口会提高 2.0 个百分点；对现在居住城市的热爱程度每提高 1 个单位，农村流动人口幸福的概率会提高 8.9 个百分点，城镇流动人口会提高 10.4 个百分点。

对模型的预测力进行检验，发现农村流动人口模型预测正确率为 70.08%，城镇流动人口模型预测正确率为 71.63%，预测能力良好；从卡方检验结果，两个模型都非常显著，表明诸多变量联合对幸福感变量有显著影响；两个模型的拟 R^2 虽然不高，分别为 0.135 和 0.147，但对于二元选择模型，奥尔德里奇（John Aldrich）和纳尔逊（Forrest Nelson）指出："在有定性因变量的模型中，应避免使用判定系数作为判别模型优劣的标准"。[1] 故而，模型总体来看良好。

本节从个人特征因素、经济收入因素、社会保障因素、闲暇因素、社会融入因素等多方面考察了城乡流动人口主观幸福感的差异以及影响程度。研究结果表明，流动人口也存在一定的城乡分割现象，农村流动人口主观幸

---

① J H Aldrich，F D Nelson，et al. Sociological methodology ii: the general linear model［J］. *Journal of the American Statistical Association*，1988，83（402）：570.

福感低于城镇流动人口，大多数变量对城镇居民主观幸福感的影响程度大于农村居民。农村流动人口月平均收入为 3026 元，相比于 2012 年农村居民年均纯收入 7917 元有较大提高，但依然低于城镇流动人口月均收入大约 1/3，城镇流动人口参与社区活动与选举活动的积极性更高，融入流入地的意愿更加强烈，对工作强度的要求以及闲暇时间选择的休闲活动方式等均比农村流动人口更加适应。总体而言，农村流动人口在新的地方适应状况还有差距，他们不仅需要经济、物质层面的适应，更需要文化等精神层面的适应。

第二节　基于区域差异的流动人口主观幸福感分析

前文分析对主观幸福感的影响因素时并没有考虑区域差异，然而从第二章幸福感的空间描述性统计可以明显地看出，各省级单位流动人口主观幸福感存在差异。近年来，居民的幸福感问题受到广泛关注，CCTV 经济生活大调查连续六年对我国 31 个省份近 10 万公众进行的调查显示，中西部地区受访居民的幸福感高于东部地区，选择"幸福"比例最高的三个城市分别是拉萨、太原和合肥，而选择"幸福"比例最高的十个省份分别是西藏、内蒙古、山东、天津、安徽、辽宁、黑龙江、江西、吉林、河南，[①] 这一结论和本书描述性统计的结论较为一致。描述性统计直观地说明了不同区域主观幸福感的差异，但其具体的影响因素还需进一步分析。

一、地区经济状况与主观幸福感的关系

经济发展状况与主观幸福感的关系值得关注，长期以来"经济发展水平高的地区居民更幸福"以及"收入越高，幸福感越强"的观点被广泛接受，正因为如此，以 GDP 为"指挥棒"的发展策略曾长期占据主导。那么经济发展水平的高低是否能决定幸福感的高低，我们有必要对这个问题进行

---

① 结论来自由中央电视台财经频道主办的"2012 年幸福城市市长论坛"。

探讨。首先，我们对一个地区不同时期的幸福感状况进行分析，以我国为例，世界幸福数据库（World Database of Happiness）① 数据显示，1990 年我国居民幸福水平的平均值为 6.64 分（10 分制评分），1995 年上升到 7.08 分，而到 2001 年却下降到 6.60 分，2005 年下降到 6.30 分，这段时间正值中国经济快速发展的时期，经济发展水平显著提升然而幸福感并没有跟上经济发展的速度，甚至呈现下降趋势，这一现象在欧美国家也得到验证。伊斯特林教授对欧美国家的幸福感进行了研究，发现自 1973 年以来，欧美国家经济增长较快，但居民幸福感却呈现下降趋势；如果比较同一时期不同国家的幸福感水平，我们发现在 2020 年世界各国幸福指数排名中，排名前 5 位的分别是丹麦、挪威、瑞士、荷兰和瑞典，而卢旺达、布隆迪、中非、贝宁和多哥则位列该榜单的最后 5 位。② 从排名可以看出，排在前几位国家的经济发展水平虽然不是最高的，但也属于发达国家之列，且这些国家都具备以下三个特点：人均收入高、国民享受高规格的公共福利和社会保障，以及国家风景秀丽适合居住，而排最后几名的国家多为非洲贫困国家，经济发展水平相对较低。综合而言，我们可以这样认为两者的关系：经济发展水平会影响国民幸福水平，但不能完全决定幸福水平的高低，经济发展的成果只有合理转化为国民医疗、教育、就业等方面的高标准保障，才可能提升国民的幸福水平，经济发展水平较低的地区，幸福水平往往也很低，因为贫穷的地区既没有经济方面的保障，更没有其他福利的保障。

那么对于各区域的流动人口而言，他们的幸福感和地区的经济发展水平（包括 GDP、经济增长率以及基尼系数）有何关系，本节将讨论这个问题，下面将对我国不同区域经济发展水平和主观幸福感的关系进行描述性统计分析（见表 4 - 7）。其中，流动人口的收入基尼系数计算公式如式（4.11）所示，其中，n 表示样本容量，μ 表示收入均值，$|y_j - y_i|$ 表示任何一对样本的收入差的绝对值。

$$G = \frac{1}{2n^2\mu} \sum_{j=1}^{n} \sum_{i=1}^{n} |y_j - y_i| \qquad (4.11)$$

---

① 该数据库由荷兰鹿特丹伊拉斯姆斯大学教授吕特·费恩霍芬（Ruut Veenhoven）主持创建。
② 该排名来自 2021 年美国哥伦比亚大学地球研究所发布的《2020 年全球幸福指数报告》（World Happiness Report 2020），该调查涉及全球 156 个国家和地区，报告的标准包括教育、健康、环境、包容性、内心幸福感、生活水平等领域。

流动人口发展路径的统计分析：从提升主观幸福感到社会融入的转变

Statistical Analysis on the Development Path of Floating Population: From Promoting Subjective Well-being to Social Integration

表4-7   全国各省级单位经济状况、幸福感与流动人口基尼系数

省级单位	主观幸福感	人均GDP（元）	经济增长率（%）	基尼系数①
安徽	3.92	28840.57	12.49	0.3593
北京	3.65	88167.51	9.53	0.3680
兵团	3.76	45201.62	18.40	0.3081
福建	3.65	52961.77	12.20	0.2581
甘肃	3.65	22036.66	12.55	0.3657
广东	3.53	54324.53	7.25	0.3180
广西	3.79	28053.91	11.18	0.3774
贵州	3.72	19608.53	19.30	0.3902
海南	3.66	32557.13	13.18	0.3386
河北	3.79	36700.75	8.40	0.2749
河南	3.72	31753.45	10.69	0.3248
黑龙江	4.02	35710.93	8.82	0.3427
湖北	3.81	38642.17	13.33	0.3366
湖南	3.72	33587.37	12.63	0.3370
吉林	4.03	43426.05	12.95	0.3244
江苏	3.78	68436.79	10.08	0.2715
江西	3.61	28851.34	10.64	0.3414
辽宁	3.97	56585.22	11.58	0.2896
内蒙古	3.89	64417.16	11.34	0.3644
宁夏	3.81	36410.64	10.68	0.3684
青海	3.61	33178.52	12.82	0.3584
山东	4.04	51897.10	10.25	0.2863
山西	3.80	33712.25	7.79	0.3089
陕西	3.64	38608.55	15.50	0.3616
上海	3.65	85646.91	4.72	0.3544

续表

省级单位	主观幸福感	人均 GDP（元）	经济增长率（%）	基尼系数①
四川	3.91	29627.08	13.43	0.3061
天津	3.90	95093.58	13.95	0.2751
西藏	3.93	23032.45	14.81	0.4359
新疆	3.85	33799.55	12.95	0.3265
云南	3.73	22262.58	15.93	0.3892
浙江	3.63	63346.70	7.08	0.2674
重庆	3.87	39256.59	14.46	0.3098
全国	3.67	38353.52	7.80	0.3368

注：①此处指流动人口收入的基尼系数，Stata 软件 inequal 包可以方便地计算出基尼系数。
资料来源：同表 4－1，经过分组计算得出。

从描述性统计来看，我们发现，幸福感高的地区经济发展水平不一定较高，为了更直观地体现两者的关系，图 4－2 描绘了我国各省级单位人均 GDP 与主观幸福感的关系。

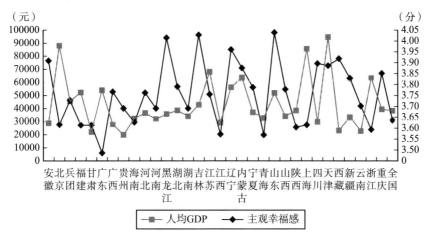

图 4－2　各省级单位人均 GDP 与主观幸福感关系

资料来源：根据表 4－7 绘制。

从经济发展水平与主观幸福感的关系来看，部分省份人均 GDP 相对较高，如北京、上海、广东、浙江等，但其主观幸福感相对较低，和经济发展水平不相协调；与之相反的是，部分地区经济水平相对较低，但主观幸福感却较高，如黑龙江、吉林、西藏等，还有部分地区表现出两者相协同的关系，如内蒙古、天津等。总的来看，经济发展水平与主观幸福感的关系存在不确定的现象。

为方便描述，按照国家统计局最新的划分标准，① 本节将我国 31 个省份和新疆生产建设兵团划分为 4 个区域，分别为东部、中部、西部和东北。兵团地区作为新疆地域的一部分，划分到西部地区。

其中东部地区包括：北京、天津、河北、上海、江苏、浙江、福建、山东、广东和海南；中部地区包括：山西、安徽、江西、河南、湖北和湖南；西部地区包括：内蒙古、广西、重庆、四川、贵州、云南、西藏、陕西、甘肃、青海、宁夏和新疆（兵团）；东北地区包括：辽宁、吉林和黑龙江。按照上述区域划分后，东部地区样本为 124954 人，比重达 78.8%；中部地区样本为 9714 人，比重为 6.1%；西部地区样本为 21627 人，比重为 13.6%；东北地区样本为 2262 人，比重为 1.4%。

本书第二章已将 31 个省份的主观幸福感进行了排名，发现最幸福的省份并不是我国最发达的地区，从合并后的区域幸福感来看（见表 4 - 8），也出现类似现象。东部地区作为我国最发达的区域，其流动人口幸福感均值为3.63 分，是幸福感最低的区域，而东部地区的人均 GDP 却高达 62913.28 元，远远高于其他地区，东北地区的幸福感得分最高，达到 4.00 分，该地区的人均 GDP 为 45240.73 元，在四个区域中排名第二，而中部和西部地区不论是幸福感得分还是人均 GDP，差异都不大。从描述性结果可以看出，经济发展水平与流动人口主观幸福感之间存在不确定关系。

---

① 按照国家统计局的解释，为科学反映我国不同区域的社会经济发展状况，为党中央、国务院制定区域发展政策提供依据，根据《中共中央　国务院关于促进中部地区崛起的若干意见》《国务院发布关于西部大开发若干政策措施的通知》以及党的十六大报告的精神，现将我国的经济区域划分为东部、中部、西部和东北四大地区。

表 4 - 8 东部、中部、西部和东北地区人均 GDP、
幸福感与基尼系数描述性统计

区域	样本频数	主观幸福感均值（分）	标准误	人均 GDP （元）	基尼系数
东部	124954	3. 63	0. 722	62913. 28	0. 3157
中部	9714	3. 77	0. 707	32564. 53	0. 3379
西部	21627	3. 81	0. 713	32524. 35	0. 3675
东北	2262	4. 00	0. 696	45240. 73	0. 3180

注：①此处指流动人口收入的基尼系数，Stata 软件 inequal 包可以方便地计算出基尼系数。
资料来源：根据表 4 - 7 数据分组汇总计算得出。

从基尼系数来看，东部地区和东北地区流动人口收入差距是最小的，基尼系数分别为 0.3157 和 0.3180，而西部地区基尼系数最高，达到 0.3675。总体而言，流动人口在各地区的收入差距都属于比较合理的范围，按照国际一般准则，基尼系数大于 0.4 表示收入差距较大，大于 0.6 时表明收入差距很大，中国居民的基尼系数为 0.474，属于收入差距比较大的范围，而全国流动人口的基尼系数仅为 0.3368，低于收入差距的警戒线，表明流动人口的收入差距并不大，但这并不意味着完善的制度或者合理的政策导致了收入分配的相对合理，更可能的原因是流动人口的收入还处于较低的水平，所以导致收入差距较小。从基尼系数和主观幸福感的关系来看，东部地区和东北地区基尼系数较低，但主观幸福感却是东部最低，东北部最高，而中部和西部地区基尼系数较高，主观幸福感处于中间水平，从现象来看，两者并没有较为确定的关系。

二、不同区域主观幸福感的计量分析

（一）变量选择与模型设定

为了分析不同因素对东部、中部、西部、东北地区流动人口主观幸福感的不同影响，下面将分别对四个地区做分组有序回归模型，在变量选择上，因变量为主观幸福感，解释变量包含经济因素中的绝对收入、相对收入、非

经济因素中的个人特征、工作因素、娱乐活动等变量。模型的形式与前文一致，此处不再赘述。

（二）估计结果与分析

东部、中部、西部以及东北地区幸福感的有序回归结果如表 4-9 所示，可以看出，不同因素对于流动人口的主观幸福感存在着地区差异。

表 4-9　　　东部、中部、西部以及东北地区幸福感的有序回归结果

变量	东部地区	中部地区	西部地区	东北地区
	系数	系数	系数	系数
性别	-0.13302 ***	-0.06957 **	-0.10653 ***	-0.09599 **
户口	0.015284	0.013083	0.055069 **	-0.00998
婚姻	0.469434 ***	0.408912 ***	0.359615 ***	0.375054 ***
年龄	0.013106 *	0.021421 *	-0.02306 ***	-0.00274
年龄平方	-3.7E-05	-0.00028	0.000316 ***	1.98E-05
初中	0.015625	0.022864	-0.12504 ***	-0.04029
高中及中专	0.066027 **	0.117298 **	-0.10535 ***	0.065479
大专及以上	0.194737 ***	-0.00759	-0.05805	0.265737 ***
绝对收入	0.00012 ***	0.000363 ***	0.000586 ***	0.000725 **
就业状况	-0.22459 **	-0.1783	-0.29372 ***	-0.01584
就业身份	0.209767 ***	0.121388 ***	0.172277 ***	0.076621
参加文体活动	0.398909 ***	0.46722 ***	0.501809 ***	0.43443 ***
主观幸福感阈值 1	-5.33631	-5.80992	-6.76515	-7.00674
主观幸福感阈值 2	-3.08152	-3.59152	-4.68258	-4.80379
主观幸福感阈值 3	0.451832	0.233686	-0.89142	-0.85368
主观幸福感阈值 4	2.750985	2.574276	1.500194	1.635135
Chi^2	2291.37 ***	536.67 ***	978.06 ***	244.69 ***
拟 R^2	0.0173	0.0126	0.0112	0.0123
样本量	61361	20046	41260	9618

注：性别（女）、户口（农业）、婚姻变量（独身）、受教育程度（小学及以下）、就业状况（非就业）、就业身份（非雇主）、参加文体活动（不参加）为虚拟变量，括号内为其参照类别。
*、**、*** 分别表示在 10%、5%、1% 显著性水平下显著。
资料来源：同表 4-1，采用 Stata 软件计算得出。

从有序回归模型回归结果可以看出，各区域流动人口的幸福潜变量临界值有明显差异，① 东部地区四个临界值均高于其他地区，表明东部地区居民对幸福的期望较高。我们以临界值 4 为例来说明，东部地区很幸福的临界值为 2.751，即当幸福潜变量的值大于 2.751 的时候，东部地区流动人口才会觉得自己很幸福，而中部地区这一临界值为 2.574，略低于东部地区，但是值得注意的是，西部地区和东北地区很幸福的临界值仅为 1.500 和 1.635，表明即便是在收入等因素都劣于东部地区的情况下，主观幸福感依然可能高于东部。总的来看，东部和中部地区主观幸福感潜变量的临界值相近，而西部地区和东北地区相近。

具体来看各个解释变量对主观幸福感的影响，发现无论在哪个地区，女性认为自己更幸福的可能性都比男性高，这种性别差异在东部地区和西部地区更加明显。

从户口性质来看，除西部地区外，其他地区城乡户口差异对主观幸福感无显著影响。从婚姻状况来看，已婚群体比独身群体更幸福再次得到印证，且这种关系适合于各地区。从年龄来看，东部和中部地区年龄与主观幸福感呈现不显著的倒"U"型关系，而西部地区两者呈现出显著的"U"型关系，东北地区年龄和主观幸福感没有表现出显著的关系；从受教育程度来看，各地区表现出明显的差异，在东部地区，随着受教育程度的提高，主观幸福感也提升，高中及大专以上学历群体的主观幸福感显著高于小学及以下群体；在中部地区，只有高中及中专学历的群体幸福感显著高于小学及以下群体，其他学历群体则表现出并不显著的关系；在西部地区，小学及以下群体是最幸福的，初中与高中学历的群体主观幸福感显著低于小学及以下，大专以上群体系数不显著；东北地区大专及以上群体最幸福，而高中或中专以及初中群体系数并不显著，整体上呈现出随受教育程度的提高主观幸福感提升的现象。总体而言，经济较为发达的区域（从人均 GDP 来看，东部和东北部最高）受教育程度相对而言对主观幸福感影响较大，受教育程度越高，幸福感越强，经济欠发达区域受教育程度对主观幸福感的影响不显著。

① 此处回归模型参数估计采用 Stata 软件计算，Stata 软件估计的次序回归，不论是 Logit 还是 Probit 模型都不明显地包含截距项，截距项已经合并到临界值中，这并不影响各地区的阈值比较。

从收入来看，表现出一定的地域差异，尽管绝对收入对各地区的影响均显著为正，但系数大小存在不同。在最发达的东部地区，绝对收入系数最小，而中部、西部和东北地区系数相对较大，表明绝对收入对于经济相对落后地区的影响大于经济发达地区，这也揭示了一种现象，越是富裕的地区，收入的影响相对越小，他们可能更看重其他非收入因素。

从就业状况来看，各地区均表现出就业群体更不幸福，东部和西部地区表现尤为显著，其原因前面已经解释，即未就业的群体都有合适的原因不参加工作，比如退休、在学等；从就业身份来看，除东北地区外，雇主比一般雇员更为幸福。

从参与文体活动来看，四个区域均表现出参加活动的群体更幸福。

总体来比较主观幸福感影响因素的区域差异，发现他们既有共性，也存在差异，在性别、婚姻、就业身份和参与文体活动方面，四个区域并无太大的差别，而在受教育程度、年龄和收入方面则表现出明显的差异。

第三节　基于代际差异的流动人口主观幸福感分析

根据 2017 年流动人口动态监测数据显示，新生代城镇户籍流动人口占所有城镇户籍流动人口的 47.8%，占所有新生代流动人口的 15.6%，新生代城镇户籍流动人口的平均年龄为 26 岁，男性占比 47.6%，女性占比 52.4%，已婚占 52.9%；受教育程度在高中及中专以上的占比 78.9%，远远高于新生代农村户籍流动人口的 33.6%，大专及以上的 47%，远远高于农村户籍流动人口的 6.4%，农村户籍的新生代流动人口大多数（60.1%）属于初中教育程度；75.5% 的新生代城镇户籍流动人口流入重点城市，[①] 他们的择业动机已经从谋生型过渡到发展型，从事技术型职业的比例约占 40%，而新生代农村户籍流动人口的择业主要注重谋生，从事体力劳动工作的比例高达 85%。

---

① 重点城市包括直辖市、省会城市以及计划单列市。

一、基于流动人口动态监测数据的代际分析

众多研究表明，除了收入、工作等因素外，个人特征因素是影响主观幸福感的重要因素，其中，年龄对主观幸福感的影响成为学者们考虑较多的一个因素，根据已有研究显示，年龄与主观幸福感呈现出一种"U"型曲线关系，在本书第三章个体特征对主观幸福感的影响研究中，已经证实了年龄与主观幸福感之间的"U"型关系对于流动人口也适用。然而，仅得出两者之间的"U"型关系还远远不够，要进一步揭示出由于不同年龄所导致的幸福感差异，还需深入的研究。正如布兰奇弗劳尔等（Blanchflower & Oswald，2008）指出的那样，如果试图仅仅用"U"型关系去概括两者之间的关系，将导致我们的研究存在较大的缺陷，其原因在于这样的研究方式往往是事先确定了两者之间的参数关系，然后进行验证。然而，不同年龄的群体由于出生年代的不同、生长环境的差异，这些因素也会间接地影响他们的主观幸福感，这表明不同年龄的流动人口之间存在着代际差异，这显然是"U"型关系难以揭示的问题，因此，本节将分析不同代群体之间幸福感的差异。

需要说明的是，代际的划分存在两种标准：第一种是家庭的代际，主要指父辈与子辈、孙辈等；第二种是社会意义上的代际，泛指新意识代替旧观念。不论是哪一种划分标准，都存在时间跨度的界定，即多少年的差异为代际。本书为了不失一般性，将设置两种代际标准进行分析，第一种时间跨度较短，按 5 年为一个代际分析；第二种时间跨度较长，分为两代，即新生代和老　代，新生代指 1980 年后出生的流动人口，老一代指 1980 年之前出生的流动人口。

（一）基于 5 年代际的流动人口主观幸福感分析

我们考虑设置三个模型来分析这个问题，这里共设置两个年龄变量，分别是实际年龄和分类年龄，实际年龄指的是被调查者的实际年龄，分类年龄按照每 5 年一组，分为 9 组。模型一直接做主观幸福感对实际年龄的回归，模型二是控制其他诸如工作、收入以及个人特征等变量，做主观幸福感

对实际年龄的回归，模型三控制相关变量后，采用主观幸福感对分类年龄变量进行回归。流动人口代际与主观幸福感回归结果如表4-10所示。

表4-10 流动人口代际与主观幸福感回归结果

解释变量	模型一	模型二	模型三
常数项	3.423 ***	3.385 ***	3.484 ***
年龄	0.095 ***	0.057 ***	—
分类年龄			
15~19岁（参照组）	—	—	—
20~24岁	—	—	-0.001
25~29岁	—	—	0.014 **
30~34岁	—	—	0.021 ***
35~39岁	—	—	0.044 ***
40~44岁	—	—	0.049 ***
45~49岁	—	—	0.042 ***
50~54岁	—	—	0.021 ***
55~59岁	—	—	0.016 ***
性别（女为参照）	—	-0.026 ***	-0.026 ***
婚姻（独身为参照）	—	0.084 ***	0.085 ***
受教育程度（小学及以下为参照）			
初中		-0.007 *	-0.008 *
高中及中专		-0.000	0.001
大专及以上		-0.012 ***	-0.013 ***
月收入	—	0.042 ***	0.042 ***
就业身份	—	0.035 ***	0.035 ***
R^2	0.009	0.022	0.022
F	1446.39 ***	383.09 ***	205.67 ***

注：*、**、*** 分别表示在10%、5%和1%显著性水平下显著。
资料来源：同表4-1，采用Stata软件计算得出。

从回归结果来看，模型一表明，在不控制其他变量的情况下，在 15 ~ 59 岁范围内，年龄对主观幸福感有显著的正影响，如果将群体划分为年轻一代（前五组 15 ~ 39 岁）和老年一代（后四组 40 ~ 59 岁），则老年一代相对更幸福。模型二表明，控制了相关变量后，年龄对主观幸福感依然存在显著的正影响，只是这种影响的程度小于模型一，表明控制了的变量削弱了年龄对主观幸福感的影响，但随着年龄的增长，幸福感提升的结论没有变化。模型三表明，将年龄进行分类后，总体来看，系数除 20 ~ 24 岁年龄段为负数且不显著外，其他系数均为正且显著，依然表现出随着年龄的增长，主观幸福感提升的现象，但值得注意的是，比较各年龄段系数的大小，发现 40 ~ 44 岁年龄段以下的系数逐渐增加，40 ~ 44 岁年龄段以上的系数逐渐减小，这表明在 40 ~ 44 岁以及附近年龄段流动人口的幸福感是最高的。究其原因，主要为本书样本并没有涉及整个生命周期的年龄，只是 15 ~ 59 岁的劳动年龄流动人口，这部分群体大多数都处于工作阶段。在工作周期内，40 ~ 44 岁年龄段以及附近年龄段的群体正值年富力强，事业有成期，他们早已度过了工作的适应期和磨合期，离衰退期为时尚早，正处于工作的巅峰时期，这个时期的他们正是收入、地位较高的阶段，主观幸福感较高便不难理解；15 ~ 24 岁，大多数处于工作的起步阶段，甚至没有工作，这个阶段的他们工作不稳定，容易犹豫、迷茫、焦虑不安，这些原因导致了他们的幸福感相对较低；而 50 岁以后，尤其对于流动人口中比例较大的打工群体，体力和能力的下降，势必会影响到工作和收入水平，使得他们的幸福感随着年龄的增长而下降。

（二）基于“新生代—老一代”代际的流动人口主观幸福感分析

中国流动人口动态监测报告显示，近几年新生代流动人口数量持续增长。2005 年全国 1% 人口抽样调查时，新生代流动人口占全国流动人口总量的 40.6% ；到 2020 年第七次全国人口普查时，新生代流动人口已经超过总流动人口的一半，总量超过 1.2 亿人。无疑，新生代流动人口将逐渐成为流动大军的主力，他们在流入地生活状况如何，他们是否比老一代生活更幸福，是值得关注的问题。下面将着重分析新老两代流动人口的主观幸福感

流动人口发展路径的统计分析：从提升主观幸福感到社会融入的转变

Statistical Analysis on the Development Path of Floating Population：From Promoting Subjective Well-being to Social Integration

比较。

1. 新老代际幸福感描述统计

新生代—老一代主观幸福感的描述统计如表4-11所示，可以看出，50.7%的流动人口属于新生代，老一代占49.3%。从幸福程度的分布来看，可以明显地发现新生代整体幸福水平低于老一代，新生代认为自己很不幸福、不幸福的比例均高于老一代，认为自己幸福和很幸福的比例均低于老一代。从整体均值亦可以发现，新生代流动人口主观幸福感均值为3.61，低于老一代的3.73。经过卡方检验，发现这种代际之间的幸福感差异是显著的。接下来将具体分析各种因素对新老两代流动人口主观幸福感的影响差异。

表4-11 　　　　　　　　新生代—老一代主观幸福感描述性统计

群体	频率（%）	很不幸福（%）	不幸福（%）	一般（%）	幸福（%）	很幸福（%）	幸福感	卡方统计量
新生代	50.7	0.3	2.4	44.3	42.1	11.0	3.61	1192.909 (0.000)
老一代	49.3	0.1	1.8	36.7	47.5	13.9	3.73	

资料来源：同表4-1，按年龄分组汇总得出。

2. 基于新老代际主观幸福感影响因素的实证分析

在变量选择与模型设置方面，采用上文的处理方式，此处不再重复说明。这里采用对新生代和老一代进行分组回归的方法进行分析，回归结果如表4-12所示。

表4-12 　　　　　　　　新老代际主观幸福感有序回归结果

解释变量	新生代		老一代	
	系数	Exp（B）	系数	Exp（B）
收入	2.734E（-5）***		2.832E（-5）***	
性别（女为参照）	-0.069***	0.933	-0.111***	0.895
婚姻状况（独身为参照）	0.438***	1.550	0.428***	1.534

续表

解释变量	新生代		老一代	
	系数	Exp（B）	系数	Exp（B）
受教育程度（小学及以下为参照）				
初中	0.093 ***	1.097	0.044 **	1.045
高中及中专	0.060 *	1.062	0.011	1.011
大专及以上	−0.014	0.986	−0.120 ***	0.887
就业身份（雇主为参照）	−0.252 ***	0.777	−0.208 ***	0.812
主观幸福感阈值 1	−6.212		−6.761	
主观幸福感阈值 2	−3.978		−4.130	
主观幸福感阈值 3	−0.475		−0.647	
主观幸福感阈值 4	1.774		1.652	
拟 R^2	0.019		0.008	
Chi^2	1335.902 ***		555.399 ***	

注：*、**、*** 分别表示在 10%、5% 和 1% 显著性水平下显著。
资料来源：同表 4 - 1，采用 Stata 软件计算得出。

从回归结果来看，个人收入对新生代和老一代的影响均为正影响，且高度显著，表明提高收入对提升新老两代人的幸福感均有积极作用；从就业身份来看，雇主更幸福的可能性更高，这一点对于两代人是一致的，但在幸福的概率上存在差异，对于老一代，就业职位为雇员的流动人口更幸福的概率为雇主的81.2%，而对于新生代，该概率为77.7%。从个人特征因素来看，不论是新生代还是老一代，均表现出女性感觉自己幸福的概率更高，性别因素导致新生代幸福感的差异略小于老一代，表明随着新老不断交替，性别对于主观幸福感的影响在不断减小。从婚姻状况来看，新老两代人都表现出已婚人群更幸福的概率更大。从受教育程度来看，新老两代流动人口既有共性，也存在着差异，定性上看，两代人都表现出初中学历群体幸福的概率最高，其次是高中及中专，而大专及以上学历幸福感最低，定量上看，新生代初中学历更幸福的概率是小学及以下学历的1.097倍，高中及中专学历更幸福的概率是小学及以下的1.062倍，而老一代的分别为1.045倍、1.011倍。值得注意的是，新生代大专及以上学历幸福感低于小学及以下群体，其

流动人口发展路径的统计分析：从提升主观幸福感到社会融入的转变

Statistical Analysis on the Development Path of Floating Population: From Promoting Subjective Well-being to Social Integration

幸福的概率为小学及以下的 98.6%，和老一代相比，最高学历与最低学历群体的幸福感差异在缩小，整体来看，学历对于新生代主观幸福感的影响变得逐渐重要。

由于流动人口动态监测调查问卷中并没有设计与健康有关的问题，而且年龄范围限制在 15～59 岁，致使我们有两个问题始终没有进行分析，一是无法从整个生命周期对年龄和主观幸福感的关系进行研究；二是年龄与健康有着紧密的联系，年龄对主观幸福感的影响是否通过健康因素所传导，我们无法给出回答。下面我们将采用 2017 年中国综合社会调查数据来回答这两个问题。

二、基于中国综合社会调查数据的代际分析

（一）数据说明

2017 年中国综合社会调查数据（CGSS）调查的年龄是 18 岁以上的群体，调查样本分为城市和农村两个部分，共计样本容量 12582 人，由于该数据不是针对流动人口进行的调查，故首先需要从中分离出流动人口样本，区分流动人口的方法是根据问卷中问题："您的户口所在地是在?"，回答选项为："1. 就在访问所在地、2. 非访问所在地，但在本市/区/县、3. 非本市/区/县，但在本省/直辖市/自治区、4. 在外省/直辖市/自治区"来获得。回答为 2、3、4 的被访问者为流动人口，流动人口样本量为 1203 人，其中，男性 530 人、占比为 44.1%，女性 673 人、占比为 55.9%，年龄最小的为 18 岁，最大的为 98 岁。

（二）描述性统计

对健康状况的获取来源于问卷中的问题："您的健康状况是?"回答为从 1 到 5 分别表示很不健康到很健康。从健康状况来看，认为自己很健康的比例为 29.5%、比较健康的为 39.2%、身体情况一般的为 23.2%、比较不健康的为 7.1%、很不健康的为 1%。总体来看，近 70% 的流动人口认为自己是健康的，表明流动人口身体状况整体比较好。

　　由于年龄范围的扩大，因而将代际的分类标准进行了调整，将实际年龄分为四类（代际），分别为 24 岁及以下、25～44 岁、45～59 岁、60 岁及以上，我们将四个年龄段分别称为"少""青""中""老"四代。从年龄分布来看，24 岁及以下（"少"代）的占比为 18.0%，25～44 岁（"青"代）的占比为 54.0%，45～59 岁（"中"代）的占比为 17.8%，60 岁及以上（"老"代）的占比为 10.1%，平均年龄 37.7 岁。[①] 从流动人口的年龄分布看，大部分属于中青年，45 岁以下的比例达到 72%，60 岁以下的比例达到 90%。

　　从代际和健康变量的关联（见图 4 - 3）可以明显看出，随着年龄的增长，健康状况是每况愈下。

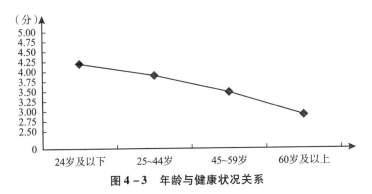

图 4 - 3　年龄与健康状况关系

资料来源：根据 2017 年中国综合社会调查数据分组绘制。

　　从婚姻状况来看，已婚或同居的占比为 74.4%，独身的占比为 25.6%；从受教育程度来看，小学及以下群体的占比为 26.2%，初中学历的占比为 38.7%，高中及中专学历的占比为 30.4%，大专及以上的占比为 4.8%，平均受教育年限为 10.2 年，表明流动人口的高等教育普及率还非常低，人多数处于中学文化程度，小学及以下的比例也超过 1/4，平均受教育年限仅比义务教育年限多一年。

　　中国综合社会调查数据中主观幸福感的衡量和流动人口动态监测问卷的方式一样，采用单个问题直接询问被调查者，问题为："整体来说，您觉得快乐吗？"回答为 1 到 5 分别代表很快乐到很不快乐，为了符合习惯，我们

---

　　① 因计算精度，存在一定误差。

流动人口发展路径的统计分析：从提升主观幸福感到社会融入的转变

Statistical Analysis on the Development Path of Floating Population: From Promoting Subjective Well-being to Social Integration

将回答进行反向赋值，即赋值越高代表越快乐。从结果来看，样本的平均主观幸福感为 3.79 分，表明流动人口整体上是比较幸福的，和前文的结论一致。

（三）实证分析

本节将回答上一节遗留下来的两个问题，首先，从整个年龄段来看不同代际的主观幸福感（见图 4 - 4），从不同代际与主观幸福感均值的折线可以清晰地看出代际和主观幸福感的"U"型关系；其次，我们通过控制健康因素的分层来看不同代际和主观幸福感的关系（见表 4 - 13），可以看出，除比较不健康层内，45 ~ 59 岁群体的幸福感均值稍高于 25 ~ 44 岁群体外，其余各层 45 ~ 59 岁群体的主观幸福感都是最低的，而 60 岁及以上群体的主观幸福感在各层内几乎都是最高的，表明控制了健康因素后，年龄对主观幸福感的"U"型关系依然存在。

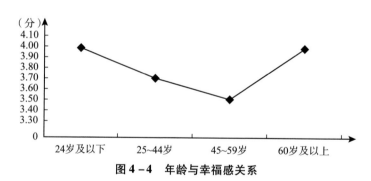

图 4 - 4　年龄与幸福感关系

资料来源：同图 4 - 3。

表 4 - 13　　　　　　　健康状况、年龄与主观幸福感的分层统计

健康状况	分类年龄	幸福感均值	频数	标准误差
很不健康[①]	25 ~ 44 岁	3.50	4	1.29
	45 ~ 59 岁	2.60	5	1.34
	60 岁及以上	3.67	3	0.58
	合计	3.17	12	1.19

健康状况	分类年龄	幸福感均值	频数	标准误差
比较不健康	24 岁以下	3.75	4	0.96
	25 ~ 44 岁	3.16	31	1.10
	45 ~ 59 岁	3.28	18	1.13
	60 岁及以上	4.03	33	1.02
	合计	3.55	86	1.12
一般	24 岁以下	3.79	28	0.92
	25 ~ 44 岁	3.59	137	0.94
	45 ~ 59 岁	3.41	70	0.97
	60 岁及以上	3.77	44	0.77
	合计	3.59	279	0.93
比较健康	24 岁以下	4.07	92	0.80
	25 ~ 44 岁	3.67	266	0.83
	45 ~ 59 岁	3.66	80	0.87
	60 岁及以上	4.21	33	0.89
	合计	3.79	471	0.85
很健康	24 岁以下	4.01	93	0.84
	25 ~ 44 岁	4.03	212	0.99
	45 ~ 59 岁	3.93	41	1.10
	60 岁及以上	4.33	9	0.50
	合计	4.02	355	0.96
合计	24 岁以下	4.00	217	0.83
	25 ~ 44 岁	3.75	650	0.95
	45 ~ 59 岁	3.57	214	1.01
	60 岁及以上	4.00	122	0.87
	合计	3.79	1203	0.94

注：①本层内没有 24 岁及以下群体的数值，原因是 24 岁及以下的样本中没有认为自己是很不健康的。

资料来源：同图 4-3，经过分组汇总得出。

下面将通过计量的方法具体分析在整个生命周期内，代际与主观幸福感的关系以及健康因素在其中的效应。分析的方法和前面流动人口动态监测调查数据类似，设置年龄、代际、性别、健康状况、婚姻状况、受教育程度、就业单位等变量。

这里我们依然做三个模型进行比较：模型一，不控制其他变量，直接做主观幸福感对实际年龄的回归；模型二，控制包括健康在内的其他变量，做主观幸福感对实际年龄的回归；模型三，控制其他变量，做主观幸福感对代际的回归。回归结果如表 4 – 14 所示。

表 4 – 14　　　　　　　　　　　代际与主观幸福感的回归结果

变量	模型一	模型二	模型三
实际年龄	– 0.05 *	0.007	
代际（以"少"代为参照组）			
"青"代	—	—	– 0.170 ***
"中"代	—	—	– 0.176 ***
"老"代	—	—	0.023 *
性别（女为参照组）	—	– 0.049	– 0.049
健康状况（不健康为参照组）			
一般	—	0.008	0.041
健康	—	0.153 ***	0.188 ***
婚姻状况（已婚为参照）		– 0.007	– 0.068 *
受教育程度（小学及以下为参照组）			
初中	—	– 0.030	– 0.018
高中及中专	—	0.046	0.044
大专及以上	—	0.029	0.038
月收入		0.003	0.018
就业单位（其他为参照组）			
党政机关	—	0.079 **	0.075 **
R^2	0.003	0.032	0.061
F	3.065 *	3.157 ***	5.098 ***

注：*、**、*** 分别表示在 10%、5% 和 1% 显著性水平下显著。
资料来源：同图 4 – 3，运用 Stata 软件计算得出。

　　从回归结果来看，模型一不控制其他变量时，年龄的系数为负，且在10%显著性水平下显著，表明整体上，年龄对主观幸福感是负影响；然而，模型二在控制其他变量后，系数变为正，表明在收入、健康状况等其他条件相同的情况下，年龄对主观幸福感呈现正影响，然而这种影响并不是很显著；从模型三引入代际变量来看，呈现出与图4-4一致的结论，"青"代和"中"代的群体比"少"代群体的幸福感要低，而"老"代群体幸福感略高于"少"代群体，表明控制其他变量后，代际与主观幸福感呈现出"U"型关系。

　　综合来看，我们总结本章第二节留下的两个问题的答案，在整个年龄段内，代际（可以看作实际年龄的一种分组）与主观幸福感的"U"型关系成立，只是中国综合社会调查数据和流动人口动态监测数据所得到的"U"型底部有些差异，健康和年龄呈现出明显的负相关关系，控制健康等变量后，实际年龄整体上与幸福感呈现并不显著正相关关系，而代际变量更好地揭示了两者之间的"U"型关系。

流动人口与非流动人口幸福感的差异研究

　　流动人口的规模已经非常庞大，随着城镇化的进一步深入，流动人口数量将会持续增加，流动人口来到新的城市的动机已经悄然发生变化，起初他们更多的是为了更高的收入而流动，而现在，他们有了更高的要求，不仅为了更好的福利，而是长期融入流入地，最终的目标是成为流入地的"新市民"。那么目前，流动人口和当地居民是否同样的幸福，影响流动人口与当地居民幸福感的因素是否相同，对这些问题的探讨对于加快流动人口更好地融入当地，最终实现"人"的城镇化具有重要意义。

第一节　基于总样本的幸福感差异研究

一、数据来源与描述性统计

　　流动人口动态监测调查数据样本全部为流动人口，无法进行比较。为了比较流动人口和非流动人口的主观幸福感差异，本章采用的数据来源于中国综合社会调查（CGSS），该调查数据是由中国人民大学社会学系和香港科技大学调查研究中心共同组织的，在中国大规模进行随机抽样调查而得到的综合性数据。本书采用 2017 年的调查数据，样本容量为 6000 人，[①] 其中，城

---

① CGSS 公布的数据为 6000 人，但在计算部分变量时缺失 1 人数据，因而实际样本为 5999 人。

市样本 3982 人，农村样本 2018 人；男性 2892 人、占比为 48.2%，女性 3108 人、占比为 51.8%；受教育程度占比较大的是初中和小学，分别为 29.3% 和 24.2%，之后是普通高中，占比达到 14.3%，没有受过教育的占比为 8.1%，其他受教育程度的比例都相对较小，平均受教育年限为 9.4 年；样本中年龄最小的为 18 岁，年龄最大的为 98 岁，平均年龄 43.2 岁，大部分调查样本为中青年，60 岁以下的占比为 85.2%，如果按每 5 岁一段进行分组，60 岁以下各段年龄分布比较均匀，所占比重都在 10% 左右，其中，24 岁以下的占比为 10.2%，25~29 岁的占比为 9%，30~34 岁的占比为 10.2%，35~39 岁的占比为 13.5%，40~44 岁的占比为 12.5%，45~49 岁的占比为 10.6%，50~54 岁的占比为 10.5%，55~59 岁的占比为 8.7%。

在 CGSS 调查数据中，区别流动人口和普通人口的问卷设计是："您的户口所在地是?"，回答选项为："1. 就在访问所在地，2. 非访问所在地、但在本区/县，3. 非本区县、但在本省/直辖市/自治区，4. 在外省/直辖市/自治区"。被调查者如果选择 1. 就在访问所在地，则表示他/她为本地人口，如果选择其他三个选项，则为流动人口。本问题选项中的 2、3、4 答案分别与流动人口动态监测数据中流动范围调查选项中的市内跨县、省级单位内跨市和跨省级单位流动对应。

根据样本调查结果显示，本地户口的样本为 4796 人，占比为 79.9%；市内跨县流动人口为 513 人，占比为 8.6%；省级单位内跨市流动人口为 397 人，占比为 6.6%；跨省级单位流动人口为 293 人，占比为 4.9%。

关于主观幸福感的衡量，CGSS 问卷设计问题为"整体来说，您觉得您快不快乐?"，① 回答选项为"1. 很快乐、2. 还算快乐、3. 普通、4. 不太快乐、5. 很不快乐"。从流动人口与非流动人口主观幸福感的分布情况来看（见表 5-1），感觉自己很幸福比例最高的是市内跨县和跨省/直辖市/自治区的流动人口，其比重分别达到 25% 和 24.9%，最低的是省级单位内跨市的流动人口，比重为 19.1%，感觉自己还算幸福比例最高的是省级单位内跨市的流动人口，比重达到 47.1%，其他群体该比例在 42% 左右。整体来

---

① 关于主观幸福感的衡量，不同问卷设计措辞有差异，常用的措辞有"主观幸福感""幸福感""满意度""快乐"等，本书认为上述说法是近义词，故不加以区别。

流动人口发展路径的统计分析：从提升主观幸福感到社会融入的转变

Statistical Analysis on the Development Path of Floating Population: From Promoting Subjective Well-being to Social Integration

看，感觉自己幸福比例最高的群体是市内跨县流动人口，比重达 67.5%，最低的为当地人口，比重为 63.2%，而感觉自己不太幸福和很不幸福比重最高的群体均为当地人口，其不幸福的比重达 12.2%，高于其他各类流动人口。为了整体比较流动人口与当地人口的幸福感差异，将三类流动人口合并为流动人口一类，可以看出，流动人口的幸福比例为 67%，比当地人口高 3.8 个百分点，而流动人口不幸福的比例为 9.4%，低于当地人口 2.8 个百分点。从简单的描述性统计可以得出，当地人口的主观幸福感并不高于流动人口。流动人口作为弱势群体，并不像预期的结论，幸福感会显著低于当地人。本章将对这一现象进行分析和解释。

表 5-1　　　　　　　流动人口与非流动人口主观幸福感分布

群体	主观幸福感（%）							卡方统计量
	很幸福	还算幸福	幸福	普通	不太幸福	很不幸福	不幸福	
当地人口	20.5	42.7	63.2	24.7	9.7	2.5	12.2	18.745 (0.095)
市内跨县流动人口	25.0	42.5	67.5	21.6	8.6	2.3	10.9	
省级单位内跨市流动人口	19.1	47.1	66.2	25.2	7.3	1.3	8.6	
跨省/自治区/直辖市流动人口	24.9	42.3	67.2	24.6	6.8	1.4	8.2	
流动人口合计	23.0	44.0	67	23.5	7.7	1.7	9.4	

资料来源：根据 2017 年中国综合社会调查数据汇总得出。

调查数据中主观幸福感赋值的分值越低（1 代表很幸福）表示幸福感越高，这不符合认识习惯，因而本书将其反向赋值，1 代表很不幸福，5 代表很幸福（赋值越高，代表幸福感越高），从不同群体幸福感均值可以看出（见表 5-2），跨省/直辖市/自治区流动人口的幸福感最高，为 3.826，最低的为当地人口，为 3.692，当地人口的主观幸福感低于三类流动人口。

表 5-2　　　　　　　流动人口与非流动人口幸福感均值

群体	主观幸福感均值
当地人口	3.692
市内跨县流动人口	3.791

续表

群体	主观幸福感均值
省级单位内跨市流动人口	3.756
跨省/自治区/直辖市流动人口	3.826
流动人口合计	3.788

资料来源：根据 2017 年中国综合社会调查数据计算得出。

二、变量选择及说明

（一）变量选择

被解释变量为主观幸福感，关于解释变量的确定，参考已有的文献进行选择，通过几十年的研究，学者们已经找到一些被公认为对主观幸福感有显著影响的变量，研究认为诸如性别、年龄、婚姻状况、受教育程度、健康状况、收入、工作、家庭、人际关系、社会保障等是解释主观幸福感的重要变量。本节对上述各种变量进行总结，结合数据的可得性和有效性，认为影响主观幸福感的解释变量可以分为两类因素：一是经济因素，包括个人绝对收入（包含职业收入和职业外收入）、相对收入、家庭总收入、家庭平均支出、家庭经济状况、住房情况；二是非经济因素，包含个人特征因素（性别、年龄、婚姻状况、健康状况、受教育程度、政治面貌、户口性质）；社会地位、政治权利、工作情况、人际交往情况。变量的具体选择和说明如表 5 – 3 所示。

表 5 – 3　　　　　　　　　变量选择与说明

变量		变量说明
非经济因素	性别	男性 = 1，女性 = 0
	年龄	按实际年龄赋值
	年龄平方	按年龄平方后赋值
	婚姻状况	独身 = 1，其他 = 0[①]

流动人口发展路径的统计分析：从提升主观幸福感到社会融入的转变

Statistical Analysis on the Development Path of Floating Population: From Promoting Subjective Well-being to Social Integration

续表

变量		变量说明
非经济因素	健康状况	很不健康和比较不健康合并为不健康；一般、很健康和比较健康合并为健康；将健康作为参照组
	受教育程度	将大专及以上作为参照组
	受教育年限	按实际受教育年限赋值
	政治面貌	将群众设为参照组，设置共产党员、民主党派、共青团员三个虚拟变量
	户口性质	农村户口 = 0，其他 = 1
	工作情况	工作类型分为非务农工作、务农工作、无工作三类，无工作为参照组；工作强度，以每周平均工作小时数赋值
	家庭人口数量	居住在一起的家人个数，分为自己独住、一个、两个、三个、四个及以上五类，将和四个家人及以上作为参照组
	社会阶级	个人现在所属的社会层次和 10 年前的社会层次，从 1 到 10 赋值，分别代表最顶层到最底层
	政治权利	是否是工会会员、是否参加最近一次人民代表大会代表选举/村民选举，是 = 1，否 = 0
	人际交往	逢年过节和朋友交流，有交流 = 1，无交流 = 0
经济因素	个人绝对收入	按上年个人职业收入加上职业外收入实际值赋值
	个人相对收入	按照个人对自己收入的评级赋值，下层阶层到上层阶层共 6 个类别，将上层阶层设为参照组
	家庭经济地位	家庭所处的经济地位，从远低于当地平均水平到远高于当地平均水平分别赋值 1 到 5，将远高于当地平均水平作为参照组
	住房情况	有住房产权 = 1，无产权 = 0；住房面积按实际建筑面积赋值

注：①问卷中婚姻状况分为 1. 未婚，2. 同居，3. 初婚有配偶，4. 再婚有配偶，5. 分居未离婚，6. 离婚，7. 丧偶，此处将未婚、分居未离婚、离婚和丧偶合并为独身，剩余分类归于其他类。从各类的分布来看，初婚有配偶的比重达到 81.1%，其次是未婚，比例为 11.4%，其余类别比例都较小。

资料来源：同表 5 - 1。

（二）群体特征描述

从政治面貌的分布情况来看，共产党员的比例为 11.3%，民主党派比例为 0.1%，共青团员比例为 6.8%，群众所占比例达 81.8%。流动人口中共产党员的比例为 8.6%，当地居民共产党员的比例为 12.0%。

　　问卷调查将户口性质分为直辖市城区户口、省会城市城区户口、地级市城区户口、县级市城区户口、集镇或粮户、农村户口、军籍和其他。从各类户口分布来看，农村户口比例占43.1%，各类城区户口分别占比为7.6%、11.6%、19.5%和12.3%，累计城区户口50.9%，集镇或粮户所占比重5.8%，军籍和其他累计0.1%，这里我们将农村户口作为一类，其他所有类别作为另一类记为其他类。流动人口农村户口的比例明显高于本地居民，流动人口中农村户口的比例为52.1%，本地居民农村户口比重为40.8%。

　　问卷中将个人收入分为上年个人职业收入和上年个人职业外收入（见表5-4），个人职业收入均值为14313.23元。从职业收入的分布情况来看，1000元以下的占7.9%，1000~5000元之间的比例为17.7%，5000~10000元的比例为14.7%，10000~50000元的比例为39.9%，50000~100000元的比例为2.8%，10万元以上的比例为0.9%；个人职业外收入的均值为3054.20元，从职业外收入分布来看，回答不适用/拒绝回答/不知道的比例达到57.9%，没有职业外收入的比重也高达30.6%，其他职业外收入所占比重都非常小；个人去年总收入均值为15599.72元，从具体分布来看，10000元以下的比例接近50%，10000~20000元的比例为25.9%，20000~30000元的比例为12.7%，30000~50000元的比例为7.5%，50000元以上的比例为4.9%。流动人口的平均年总收入为21321.17元，而本地居民的年均总收入为14216.13元，可见，流动人口在收入方面已经高于本地居民。

表5-4　　　　　　　　　　　个人收入分布　　　　　　　　　　单位：%

收入分布	个人上年职业收入		个人上年职业外收入		个人上年总收入	
	所占比例	累计百分比	所占比例	累计百分比	所占比例	累计百分比
<1000元	7.9	7.9	32.2	32.2	11.3	11.3
1000~2000元	5.7	13.6	1.8	34.0	5.2	16.5
2000~3000元	4.8	18.4	1.6	35.6	5.2	21.7
3000~5000元	7.2	25.6	1.3	36.9	8.7	30.4
5000~8000元	9.0	34.6	1.9	38.8	12.1	42.5
8000~10000元	5.7	40.3	0.4	39.2	6.5	49.0

流动人口发展路径的统计分析：从提升主观幸福感到社会融入的转变

Statistical Analysis on the Development Path of Floating Population：From Promoting Subjective Well-being to Social Integration

续表

收入分布	个人上年职业收入		个人上年职业外收入		个人上年总收入	
	所占比例	累计百分比	所占比例	累计百分比	所占比例	累计百分比
10000～15000 元	15.5	55.8	1.4	40.6	17.1	66.1
15000～20000 元	7.0	62.8	0.3	40.9	8.8	74.9
20000～30000 元	10.7	73.5	0.7	41.6	12.7	87.6
30000～50000 元	6.7	80.2	0.2	41.8	7.5	95.1
50000～100000 元	2.8	83	0.2	42.0	3.7	98.8
≥10 万元	0.9	83.9	0.1	42.1	1.2	100
不适用/拒绝回答	16.1	100	57.9	100	0	100
均值（元）	14313.23		3054.20		15599.72	

资料来源：根据 2017 年中国综合社会调查数据分组汇总得出。

衡量个人相对收入来源于问卷中的问题"大多人认为自己属于某一种阶层，结合您的收入，请说说您属于哪一个阶层？"回答选项为："1. 下层阶层、2. 工人阶层、3. 中下阶层、4. 中间阶层、5. 中上阶层、6. 上层阶层"。从样本分布情况来看，认为自己属于下层阶层、工人阶层、中下阶层和中间阶层的比例分别占 23.8%、22.3%、21.6% 和 29.9%，累计占比97.6%，认为自己属于中上阶层和上层阶层的合计仅占 2.4%。流动人口认为自己属于中上阶层和上层阶层的比例为 1.8%，低于当地居民 0.8 个百分点，流动人口认为自己属于中下阶层及以下阶层的比例高于当地居民 3.7 个百分点。

家庭经济状况的衡量由问卷中的问题"您家的经济水平在当地属于哪一档？"，回答选项为"1. 远低于平均水平、2. 低于平均水平、3. 平均水平、4. 高于平均水平、5. 远高于平均水平"。从回答来看，认为自己家庭经济水平远低于当地平均水平的比例为 9.8%，低于平均水平的比例为34.3%，即有 44.1% 的被调查者认为自己家庭经济状况低于平均水平，有50.6% 的被调查者认为自己家庭经济水平处于当地平均水平，仅有 5.3% 的家庭认为高于当地平均水平，其中，仅 0.2% 的家庭认为自己家庭经济水平是远高于当地平均水平。流动人口和本地居民在评价家庭经济水平上的差异不大。

我们选择人均住房建筑面积作为衡量住房情况的一个变量，该变量采用如下公式计算：人均住房面积＝家庭住房建筑面积/家庭总人口数。从计算结果来看，人均住房面积最小值为 2.5 平方米，最大值为 1220 平方米，平均人均住房面积为 38.85 平方米。人均住房面积在 20 平方米以下的家庭占比为 28.2%，流动人口比例为 38.3%，当地居民比例为 25.7%；20~30 平方米的占比为 26.3%，流动人口比例为 26.5%，本地居民比例为 26.2%；30~40 平方米的占比为 17.1%，流动人口比例为 14.0%，本地居民比例为 17.9%；40~50 平方米的占比为 9.7%，流动人口比例为 7.4%，本地居民比例为 10.3%；50~70 平方米的占比为 8.3%，流动人口比例为 6.7%，本地居民比例为 8.7%；70 平方米以上的占比为 10.4%，流动人口比例为 7.1%，本地居民比例为 11.2%。从人均住房面积来看，流动人口明显少于当地居民。另一个衡量住房情况重要的变量为产权，问卷中将住房产权情况分为 9 类，本书将其中自有购房、已购房（全部产权）和已购房（部分产权）合并为"有产权"一类，其他诸如租住单位房、租住公房、租住私房等归为"无产权"一类，从分布情况来看，有产权的占比达到 81%，无产权的仅占 19%。当地居民拥有住房产权的比例为 90.1%，而流动人口拥有住房产权的比例仅为 44.9%，大多数流动人口是租房或者住亲朋好友家。

工作情况分为三类：非务农工作、务农工作和无工作。从分布来看，现在工作为非务农工作的占比为 41.6%，务农工作的占比为 24.2%，无工作的占比为 34.2%。流动人口非务农的比重达 59.4%，务农的仅占 4.2%，而本地居民非务农的占比为 37.2%，务农的占比为 29.2%。工作强度按照平均每周工作小时数计算，每周工作 40 小时（包含）以下的占比为 31.7%，其中，刚好工作 40 小时的占比为 21.1%，每周工作 48 小时以下的占比为 49.1%，每周工作 56 小时以下的占比为 71.7%。可以看出，按国家规定劳动时间每周工作 40 小时（每天工作 8 小时，每周工作 5 天）标准工作的劳动者并不多，将近 80% 的劳动者都需要加班。

从居住在一起的家人个数来看，一个人独居的占比为 7.3%，有一个家人和自己一起居住的占比为 24.7%，有 2 个家人一起居住的占比为 34.1%，

流动人口发展路径的统计分析：从提升主观幸福感到社会融入的转变

Statistical Analysis on the Development Path of Floating Population：From Promoting Subjective Well-being to Social Integration

有 3 个家人一起居住的占比为 17%，有 4 个及以上家人一起居住的占比为 16.9%。流动人口独居的比例为 16.7%，而本地居民该比例仅为 4.9%。

衡量社会阶层的问卷问题是"我们生活的社会里，有些群体属于社会的顶层，有些群体属于社会的底层，如果 1 分代表最顶层，10 分代表最底层，那么您认为自己属于哪一层？"。从回答情况可以看出，仅有 4.4% 的本地人口认为自己是属于比较顶层的（回答 1 ~ 3），而流动人口这一比例为 4.1%；66.3% 的本地人认为自己处于中间层次（回答 4 ~ 7），流动人口则为 67.7%；认为自己属于比较底层（回答 8 ~ 10）的本地人口比例为 29.3%，而流动人口为 29.1%，从分布情况看，流动人口和本地人口差异并不大。

衡量个人政治权利，我们选用的变量为是否是工会会员和是否参加最近一次的人民代表大会代表选举/村民选举。从是否是工会会员可以看出，17.7% 的本地人口是工会会员，而流动人口中是工会会员的比例为 14.5%。从是否参加人民代表大会代表选举或者村民选举结果来看，有 38.7% 的本地人口参加了选举，而流动人口这一比例仅为 17.6%。流动人口没有享受到和本地居民同等的待遇。

人际交往中，我们选择逢年过节除了和亲属拜年问候外，还看是否和朋友交流问候。从结果来看，有交流的比例为 70.2%，无交流的比例为 29.8%。流动人口和朋友交流的比例为 75.4%，而当地居民为 68.9%。表明流动人口在当地融入得比较好，大多数人都会和朋友来往交流。

三、模型设定与估计

（一）模型设定

由于主观幸福感为有序因变量，故采用有序模型进行回归分析。为了比较流动人口与非流动人口的影响因素差异，这里做三个模型进行比较：模型一是本地居民主观幸福感的影响因素模型；模型二是流动人口主观幸福感的影响因素模型；模型三是不区分两类人口的综合模型。模型的具体形式如式（5.1）和式（5.2）所示。

$$SWB = \alpha pop + \beta ecno + \gamma work + \lambda comm + \delta lev + \rho right + \mu \qquad (5.1)$$

式（5.1）为模型一和模型二的形式，分别对应本地居民和流动人口的回归方程，其中，*pop* 表示人口特征变量，*ecno* 表示经济因素变量，*work* 表示工作情况变量，*comm* 表示人际关系变量，*lev* 表示社会地位变量，*right* 表示政治权利变量，具体的变量前面已叙述。

$$SWB = \alpha pop + \beta ecno + \gamma work + \lambda comm + \delta lev + \rho right + \sigma natu + \mu \quad (5.2)$$

在式（5.2）中，*natu* 为人口性质变量，即流动人口和本地人口虚拟变量，其他变量与式（5.1）相同。

（二）模型估计结果

流动人口与本地人口分组回归结果如表 5－5 所示。

表 5－5　　　　　　　　流动人口与本地人口分组回归结果

变量因素	变量	模型一		模型二		模型三	
		估计	p 值	估计值	p 值	估计值	p 值
阈值	很不幸福	－7.09	0.00	－25.97	0.00	－7.60	0.00
	不幸福	－5.16	0.00	－24.26	0.00	－5.71	0.00
	一般	－3.46	0.01	－22.41	0.00	－3.99	0.00
	比较幸福	－1.27	0.35	－20.43	0.00	－1.85	0.17
性别	男（女）	－0.11	0.09	0.03	0.80	－0.09	0.14
年龄	实际年龄	－0.099	0.00	－0.098	0.00	－0.099	0.00
年龄平方	实际年龄平方	0.001	0.00	0.001	0.00	0.001	0.00
城乡	城市（农村）	0.30	0.00	0.05	0.84	－0.22	0.01
人口性质	本地居民（流动）	—	—	—	—	－0.22	0.01
健康状况	不健康（健康）	－0.76	0.00	－0.40	0.12	－0.72	0.00
	一般	－0.52	0.00	－0.44	0.01	－0.50	0.00
婚姻状况	已婚（未婚）	0.31	0.01	0.07	0.72	0.24	0.01
受教育程度	小学及以下（大专及以上）	－0.56	0.00	－0.41	0.24	－0.48	0.00
	初中	－0.33	0.08	－0.34	0.29	－0.29	0.07
	高中及中专	－0.35	0.05	－0.27	0.40	－0.31	0.05

续表

变量因素	变量	模型一		模型二		模型三	
		估计	p 值	估计值	p 值	估计值	p 值
政治面貌	共产党员（群众）	0.08	0.46	0.09	0.72	0.09	0.36
	民主党派	—	—	0.52	0.78	0.63	0.74
	共青团员	0.22	0.25	0.56	0.04	0.35	0.02
绝对收入	个人年总收入	0.00	1.00	0.00	0.00	0.00	0.44
相对收入	下层阶层（上层阶层）	-2.08	0.07	-0.33	0.56	-2.01	0.08
	工人阶层	-2.04	0.07	-0.30	0.59	-1.96	0.08
	中下阶层	-2.12	0.06	-0.46	0.41	-2.06	0.07
	中间阶层	-1.77	0.12	-0.26	0.64	-1.73	0.13
	中上阶层	-1.45	0.21	0^{a}	—	-1.40	0.22
家庭经济状况	远低于平均水平（远高于平均水平）	-0.45	0.61	-21.33	0.00	-0.95	0.25
	低于平均水平	0.15	0.86	-20.33	0.00	-0.27	0.74
	平均水平	0.62	0.48	-19.97	0.00	0.16	0.84
	高于平均水平	0.90	0.32	-19.58	0.00	0.43	0.60
住房情况	人均住房面积	0.00	0.10	0.01	0.03	0.00	0.03
	住房无产权（有产权）	-0.21	0.06	-0.06	0.73	-0.14	0.13
	独住（和四个以上人住）	-0.17	0.35	-0.56	0.08	-0.19	0.22
	和一个人住	0.11	0.28	-0.22	0.37	0.06	0.53
	和两个人住	0.07	0.42	-0.31	0.18	0.01	0.95
	和三个人住	-0.07	0.48	-0.36	0.15	-0.12	0.21
工作情况	非务农工作（无工作）	0.14	0.04	0.11	0.07	0.08	0.07
	务农工作	-0.28	0.01	-0.19	0.56	-0.26	0.01
	工作强度（周/小时）	-0.009	0.000	-0.006	0.082	-0.008	0.000
人际关系	和朋友无交流（有交流）	-0.24	0.00	-0.28	0.08	-0.25	0.00
社会地位	自己现在所处等级	-0.23	0.00	-0.20	0.00	-0.22	1.00
	10 年前所处等级	0.05	0.02	0.06	0.11	0.05	1.00

续表

变量因素	变量	模型一		模型二		模型三	
		估计	p 值	估计值	p 值	估计值	p 值
政治权利	是工会会员（否）	0.08	0.43	0[a]	1.00	0.05	0.58
	参加最近选举（否）	0.11	0.09	0.09	0.63	0.09	0.13
模型检验	拟 R^2	0.209		0.130		0.190	
	Chi^2	846.102	0.000	113.537	0.000	934.935	0.000

注：括号内为参照组，联接函数：Logit。
资料来源：同表 5 - 1，运用 Stata 软件计算得出。

从模型三，不区分两类群体的综合回归结果可以看出，在控制了个人特征、经济因素、工作因素、人际关系等诸多因素后，流动人口比当地居民更幸福，系数值 - 0.22，且高度显著，表明本地居民更幸福的概率为流动人口的 80.25%。[①]

首先，比较不同群体主观幸福感的阈值，发现本地居民各类幸福感阈值与综合模型的相差不大，但流动人口各类幸福的阈值与它们比则相差很大。从模型估计结果可以得出对比如下：对于本地居民：幸福潜变量 < - 7.09，属于很不幸福群体；- 7.09 < 幸福潜变量 < - 5.16，属于不幸福群体；- 5.16 < 幸福潜变量 < - 3.46，属于一般幸福的群体；- 3.46 < 幸福潜变量 < - 1.27，属于比较幸福的群体；幸福潜变量 > - 1.27，属于非常幸福的群体。对于流动人口：幸福潜变量 < - 25.97，属于很不幸福群体；- 25.97 < 幸福潜变量 < - 24.26，属于不幸福群体；- 24.26 < 幸福潜变量 < - 22.41，属于一般幸福的群体；- 22.41 < 幸福潜变量 < - 20.43，属于比较幸福的群体；幸福潜变量 > - 20.43，属于非常幸福的群体。表明流动人口幸福的重要原因之一是他们的幸福期望较低，即便是在很多方面相对劣势的情况下，依然表现出比当地居民更幸福的现象。

从性别来看，本地居民女性相对于男性更幸福，综合模型中也可以得到类似的结论，但流动人口表现出男性比女性更幸福的现象，尽管这并不

① 该概率通过比数比（OR）计算，比数比 = exp(B) = $e^{-0.22}$ = 0.8025。

显著。

从年龄来看，已有研究发现，主观幸福感和年龄之间呈现"U"型关系，本书也将检验这一结论。年龄与主观幸福感关系如图 5-1 所示。

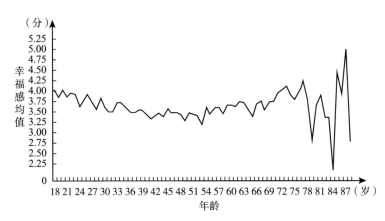

图 5-1　年龄与主观幸福感关系

资料来源：根据表 5-1 数据绘制。

在 18~72 岁之间，确实存在"U"型关系，而在 75 岁之后，幸福感呈现大幅波动现象。为了检验年龄和幸福感之间的统计关系，本书设置变量时将实际年龄和年龄平方均作为解释变量代入模型，从结果来看，三个模型表现一致的结论，实际年龄项系数显著为负，而年龄平方项系数显著为正，表明年龄和主观幸福感之间确实存在着"U"型关系，流动人口和非流动人口都显著存在这种关系。从图 5-1 还可以看出，"U"型的底在 54 岁左右，在 18~54 岁之间，幸福感随着年龄增长呈现下降趋势，18 岁是绝大部分人工作的起始点（前文描述统计表明大专及以上学历的比例不到 5%），54 岁恰好是退休年龄临界点，说明在工作期间的群体幸福感较低，工作压力大是其中重要的原因；退休之后，幸福感又呈现上升趋势，这一上升趋势持续到 73 岁，这一段时间没有了工作的压力，相对而言身体状况也较好，促使幸福感提升；75 岁以后，幸福感波动较大，虽然压力依然不大，但此阶段身体健康状况成为影响主观幸福感的重要因素，幸福感波动大正是由健康状况的差异导致。

从城乡来看，综合模型和本地居民模型显示农村居民幸福感显著高于城市居民，而对于流动人口来说，城市的流动人口幸福感高于农村的流动人口，但这种差异并不显著。

从健康状况来看，三个模型一致认为健康的群体是显著最幸福的，而不健康的群体幸福感最低，健康因素对主观幸福感的影响在流动人口和本地居民之间无差异。

从婚姻状况来看，三个模型系数均为正，表明婚姻可以促进幸福感的提升，对于流动人口，这种提升并不显著。

从受教育程度来看，和大专及以上学历相比，小学及以下、初中、高中和中专的系数均为负，表明上过大学的群体幸福感最高，可能的原因是高的教育程度意味着较好的工作、较高的社会地位，小学及以下文化程度的幸福感最低，初中和高中则差异不大，这些差异在流动人口中依然不显著。

政治面貌的差异对主观幸福感的影响没有表现出显著的不同。

从经济因素来看，[1] 个人绝对收入对主观幸福感的影响从系数上看等于0（实际值为正，系数非常小），似乎没有显著影响，这是由于个人绝对收入增加一元，对有序的幸福感影响体现不出。我们从相对收入就能看出其影响，本地居民显著地表现出相对经济状况较好的，幸福感就越高，而对于流动人口而言，表现出类似的规律，但系数并不显著。从家庭经济地位来看，流动人口与本地居民表现出较大差异，对于本地居民，家庭经济地位对主观幸福感没有显著影响，而对于流动人口，这种影响非常显著，且系数较大，说明家庭经济地位对流动人口的幸福感影响非常大，可能的原因是当地居民已经适应了自己家庭的经济水平，而流动人口选择流动的原因之一就是希望改善原来的经济水平，如果依然处于较低的经济水平，心理会受到较大影响，故而影响了幸福感。

从住房情况来看，三个模型的人均住房面积对主观幸福感均有显著影响，由于该变量为连续型变量，人均住房面积增加一个平方米对主观幸福感的影响并不大，故系数非常小（10^{-5} 数量级），显示出为0，人均住房面积

---

[1]　经检验，回归方程中绝对收入、相对收入和家庭经济状况的方差膨胀因子（VIF）分别为1.079、1.213、1.261，表明不存在严重的多重共线性，故将三个变量同时放入模型。

对流动人口的影响更显著；从住房产权情况来看，三个模型系数均为负，表明有住房产权的居民更幸福，本地居民的系数显著，比数比为 0.8106（$e^{-0.21}$），表明本地居民无住房产权更幸福的概率为有产权居民的 81%，流动人口与综合模型系数不显著；从居住人数来看，系数大多都不显著，表明居住人数对主观幸福感并无显著影响。

从工作情况来看，三个模型都显示出非务农工作的幸福感要显著高于无工作，而务农工作系数为负，表明务农工作的幸福感并不高于无工作群体，对本地居民系数显著，而对流动人口不显著，这体现了不同人群对于农业工作态度上的差异。整体来看，农业工作者的幸福感较低，甚至低于无工作者，而非务农工作者的幸福感较高。从工作强度来看，三个模型的系数均为负且显著，表明不论对于流动人口还是当地居民，随着每周工作时间的增加，幸福感都会显著降低。

人际关系是影响主观幸福感的重要因素，从回归结果来看，逢年过节不和朋友交流的幸福感显著低于和朋友交流的群体，可以进一步计算各系数的比数比，三个模型系数比数比分别为 0.787、0.756 和 0.779，表明对于三类不同群体，不和朋友交流的群体更幸福的概率分别是与朋友交流群体的 78.7%、75.6% 和 77.9%。

从社会地位来看，流动人口和本地居民所表现出的特征是类似的，自己现在所处的等级系数为负，且高度显著，表明随着社会等级赋值的提高（等级赋值为 1 表示最顶层，赋值提高表示社会等级的降低），主观幸福感会降低，而 10 年前自己所处等级系数为正，表明随着社会等级赋值的提高，幸福感会提升，即当前社会地位对主观幸福感有显著的正影响，而 10 年前的社会地位对幸福感有负影响，其原因在于人们经常会进行比较，过去社会地位越高，相对而言现在地位就显得越低，和过去比会表现出不幸福，而 10 年前社会地位越低，相对现在的地位就显得越高，更幸福的概率会增大。

从政治权利结果来看，工会会员和参加了最近人民代表大会代表选举或者村民选举的群体幸福感高于非工会会员和没有参加选举的群体，但这种差异并不显著。

综上所述，我们发现流动人口的主观幸福感状况优于当地居民，然而值得我们注意的是，这种幸福可能是一种"伪幸福"①，从影响幸福感的因素来看，流动人口的各类生活状况并不优于当地居民，然而他们的幸福感却显著高于当地居民，从研究中发现，流动人口"高水平"的幸福感是由于他们对幸福的预期低导致的，这种现象值得我们反思，只有全方面提高流动人口的生活水平，才能让流动人口真正的幸福。

第二节　基于城市样本的幸福感差异研究

一、数据来源与描述性统计

本章第一节的研究群体包含了城市和农村的流动人口和非流动人口，其中，流动人口样本中既包含了流入城市的人口，也包含了流入农村的人口，然而，目前我国城镇化的发展趋势是农村流动人口流向城镇，或者是城镇人口流向另一个城镇，大量人口流入农村（逆城市化）并不是短时期内的发展方向，故本节重点分析流入城市的人口主观幸福感的影响因素。数据采用2017 年中国综合社会调查数据（CGSS）中城市样本的部分，城市样本容量为 3982 人，其中，男性 1881 人、占比 47.2%，女性 2101 人、占比52.8%；平均年龄 42.14 岁，24 岁以下占比为 12.1%，40 岁以下比例超过50%，50 岁以下比例超过 70%，60 岁以下比例为 87.4%；婚姻状况为独身的占比为 20.5%，已婚或同居的占比为 79.5%；65.3% 的人认为自己健康，认为自己不健康的比例为 9.5%。

总体来看，城市样本主观幸福感的均值为 3.77，流动人口主观幸福感均值为 3.79，本地居民均值为 3.77。

---

① 本书将"伪幸福"定义为一种现象，即一个人在各方面条件均不理想的情况下，依然认为自己幸福。

二、城市流动人口幸福感的实证分析

本节所选择的变量和方法与上一节相同，其变量含义和方法不再介绍。本节对城市样本按照本地居民和流动人口进行分组回归，回归结果如表5-6所示。

表5-6　　　　　　城市样本流动人口与本地居民分组回归结果

变量因素	变量	本地居民		流动人口	
		参数估计值	p值	参数估计值	p值
幸福感阈值	很不幸福	-8.298	0.000	-25.718	0.000
	不幸福	-6.406	0.000	-24.192	0.000
	一般	-4.431	0.000	-22.300	0.000
	比较幸福	-2.087	0.098	-20.091	0.000
性别	男（女）	-0.280	0.001	-0.152	0.282
年龄	实际年龄	-0.126	0.000	-0.107	0.003
	实际年龄平方	0.001	0.000	0.001	0.001
健康状况	不健康（健康）	-0.745	0.000	-0.530	0.077
	一般	-0.713	0.000	-0.706	0.000
婚姻状况	已婚（未婚）	0.541	0.000	0.269	0.211
受教育年限	从小学起接受教育的年限	0.019	0.014	0.048	0.045
政治面貌	共产党员（群众）	0.221	0.059	-0.296	0.243
	民主党派	0.515	0.559	0.439	0.819
	共青团员	0.340	0.083	0.057	0.814
绝对收入	个人年总收入	6.80E-7	0.541	-5.32E-6	0.020
相对收入	下层阶层（上层阶层）	-0.753	0.07	-0.247	0.666
	工人阶层	-0.698	0.08	-0.140	0.797
	中下阶层	-0.678	0.06	-0.300	0.587
	中间阶层	-0.423	0.13	-0.046	0.932
	中上阶层	-0.493	0.25	0	

变量因素	变量	本地居民		流动人口	
		参数估计值	p 值	参数估计值	p 值
家庭经济状况	远低于平均水平（远高于平均水平）	-1.151	0.192	-19.949	0.000
	低于平均水平	0.086	0.921	-18.956	0.000
	平均水平	0.479	0.579	-18.825	0.000
	高于平均水平	0.518	0.554	-18.566	0.000
住房情况	人均住房面积	0.004	0.065	0.006	0.051
	住房无产权（有产权）	-0.278	0.019	-0.184	0.253
	独住（和四个以上人住）	-0.273	0.297	-0.622	0.068
	和一个人住	0.120	0.426	-0.329	0.221
	和两个人住	0.017	0.900	-0.339	0.189
	和三个人住	-0.185	0.254	-0.490	0.081
工作情况	非务农工作（无工作）	0.145	0.198	0.348	0.085
	务农工作	0.232	0.385	0.202	0.705
	工作强度（周/小时）	-0.005	0.000	-0.0003	0.948
人际关系	和朋友无交流（有交流）	-0.224	0.030	-0.318	0.057
社会地位	自己现在所处等级	-0.220	0.000	-0.210	0.000
	10 年前所处等级	0.047	0.088	0.088	0.032
政治权利	是工会会员（否）	0.108	0.122	0.203	0.297
	参加最近选举（否）	0.007	0.080	-0.260	0.170
模型检验	拟 R^2	0.235		0.147	
	Chi^2	589.318	0.000	125.872	0.000

资料来源：同表 5 - 1，运用 Stata 软件计算得出。

　　从回归结果可以看出，城市流动人口与本地居民的幸福感阈值相差较大，表明流动人口对幸福的期望远低于本地人口，即在相同条件下，流动人口觉得自己幸福的概率大于本地居民，考虑到城市中的流动人口大部分来自农村，进一步证实农村居民相对于城市居民更容易"知足"。

　　具体来看各个影响因素，个人特征因素诸如性别、年龄、健康状况、婚

流动人口发展路径的统计分析：从提升主观幸福感到社会融入的转变

Statistical Analysis on the Development Path of Floating Population: From Promoting Subjective Well-being to Social Integration

姻状况以及受教育情况对于两类群体的影响性质相似，只是在显著性上稍有差异。我们重点关注收入因素，在控制相对收入的情况下，本地居民的绝对收入系数为正，但是不显著，而流动人口系数显著为负，相对收入对本地居民主观幸福感影响显著，对流动人口不显著，表明相对而言，绝对收入对流动人口的影响较大，而相对收入对于本地居民的影响更大。从家庭收入水平来看，显然流动人口更注重家庭收入水平，而本地居民家庭收入水平系数并不显著，从这个层面来看，流动人口的家庭意识更强，值得注意的是，流动人口家庭收入水平的系数非常大，表明家庭收入水平对流动人口主观幸福感影响效应非常大，高收入家庭的人更幸福的概率远远高于低收入家庭的人。

从住房情况来看，人均居住面积不论是对本地居民还是流动人口均在10%显著性水平下有显著的正影响；在住房产权方面，无住房产权群体幸福感较低，但对于流动人口这种差异不显著，可能的原因是流动人口有住房产权的数量较少，大多数是租住，对住房产权的敏感性不高，而且对于流动人口，是否长期居住此地存在不确定性，而本地居民则是长期居住于此，对于住房性质显然有更高的期望。

从工作情况来看，工作性质对于两类群体的影响差异不是很大，且不显著，而工作强度对本地居民有显著的负影响，对流动人口无显著影响，可能的原因是城市本地居民法定工作时间观念强，注重劳逸结合，看重休闲娱乐，而流动人口为了获得更高的收入往往愿意加班工作，而且他们的休闲娱乐方式较少，故而对工作时间并无显著的反应。

从人际关系来看，没有朋友交流的人显然更不幸福，相较而言，流动人口的这种差异更加明显，流动人口在一个新的环境中更需要亲朋好友的关心和帮助，而城市本地居民由于长期居住此地，相对而言对朋友的依赖并不强烈。

从社会地位来看，两类群体均表现为现在地位越高，幸福感越强，而10年前地位越高，幸福感越低的现象；从政治权利来看，是否是工会会员和是否参加选举对流动人口影响不显著，可能是由于流动人口对政治关心较少。

第六章

基本公共服务视角的流动人口社会融入现状分析

幸福感的评价更主要体现为流动人口自身的主观感受，是流动人口对自身现状的一个综合反映，然而，我们认为，如果流动人口的幸福是因为自己对生活期望较低导致的，那么这种幸福是一种"伪幸福"。因此，在前文深入分析流动人口主观幸福感的基础上，本章开始探讨更加合理的评价流动人口生存发展水平的方法，即主观与客观相结合，尤其是客观现状分析为主的评价模式，我们选择社会融入这个概念来评价流动人口的发展状况，之所以称其更为合理，是因为社会融入既包含对流动人口主观感受的评价，也包含了大量客观现状评价（诸如收入、住房、工作等状况）。通过流动人口客观现状和当地居民的对比，可以较好判断流动人口是否真的幸福，是否真的融入当地。本章主要采用国家卫生健康计划委员会（原国家人口和计划生育委员会）发布的流动人口动态监测调查数据（2013～2018 年）（包含城市户籍和流动人口对比数据、社会融合与心理健康等专题数据），并结合 2018 年和 2020 年《中国城市流动人口社会融合评估报告》提供的数据，从基本公共服务视角描述流动人口社会融入现状。需要说明的是，流动人口动态监测数据自 2013 年起，除发布常规的动态监测数据外，每年还设定了一项专题数据，专题数据提供了具有特色的指标，每部分的指标可能会涉及不同的年份。

第一节　基本公共服务均等化是新时代之需

在城市获得与当地居民均等的基本公共服务是流动人口融入社会的关

键，是流动人口想融入、能融入、真融入的重要保障，也是获得被当地接纳的重要表现，科学合理的政策将有助于加速流动人口融入社会的进程。在当前流动人口中，绝大多数是以农民工为主体的外来常住人口，他们还没有享受到与当地居民完全一样的教育、就业、社会保障、医疗保障、住房等基本公共服务，这将带来一系列复杂的经济社会问题。健全流动人口享受基本公共服务制度已刻不容缓。国家政策逐渐转向高质量发展，当下正逢我国推进新型城镇化发展的关键期，也是构建和完善社会治理与公共服务制度的重要时期，按照国际经验，城镇化率在30%～70%的阶段是城镇化发展较快的时期，也是完善公共治理和社会保障制度的最佳时期，同时，此阶段也是矛盾增多、"爬坡上坎"的关键时期。我国城镇化率刚达到60%，因此，这个关键阶段是建立完善流动人口基本服务制度的最佳时期，[①] 也是处理各种社会矛盾、调整经济发展方式、促进社会从高速发展转向高质量发展的重要时期，建立平等的基本公共服务制度是新时代发展的必由之路。

随着中国城镇化发展的不断深化，中国流动人口的构成发生了明显变化，大幅改变了过去"工作在当地，消费生活在农村"的现状，流动人口逐渐成为当地新市民，在生活方式、工作、学习等方面向当地居民靠拢，具备条件的流动人口甚至开启了举家迁移到城市的大趋势。从近几年流动人口发展报告来看，流动人口的流动模式从个体流动转向举家流动的趋势非常明显，农村留守儿童的比例不断下降，2018年农村留守儿童比2016年下降了22.7%，下降幅度非常明显。大量的儿童随父母迁移到流入地，对流入地的流动人口子女教育、卫生健康、社会保障、住房保障等基本公共服务提出了更高的需求。然而，在历史条件下，我国城市基本公共服务大多按照户籍人口进行规划和供给，具有非常强的地域户籍特征，尤其对于流动人口流入较多的城市，由于规模大、资源有限，政策配套滞后等原因，导致流动人口难以与当地户籍人口享受相同的福利，这将严重削弱流动人口融入当地社会的现实基础，甚至引发流动人口与当地居民为争夺有限的资源而产生矛盾。我国政府高度重视流动人口的发展，倡导经济发展成果应包容性、公平性共享。党的十八大以来，党中央、国务院出台了一系列保障流动人口基本公共

① 徐水源. 社会融合：新时代中国流动人口发展之路［M］. 北京：人民出版社，2019.

服务权益和提升流动人口享受基本公共服务质量的举措，如 2017 年国务院印发了《"十三五"推进基本公共服务均等化规划》，其中明确指出基本公共服务是公民最基本的权利之一，保障公民平等的享受基本公共服务是政府的重要职责。当前，流动人口融入社会的意愿不断增强，对基本公共服务的需求不断增长，多样性和个性化需求不断增加，流动人口对基本公共服务的美好需求与政府供给不平衡、不充分的矛盾成为阻碍我国经济高质量发展的障碍之一，解决好这一问题是维护社会公平正义、保持社会和谐稳定的重要保障。

国务院印发的《"十三五"推进基本公共服务均等化规划》指出基本公共服务包括基本公共教育、基本社会保险、基本住房保障等八个领域。[①]本章将根据流动人口动态监测数据，结合当前流动人口发展的主要矛盾，从流动人口子女教育、卫生健康、社会保障等方面分析流动人口在基本公共服务方面的融入情况。

第二节　流动人口子女教育融入现状

教育是提高全民综合素质、促进经济社会高质量发展的重要路径，是决定中华民族伟大复兴进程的决定性因素之一。党的十九大报告指出建设教育强国的宏伟目标，并对"优先发展教育"作出明确部署，要求尽力保障每个孩子公平享受高质量的教育。流动人口随迁子女的教育是我国教育事业的重要组成部分，关系到新型城镇化的发展质量，关系到我国教育事业的发展质量，关系到资源配置的公平和效率，提升流动人口子女的受教育水平，是我国现代化发展的必然要求。

目前，我国在实行流动人口随迁子女教育政策时的地域差异非常明显。根据中国流动人口动态监测数据，结合 2019 年中国城市流动人口社会融合数据库，本节将从幼儿园入园、义务教育入学、异地中考和异地高考四个方

---

① 《"十三五"推进基本公共服务均等化规划》指出基本公共服务包括基本公共教育、基本劳动就业创业、基本社会保险、基本医疗卫生、基本社会服务、基本住房保障、基本公共文化体育、残疾人基本公共服务。

流动人口发展路径的统计分析：从提升主观幸福感到社会融入的转变

Statistical Analysis on the Development Path of Floating Population: From Promoting Subjective Well-being to Social Integration

面进行现状分析，在幼儿园入园方面，考察 3 ~ 6 岁孩子入学情况；在义务教育入学方面分别考察是否满足入学基本要求、监护人是否拥有居住证、稳定就业、稳定居住、社会保险等具体现状；在异地中考和异地高考方面分别从学生学籍、就读年限进行考察。共选择 60 个城市进行比较对比分析，①首先，将各指标进行标准化处理，然后进行加权求和，参照肖子华等（2020）的方法对四个维度以及具体指标均按照等权重加权。经过计算得到各城市的流动人口随迁子女教育融入得分，流动人口随迁子女教育融入评估得分如表 6 - 1 所示（为节省篇幅，此处仅列出融入水平最高的 10 个城市）。

表 6 - 1 　　　　流动人口随迁子女教育融入评估得分（前 10 名）

排名	城市	幼儿园入园	义务教育入学	异地中考	异地高考	总得分
1	福州	96.87	93.61	90.48	93.12	93.52
2	泉州	95.94	96.11	88.94	92.04	93.26
3	武汉	94.61	94.94	88.60	92.77	92.73
4	成都	92.38	92.56	91.62	92.96	92.38
5	大连	94.38	87.25	90.53	92.44	91.15
6	重庆	94.13	87.79	88.68	92.00	90.65
7	合肥	95.72	75.52	91.15	92.61	88.75
8	长沙	93.25	79.32	89.34	92.61	88.63
9	哈尔滨	92.52	78.24	89.26	93.62	88.41
10	唐山	95.19	71.56	92.53	92.95	88.06

资料来源：根据 2020 年《中国城市流动人口社会融合评估报告》整理得出。

从 60 个城市流动人口随迁子女教育融入情况来看，整体平均水平为75.28 分，得分最高的为福州，总得分 93.52 分，泉州、武汉、成都、大连、重庆、合肥、长沙、哈尔滨和唐山紧随其后，前 10 名总得分均在 88 分以上，排在榜单靠后位置的包括北京、上海、广州等一线城市，其原因可能是这些城市的户籍获取相对较难，而取得户籍是入学的一个必要条件，因此

---

① 60 个城市包括直辖市（4 个）、省会城市（24 个）、计划单列市（5 个）和地级市（27个），城市选择参考 2020 年《中国城市流动人口社会融合评估报告》。

导致其得分较低。当下部分大城市采用了积分落户制度,达到一定的积分并在限额内才可能有资格享受当地教育资源,加之这些城市资源竞争激烈,即便本地居民也可能需要通过摇号等机制才能获得教育资源,对于流动人口的子女而言,难度更大。从入学的不同阶段来看,幼儿园入园的平均融入得分最高,义务教育入学和异地中考得分较低,表明义务教育阶段入学门槛和异地中考政策是影响流动人口子女教育融入的关键因素,其背后可能涉及资源公平分配的问题。

我们按照城市等级和区域分别划分,得到不同类型城市的流动人口随迁子女教育融入情况(见表6-2)。可以看出,直辖市融入情况较差,得分为60.17分,其原因和上述类似。计划单列市和省会城市得分相对较高,分别为82.57分和81.39分,这类城市大多属于国家重要城市,具有较强的教育资源,同时城市落户门槛等条件低于直辖市,其中很多城市为了吸引人才制定了诸多宽松的落户政策,因此流动人口子女入学问题能够得到较好保障。地级市的得分略低于这两类城市,但远高于直辖市,究其原因,尽管一般的地级市落户门槛可能相对更低,但城市的教育资源较省会城市或计划单列市还存在较大差距,因此导致流动人口子女教育融入情况略低于这两类城市。从区域来看,东部地区较低,东北和中部地区相对较高,各地区的教育融入情况间接反映了落户的门槛难度以及公平获得受教育机会的难度。

表6-2 不同类型城市流动人口随迁子女教育融入得分

划分标准	城市类别	平均总得分	标准差
城市行政级别	直辖市	60.17	23.12
	计划单列市	82.57	13.32
	省会城市	81.39	9.28
	地级市	79.22	8.41
城市所在区域	东部地区	73.42	14.42
	中部地区	84.47	9.53
	西部地区	81.06	8.63
	东北地区	88.59	4.27

资料来源:同表6-1。

流动人口发展路径的统计分析：从提升主观幸福感到社会融入的转变

Statistical Analysis on the Development Path of Floating Population: From Promoting Subjective Well-being to Social Integration

第三节 流动人口卫生健康融入现状

健康是每个居民最基本的权利，健康中国已经上升到国家战略层面。2016 年，中共中央、国务院印发了《"健康中国2030"规划纲要》（以下简称《纲要》），指出健康是促进人的全面发展的必然要求，"共建共享，全民健康"是建设健康中国的核心目标，实现国民健康长寿是国家富强、民族振兴的重要标志，也是广大人民群众的共同愿望。《纲要》中还明确指出，健康要惠及全人群，要关注流动人口健康问题，深入实施健康扶贫工程。

对于流动人口卫生健康的考察，主要对成人健康、儿童健康和孕产妇健康三个方面进行分析。其中，成人健康包括健康档案建立情况、接受各类健康教育的情况；儿童健康包括建立儿童保健手册情况、接受免费健康检查比例、接种疫苗情况；孕产妇健康包括孕妇产前检查比例、产后访视、健康检查比例、接受孕前优生健康检查比例和计划生育技术服务情况。三个维度各级指标均按照等权重加权求和，得到最终总分。本节数据主要源自 2015 ~ 2017 年中国流动人口动态监测数据，以及 2019 年中国城市流动人口融入数据库，流动人口卫生健康融入得分如表 6 - 3 所示（仅列出排名前 10 的城市）。

表 6 - 3　　　　　　流动人口卫生健康融入得分（前 10 名）

排名	城市	成人健康	儿童健康	孕产妇健康	总得分
1	哈尔滨	89. 54	97. 69	95. 34	94. 19
2	长沙	87. 98	97. 57	95. 16	93. 57
3	成都	87. 15	96. 87	94. 03	92. 68
4	贵阳	89. 31	95. 39	92. 35	92. 35
5	武汉	87. 62	96. 70	91. 13	91. 82
6	肇庆	82. 80	96. 86	92. 86	90. 84
7	咸阳	85. 96	96. 48	89. 54	90. 66
8	泉州	84. 03	95. 54	91. 30	90. 29

续表

排名	城市	成人健康	儿童健康	孕产妇健康	总得分
9	惠州	83.40	95.05	91.31	89.92
10	鄂尔多斯	83.54	95.02	88.56	89.04

资料来源：根据 2020 年《中国城市流动人口社会融合评估报告》整理得出。

60 个城市流动人口卫生健康的平均分为 76.47 分，最高分为 94.19 分，最低分为 53.15 分，排名前 10 位的城市包括哈尔滨、长沙、成都、贵阳、武汉、肇庆、咸阳、泉州、惠州和鄂尔多斯，总得分均在 89 分以上，中西部地区上榜城市较多。从具体项目来看，成人健康得分相对最低，儿童健康得分最高，孕产妇健康得分居中。从每个项目的细分来看，成人健康得分较低的主要原因在于居民健康档案的知晓率和建档率较低，平均建档率仅在 3 成左右，极大拉低了成人健康得分。儿童健康得分和孕产妇健康得分相对较高，主要原因在于相对于成年人的健康，居民更关注胎儿或儿童的健康状况，对下一代的关爱更加重视。数据显示，在儿童健康方面，预防接种和计划免疫接种比例均非常高，达到 99%，几乎全覆盖；在孕产妇健康方面，接受计划生育服务的比例高达 91%，孕产妇相关咨询、体检服务比例也超过 80%，直辖市、副省级、省会城市等大城市孕产妇建档比例高于一般地级市。

慢性病管理服务和患病就医选择是流动人口卫生健康融入状况另一个非常重要的体现，一般而言，当地社区卫生服务中心或卫生院对患有高血压或 2 型糖尿病等常见慢性病的流动人口提供免费随访和体检服务。数据显示，2019 年流动人口患高血压的比例为 4.22%，患 2 型糖尿病的比例为 4.92%，整体来看，流动人口患慢性病的状况良好。然而，知晓这项免费服务的流动人口数量仅占 36.41%，该项服务的普及率很低，究其原因，第一，政策宣传力度不够，大量流动人口没有获取政策的渠道。第二，政策表述不明，部分地区采用"常住人口""本地居民"等语义含糊的词描述服务对象，有意无意地将流动人口排除在外。从流动人口患病就医情况来看，超过 20% 的流动人口患病或者受伤后选择自行买药治病（治伤），侧面反映了医疗保障体系尚未完全覆盖全民。数据显示，级别越高、规模越大的城市，

流动人口发展路径的统计分析：从提升主观幸福感到社会融入的转变

Statistical Analysis on the Development Path of Floating Population: From Promoting Subjective Well-being to Social Integration

流动人口就医比例反而越低，这与城市的医疗资源水平和人口规模有关，大城市就医的时间和经济成本均较高，导致了流动人口就医比例较低。因此，从流动人口卫生健康融入现状来看，整体上良好，但在基本公共服务的普及率、均等化方面还有较大的提升空间。

第四节　流动人口社会保障融入现状

　　社会保障对于生活在当地的居民及其家属具有重要意义，是否享受较为完善的社会保障关系到流动人口的生活质量。在城镇化发展的高速期，流动人口规模稳定在 2 亿人以上，数量庞大的流动人口极大程度地缓解了人口红利消失后的劳动力缺口，为我国经济持续快速发展贡献了卓越的力量。然而，由于社会保障制度的不完善，导致流动人口无法享受到和当地居民同等的福利，致使流动人口工作在城市、生活在农村的现象依然普遍存在。近年来，政府非常重视流动人口在流入地的社会保障问题，出台了一系列保障流动人口社会权益的政策，并积极推进将流动人口纳入城市社会保障体系。下面将根据 2020 年《中国城市流动人口社会融合评估报告》对流动人口社会保障情况进行描述，从养老保险、医疗保险、生育保险、失业保险、工伤保险（以下简称"五险"）和住房保障情况六个方面对其社会保障现状进行分析。具体指标主要通过计算流动人口参加各类保险的比例来获得，其中，养老保险主要包括流动人口参加城镇养老保险的比例，医疗保险主要包括流动人口参加城镇职工基本医疗保险和公费医疗保险的比例，生育保险主要包括流动人口参加生育保险的比例，失业保险和工伤保险均采用流动人口参保的比例来衡量。流动人口社会保障（参与"五险"）融入情况得分（前 10 名）如表 6 - 4 所示。

表 6 - 4　　流动人口社会保障（参与"五险"）融入情况得分（前 10 名）

排名	城市	养老保险	医疗保险	生育保险	失业保险	工伤保险	总得分
1	珠海	95.43	87.68	83.37	92.84	93.53	90.57

续表

排名	城市	养老保险	医疗保险	生育保险	失业保险	工伤保险	总得分
2	厦门	93.46	86.25	83.58	87.06	91.45	88.36
3	北京	87.76	86.29	81.53	88.34	87.28	86.24
4	东莞	85.73	79.35	76.94	78.05	83.58	80.73
5	深圳	81.28	74.79	72.68	79.09	79.71	77.51
6	中山	78.81	75.17	72.37	72.87	76.48	75.14
7	上海	75.64	72.78	70.12	68.7	74.21	72.29
8	南京	77.32	74.29	64.71	53.99	73.29	68.72
9	苏州	74.87	69.35	59.42	43.02	70.79	63.49
10	惠州	72.91	64.28	47.59	43.64	66.23	58.93

资料来源：根据 2020 年《中国城市流动人口社会融合评估报告》整理得出。

从结果来看，流动人口社会保障（参与"五险"）整体水平较低，且各地差距较大。从排名前 10 名的城市来看，得分最高的地区全部集中在沿海发达城市，可以看出，社会保障水平和地区经济发展水平紧密相关，较高层次的保障需要足够的政府财力支持。值得注意的是，排名第 10 的惠州市综合平均得分已低于 60 分，表明大部分地区（超过 80% 的城市）得分都较低，流动人口在"五险"参保率上仍存在较大的提升空间。分项具体来看，在五个保险参保率中，养老保险整体得分最高，生育保险和失业保险参与率较低。流动人口社会保障水平低是其难以较好融入当地的重要表现之一，背后的深层次问题是流动人口还无法充分享受经济发展的成果。社会保障的缺失导致了一系列新问题，如我国职业病患病的总体人群中，有近 8 成为流动人口。因此，从整体上看，由于各地经济发展水平参差不齐、配套措施政策不完善以及政策执行力度不够等原因，当前大部分流动人口还处于"外来身份"，游离在城市保障体系之外。

住房问题也是流动人口融入当地的主要困难之一，如果流动人口的住房得不到保障，则意味着超过 1/5 的人口居无定所，住房保障对于实现高水平城镇化发展具有重要意义。住房保障融入方面则主要考察流动人口住房性质、住房支出占总支出比例、参加住房公积金比例、房租收入比等指标进行测算。从流动人口住房性质来看，地方政府或工作单位为流动人口提供公共性住房的比例仅为14.03%，即超过85%的流动人口需要自己解决住房问题；从购房情况来看，在城市购买了住房的流动人口比例为23.41%，在尚未购房的流动人口中，仅有20%左右表达了未来在当地购房的意愿；从房租占收入比例来看，平均而言，流动人口租房支出占收入的比例为26.5%，整体超过了收入的1/4；住房支出占总支出的比例更是超过了40%（流动人口消费相对保守，储蓄意识较强），享受住房公积金的比例不到10%，覆盖率太低，和当地居民相比，存在较大差距。因此，当前流动人口在流入地的住房保障情况仍然不容乐观，改善流动人口住房状况任重道远。

第五节　结论与思考

一、问题与挑战

从公共服务视角来看，流动人口与当地居民享受基本公共服务水平还存在一定的差距，尽管我国政府出台了一系列加快推进流动人口融入当地的政策，包括户籍制度改革、劳动力与人才流动制度改革、社会保障改革等，然而，由于各地区经济发展水平存在差异，财政实力不同，导致在执行各类政策时阻力较大，尤其是在相对落后的中西部地区，加快自身经济发展依然是主旋律。在财力并不充裕的情况下，自身发展尚存在许多资金缺口，难以兼顾外来人口高质量享受基本公共服务的权利。对发达地区而言，经济实力较强，但人口集聚较多，流动人口数量也较大，在资源相对有限的情况下，其竞争异常激烈，因此，诸如教育、医疗、住房等重大保障事项，流动人口难以充分享受相应的权益保障。不论是在欠发达地区，还是在发达地区，流动人口的基本公共服务保障都存在相应的困难。

数据显示，在高质量（教育、医疗、住房等）的公共服务领域，流动人口与当地人口的差距在扩大。从教育方面来看，流动人口随迁子女入学在很多地区存在教育资源供给不足、结构性矛盾突出以及入学门槛较高等问题；从医疗方面来看，目前流动人口属于健康风险较高的一类人群，工作时间长、劳动强度大、自身健康意识低是他们共同的特点，加之医疗保障政策缺失、管理机制不完善等客观原因，导致了流动人口容易成为健康风险群体；从"五险"参保情况来看，流动人口参保率普遍偏低，"五险"的平均参保率仅在20%左右，意味着绝大多数流动人口都不在"五险"保障范围内；从住房保障来看，流动人口大部分是租房，且存在租住条件差、支出比例高、租住位置偏、配套设施缺等问题，即使对于经济条件相对较好的流动人口而言，也可能由于户籍制度将其排除在购房之外。

二、对策与建议

近年来，我国出台了大量促进流动人口全面发展的制度，制度层面已经取得了很大的进步，不少流动人口在当地安家立业，生活幸福。但从整体上看，流动人口与户籍人口相比，还存在较大差距。针对目前存在的问题，宏观的解决思路是进一步破除制度壁垒，在民生工程建设方面加大对流动人口的政策保障。户籍制度在一定程度上阻碍了人口流动，限制了城镇化高质量发展的步伐，附着在户籍制度上的教育、医疗、住房等资源也主要偏向于具有户籍的居民，因此，笔者认为，在有条件的地区可以从入户门槛着手，破除制度壁垒。在暂时不适合改变户籍制度的地区，可以根据地区实际，建立以需求为导向的基本服务供给制度，为流动人口提供差异化、多层次、覆盖面广的服务，尤其在影响流动人口生活质量的重点领域，应提高供给和服务质量。具体来看：

在教育方面。百年大计，教育为本，加大对教育的投入，保障适龄人口享受义务教育的权利是政府的责任和义务，尤其对于流动人口群体应加大保障力度，促进教育公平。首先，要提高义务教育阶段不同区域间的统筹水平，流动人口子女很大程度上会涉及异地入学，流出地和流入地之间如何有效衔接需要国家政府从顶层设计上以制度形式约束，明确权责，同时要完善沟通协调机制。可以采取以流入地政府管理为主、流出地协助配合的方式，对流动人口子女进行入学管理，例如在流出地办理了学籍注册（发放义务教育入学卡），当发生人口迁移时，卡与人一起流动到流入地，国家划拨的

教育经费主要由流入地政府及接收学校支配，当经费存在缺口时，可考虑增设流动人口子女入学专项经费。其次，破解流动人口子女入学门槛障碍，不少地区对外来人口设置了入学、中考等方面的门槛，导致流动人口子女在入学和教育过程中存在不少后顾之忧，建议从国家层面制定流动人口子女入学和参加中考、高考等重要考试的政策制度，适当增加公共教育资源（学校），争取将流动人口子女纳入公办教育体系。最后，鼓励社会资本办学，弥补公共教育存在的缺口，多方提高教育供给。

在医疗方面。应完善健康服务政策，提高流动人口健康服务质量。首先，提高流动人口健康服务供给，常规的基础疾病及大病检查服务要对流动人口全覆盖；其次，定期举办健康教育宣传会，提升流动人口健康知识与素养；最后，加强宣传，提高流动人口对健康服务的知晓率和可及性。尤其在一些问题较为突出的环节，如健康建档管理、大病慢性病管理等方面，流动人口参与率较低，可通过在基本公共服务点（如社区卫生站等医疗机构）发放宣传册的方式提高普及率。

在住房保障方面。首先，在政策上将流动人口纳入住房保障体系，将购房门槛适当调整，满足流动人口购房需求，同时，住房公积金政策应覆盖流动人口，缓解其购房和还贷压力；其次，规范住房租赁市场，改善流动人口租住环境，尤其在政府层面，可适当增加公租房、廉租房的供给，或设立流动人口人才公寓等专项计划，满足流动人口租房需求；最后，在企业层面，通过财税政策鼓励企业为职工建设集体宿舍，解决住宿需求。

第七章

流动人口社会融入结构及路径研究

第一节　提出问题

改革开放以来，流动人口规模迅速增长，根据国家卫生健康委员会人口发展司的数据统计，1982 年中国流动人口数量为 657 万人，而 2020 年达到 2.36 亿人，人口流动优化了劳动资源配置，为我国经济社会发展提供了人才保障，流动人口对促进我国经济结构转型，提升工业化、城镇化、现代化水平作出了重要贡献。据测算，流动人口对我国经济增长贡献率达到 20% ~ 30%，正是由于改革开放与流动人口的"互利共生"，才促进了城乡协调发展，进而推动我国经济社会高质量发展。然而，经济发展的成果未能完全惠及流动人口群体，因为户籍制度及其附着的医疗、教育、土地等政策的影响，流动人口无法和当地户籍人口享受同样的福利待遇，呈现出一种"半城镇化"的状态，正如全国政协人口资源环境委员会副主任王培安所说，"流动人口就业在城市，户籍在农村；劳动力在城市，家属在农村；收入在城市，积累在农村；生活在城市，根基在农村。"① 流动人口如果无法融入城市，不仅会降低他们的幸福感，同时可能衍生出焦虑、自卑等心理问题，甚至会引发犯罪等社会问题，这对中国城镇化建设以及高质量发展进程将产生重大影响。党的十九大报告明确指出，将中国城镇化的发展方向由"物"

---

① 《中国流动人口规模达 2.44 亿人　流动人口市民化要"留人留心"》，《经济日报》2018 年 12 月 4 日。

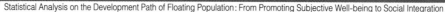

转向"人"，而流动人口的社会融入是"人"的城镇化的重要体现。因此，研究流动人口社会融入状况非常必要，本章将对流动人口社会融入结构进行分析，并探讨促进流动人口社会融入的路径。

现有关于流动人口社会融入的文献比较丰富，比较有代表性的文献主要集中在以下几个方面：第一，从社会融入的概念来看，杨菊华（2009）对"融合"与"融入"的区别进行分析，认为"融合"是双向的，而"融入"是单向的，流动人口社会融入指流动人口在经济、行为、文化和观念上接近当地居民；悦中山等（2012）认为移民融入是指移民与当地居民在经济、文化、心理等方面差异消减的过程；周皓（2012）认为社会融入指流动人口在流入地逐渐适应并接受当地文化、和当地居民形成良性互动的过程；张鹏等（2014）认为社会融入是指流动人口被逐渐同化，并产生心理认同的过程。第二，从社会融入的测量来看，最早为社会融入提供测量基础的是博加德斯（Bogardus，1925），他扩展了帕克对社会距离的定义，并设计了社会距离测量量表，为社会融入理论提供了坚实的测量基础；在社会融入测量维度方面，提出一维度测量标准的代表性学者为赫克曼（Heckman，1998），他认为经济融入是最重要的指标，当流动人口经济水平和当地相当时，表明融入较好；二维度测量标准的代表性文献包括李树苗等（2008）提出的情感融入和行为融入，王毅杰和史晓浩（2010）提出的社会交往融入和社会认同融入；三维度测量标准的代表性文献包括悦中山等（2011）提出的文化融入、经济融入和心理融入维度，叶俊焘等（2014）提出的经济生存、社会交往和心理认同维度；四维度测量标准具有代表性的为田凯（1995）提出的经济、社会、心理、文化再社会化维度；杨菊华（2010）提出的经济整合、文化接纳、行为适应和身份认同四个维度；陈云松和张翼（2015）提出的经济、社会、心理、身份维度；穆光宗和江砥（2017）提出的职业融入、习惯融入、心理融入和身份融入；郝晓宁等（2018）提出的经济、生活、文化和心理维度；五维度测量标准的代表包括王桂新等（2008）提出的居住、社会关系、经济、政治、心理维度，周皓（2012）提出的经济、文化、社会、结构与身份认同维度。从研究的具体内容和方法来看，研究流动人口社会融入影响因素的文献较多，如王毅杰和赵晓敏（2020）研究流动人口个体能力和社会网络对社会融入的影响，得到户籍、社会排斥和城市规模是影响流动人口的重要因素的结论；何怡萱和刘昕（2020）采用因子分析和多层线性回归模型，对北京青年流动人口社会融入进行研究，认为个人能力水平和物质稳定程度对融入具有重要影响；卢盛峰和陈悦（2019）利用工具变量法研究讲本地话是否能促进流动人口社会融合，研究表明讲本地话能促进融入意愿、主观融入状况和客观融入状况。

从已有文献来看，对流动人口社会融入的指标体系以及影响因素研究较多，也形成了一定的分析框架，然而，仍然存在几个值得进一步分析的问题：第一，从融入维度来看，流动人口生理适应状况如何，目前文献研究很少；第二，目前文献较多针对流动人口自身的融入情况进行分析，缺乏对比研究，即流动人口的生活状况是否与当地户籍居民存在差异研究较少，本章认为只有通过对比才能更真实地揭示流动人口的社会融入状况；第三，从研究方法来看，采用因子分析和回归分析的文献较多，采用结构方程模型，尤其是利用中介效应分析各维度精确关系的文献较少，因此，本章的研究将在这三个方面进行尝试，进一步探讨流动人口社会融入结构与路径。

第二节　社会融入理论与基本假设

一、流动人口社会融入的必要性

按照国家卫生健康委员会的统计数据，2008～2020年，我国已经连续13年保持流动人口规模在2亿人以上，高峰期更是接近2.5亿人，随着我国社会矛盾的不断变化，流动人口融入社会的需求愈发强烈。习近平总书记指出，在中国新的发展阶段，如果利益关系协调不好、各种矛盾处理不好，就会导致问题激化，严重情况会影响经济社会发展进程。[①] 中国流动人口规模庞大，成为推动我国经济发展的重要力量，同时，由于其共有的生存特

---

① 中共中央文献研究室.十八大以来重要文献选编（中）［M］.北京：中央文献出版社，2016：833－834.

征，也成为各种社会利益矛盾需要重点关注的群体。提高社会融入水平是新时代流动人口的发展方向，也是以"人"为核心新型城镇化的关键所在，不仅是促进社会有序流动，构建健康有活力社会的必然要求，也是扩大中等收入群体、促进社会和谐稳定的必然要求，加快推进流动人口的社会融入水平已经成为实现中国经济高质量发展的重要任务和时代主题。

（一）流动人口是推动国家经济社会发展的重要力量

第一，为流入地提供了丰富的人力资本。劳动力作为主要的生产要素之一，它的流动本身是一种人力资本的流动。通常而言，流动人口会从相对落后地区向相对发达的地区流动，这种流动实际上造成了落后地区的人才流失，发达地区的人才集聚，这种集聚效应为发达地区的繁荣昌盛提供了重要基础。

第二，为城市发展提供了廉价劳动力，同时有利于扩大城市内需。流动人口在流入地大多从事制造业和传统服务业工作，他们的收入相对较低，为城市的产业发展赢得了"人口红利"，流入地城市用相对低廉的成本满足了老百姓的商品和服务消费，同时，流动人口自身也成为该地的消费者，扩大了内需。

第三，为流入城市创造了净财富。流动人口为流入地创造的价值远高于自身所获的收入价值，流动人口所创造的剩余价值最终在流入地城市进行资源分配，其中，大部分福利由当地居民享有，还有一部分以利润、税收等形式成为当地政府进行再分配的资源。

（二）流动人口社会融入是推动以人为核心的新型城镇化的必要选择

积极推进新型城镇化发展是我国"十四五"发展的主要任务之一，城镇化是中国现代化发展的必由之路。中国新型城镇化强调以人为本、高效集约、绿色低碳、开放包容。城市是百姓实现美好生活的主要载体，是未来人口的主要承载地，正在持续进行的城镇化，将为数以亿计的农村居民走向城市，走向更高质量的生活水平提供空间。和过去的城镇化相比，新型城镇化以"创新、协调、绿色、开放、共享"为基本特征，它更加注重公共服务均等化、注重提高人民群众的获得感。主要体现在：第一，由过去大量流动人口未能充分享受当地基本公共服务向"稳步推进基本公共服务常住人口全覆盖"转变，现代化经济发展成果全民共享；第二，由粗放式发展向高效集约发展转变，即由过去城镇化落后于工业化、人口城镇化落后于土地城镇化，向"四化同步、城乡统筹、优化布局、集约高效"转变；第三，由过去重经济发展、轻环境保护向"生态文明、绿色低碳"方向转变。

城镇化的实质是现代化，即社会生产方式现代化、居民生活方式现代化、价值观念现代化。农村人口或欠发达地区人口向城镇流动，其目的不仅是人口在不同空间的简单流动，而且是全面改善流动人口的生产方式、生活方式和价值观念。因此，流动人口的社会融入不仅是一个社会目标，也是一个健康向上可持续发展的过程。

流动人口的社会融入过程，从表面来看是一个人口从农村流入到城镇，由欠发达地区流向发达地区的过程，而本质上是流动人口适应城市工作生活方式、接受城市文明、逐渐市民化的过程，是流动人口共享经济发展成果、获得公平发展的过程，也是发达地区增强自身包容性的过程，更是关系到整体国民素质的提升、实现中华民族伟大复兴的过程。它不仅是新型城镇化发展的需要，也是流动人口发展诉求的需要，更是发达地区政府的历史责任。

（三）流动人口社会融入是扩大中等收入群体和扩大内需的必然要求

从世界历史经验来看，现代发达国家大多都是橄榄型收入分布，即中等收入群体规模较高。中等收入群体的增加，可以有效降低整体的贫富差距，进而降低由贫富差距导致的社会矛盾，对形成健康稳定的社会具有重要作用。因此，扩大中等收入群体是维护社会和谐稳定、国家长治久安的必然要求。在党的十九大报告中，也明确提出到 2035 年中等收入群体比例明显提升的目标。规模庞大的流动人口是丰富的劳动力资源，且大多年富力强，具有活力，具备较强的就业创业能力，只要国家或流入地政府给予相应的扶持政策，大多数有条件的流动人口就可以通过自身的努力就业创业，进而成为中等收入群体。同时，这些规模庞大的中等收入群体具备较强的消费能力，是强大的消费人群，为实现国内消费大循环的目标奠定了基础。因此，流动人口更好地融入城市既是自身发展的需要，也是国家可持续发展、高质量发展的必然要求。

二、社会融入的基本理论

关于社会融入，国内外学者已经做过大量研究并形成了诸多理论。从宏观（社会）层面来看，包括社会分层理论、社会团结理论、社会整合理论、社会距离理论、社会排斥理论、社会支持理论、社会网络理论等；从中观（群体）层面来看，包括民族理论、社会同化理论、文化多元主义、文化生成理论、弱势群体理论、直线融合和曲线融合理论、族群分层理论等；从微观（个体与心理）层面来看，包括社会化理论、社会群体理论、认同与接纳理论、人力资本与文化资本理论等。

本书主要考虑流动人口个体的社会融入，因此主要从微观层面分析流动人口的社会融入。

（一）社会化理论

所谓社会化，是指一个自然人在整个生命周期中逐渐接受并适应当地社会的文化、制度、法律等行为规范，使其成为一个合格的社会人的过程。社会化所包含的内容十分丰富，包括生存、生活、文化、人格、道德和情感形成等方面的养成。该过程是持续整个生命的，一个人从出生到死亡，一直持续不断地接受和适应居住地上述方面对自身的改造。社会化的实施主体是多样的，包括家庭、学校、社区、邻里、宗教等都直接或间接地对每个人产生影响。社会化理论中具有代表性的是库利（Charles Horton Cooley）的"镜中我"与初级群体理论和埃里克森（Erik H. Erikson）的人格发展理论。

库利是美国著名社会学家和心理学家，1902 年出版的《人类本性与社会秩序》（*On Self and Social Organization*）① 中明确提出"镜中我"概念，即每个人都是其他人的一面镜子，互相影响着彼此。在库利的认识中，他认为人是社会性的，人与社会的关系非常紧密，人的行为和每个人对自己的认

---

① 查尔斯·霍顿·库利. 人类本性与社会秩序 [M]. 包凡一，等译. 北京：华夏出版社，1999.

知直接相关，而每个人对自己的认知是通过与周边人的交流互动形成的，周边人对自己的评价、看法、态度等反应就是反映自身的一面镜子，个人通过这面镜子认识自己。综合来看，人对自我的看法是通过与社会中其他人的联系产生的，主要包括他人如何认知自己、他人如何评价自己、自己对他人这些认知的态度和情感。库利提出的初级群体理论也是在此基础上形成的，所谓初级群体，就是指那些最亲密最接近、长时间面对面交往互动的群体，在这些群体面前，个体往往能最充分地展示真实的自己。因此，最常见的初级群体是家庭、学校、同辈人等长期面对面交流的群体，对一个孩子来说，最初级的群体就是父母，孩子通过和父母的互动交流，了解善恶、对错、美丑等初步概念和意象，并想成为父母喜欢的孩子。

　　埃里克森的人格发展理论，[①] 即著名的人的发展八阶段理论。他认为人的发展要经历八个阶段，每个阶段都有自身的独特特点和任务，并且每个阶段的发展都将影响下一阶段的个人成长。八阶段包括信任与不信任的冲突阶段、自主与怀疑的冲突阶段、主动与内疚的冲突阶段、勤劳与自卑的冲突阶段、认同与角色的混淆阶段、亲密与孤独的冲突阶段、后代关注与自我关注的冲突阶段、完善与绝望的冲突阶段。他认为，第八阶段与第一阶段形成紧密联系，因此，他的八阶段理论是一个循环的过程。

（二）社会群体理论

　　社会群体理论包括社会角色理论和参照群体理论。社会角色理论认为，社会是由人的各种关系构成的有机整体，人作为社会活动的主体，在不同的社会关系网络中，有着不同的身份和地位，并且一个人任何时候总只会处在某一社会关系中，并以某种身份出现，这种社会身份是一切人存在的形式。这种形式也决定了一个人的思想、言行和行为模式。社会学把与人的某种身份地位以及与之对应的思想、言行和行为模式的一整套系统称为社会角色，它是构成社会群体和组织的基础。角色地位可通过先赋角色和自致角色两种方式实现，先赋角色是伴随着先天性的血缘、遗传等生理基础上的社会角

---

　　① 埃里克·H. 埃里克森. 同一性：青少年与危机 [M]. 孙名之，译. 杭州：浙江教育出版社，1998.

色，具有天生性，这种社会角色主要指直系亲属间的社会关系；而自致角色是需要通过后天努力或各种活动才能获得的。人们对自己社会角色的认知直接决定了自身融入社会的程度和社会关系的稳定，当个人对自己的角色认知与他人或社会的期望不匹配时，就容易出现角色冲突、角色紧张、角色中断等问题，进而影响自身融入社会的程度以及与社会关系的稳定。参照群体理论认为，参照群体的态度和评价也会影响个人对自己的评判以及社会行动模式，参照群体即"重要他人"，包括经常与自己交往，具有稳定社会关系的人，包括与自己地位相近的人，也包括处在不同地位的人，简而言之，只要能通过某种渠道产生联系的他人，均可认为是参照群体。为了更好地分析角色的不同，默顿（2006）进一步把社会角色分为"内群体"和"外群体"，即参照群体是自身所在的群体称为"内群体"，非自身所在群体称为"外群体"。在社会交往中，人与人之间的交流沟通是按照其所处的社会角色开展的，并且根据角色不同、地位不同形成具有差异的社会群体。对于流动人口而言，融入社会的含义可以理解为自身从外群体转变为内群体的过程。

（三）认同与接纳理论

"认同"是一个从"存异"到"求同"的过程，两个过程同时发生，且不断发生变化，认同包含两层含义：一是同一性，即每个个体会将自己归类到与自身特征、素质相近的群体；二是个体差异性，即便是同一群体，个体间也存在个性化差异。认同的过程是自身逐渐适应并成为某类群体中的一员，但同时保留与群体中其他人不同的个性。对个人而言，认同包括自我认同和社会认同，自我认同是对自己归属于何种社会范畴或组织的一种确定，而社会认同是自身所处的群体是否认同你处于这种社会范畴或组织。认同理论认为，社会认同状况将直接影响一个人的各种行为和偏好以及对自身的认知，社会认同成功与否直接决定个人融入社会的状况。流动人口的自我认同和社会认同状况很大程度上反映了其社会融合程度和方向，如果流动人口自我认同为流入地的一分子，那么在心理上就能找到归属感和获得感，同时当地社会群体也认同流动人口的这种自我认同，则会表现出接纳流动人口的现象，这将有利于流动人口更好地融入；相反，如果流动人口产生排斥，或者当地群体排斥流动人口，这将不利于流动人口的社会融入。和认同理论非常相似，接纳理论主要指心理接纳，包括自我接纳、群内接纳和社会接纳。其中，群内接纳和社会接纳是非常重要的因素，心理学家费伊（Fey，1955）编制了"接纳他人"量表，设计了包含自我接纳、接纳他人和对他人接纳自己的看法。群内接纳是指个人所在的群体对自己的接纳态度，或喜欢、或厌恶、或接纳、或排斥，它是衡量个体在群体内社会地位的重要指标，会深刻影响个体的社会交往和心理健康。对流动人口而言，社会接纳是其融入当地的一个重要心理指标，关乎流动人口社会融入的可能和融入质量。

（四）人力资本与文化资本理论

人力资本是指凝聚在劳动者身上的知识、技术及其表现出来的能力，文化资本是指非正式的人际交往技巧、习惯、态度、语言风格、素质、品位和生活方式。不同水平的人力资本和文化资本是造成社会分层的主要原因之一，对于流动人口而言，与当地人相比，人力资本和文化资本的差异导致了群体的分裂，甚至在流动人口内部也会存在因人力资本、文化资本差异而导致的分裂。因此，流动人口需要在人力资本和文化资本上和当地群体尽量保持一致，才能更好地融入当地。

三、流动人口社会融入的理论路径及现实特征

流动人口融入社会是一个漫长且复杂的过程，流动人口之所以离开家乡，主要目的是为了提高生活水平、追求幸福生活。这一目标既是流动人口群体自身发展的需要，也是我国实现经济高质量发展的必然要求。流动人口如何才能更好地融入社会？在研读我国宏观经济政策以及阅读文献的基础上，本书认为流动人口应按照以下路径逐步实现社会融入。

第一，能在流入地健康地生活是流动人口社会融入的最基本前提。我国地大物博，不同地区气候、饮食等方面存在较大差异，因此，流动人口首要适应的就是在流入地能正常生存，即适应当地气候、习惯当地饮食等。

第二，"进得来，住得下"是流动人口社会融入的必要条件。我国是农业大国，农业人口多，农村劳动力富足，随着经济结构的不断优化，农业劳动力出现饱和和过剩的现象，剩余劳动力边际效益降低，因此，农村劳动力

向工业或者服务业转移成为经济发展的必然规律。随着我国工业化和城镇化的不断深化，大量的农村劳动力逐渐转移，然而，由于历史形成的城乡二元结构长期存在，城乡分割和区域封闭的管理体制极大地影响了劳动力的充分流动。随着经济的进一步发展，政府通过大量努力推进劳动力转移，起到了良好的效果，根据《中国流动人口发展报告2018》，近几十年来，流动人口数量从1982年的600多万人，到目前保持在每年2.4亿人左右，流动人口的迁移渠道非常畅通，基本实现任何一个地区的农村劳动力可以流向全国任何城市，"进得来"基本实现。然而，在福利保障方面，流动人口受限于各种政策制度约束，很难和当地人享受同样的福利待遇，衣、食、住、行等基本生活需求中的"住"是难倒流动人口的一座大山。在城市有一个稳定的居所，是流动人口谋求工作并生活的重要基础。在诸多城市中，流动人口的住房需求和城市住房供给存在结构性失衡。流动人口的住房需求和当地人存在明显不同，大多数流动人口期望政府能提供廉租房或者价格低廉的自住房。

第三，"能就业，可创业"是实现流动人口经济立足的重要保障。生活需要有稳定收入，对绝大多数流动人口而言，获得稳定收入来源最主要的是工作获得的工资收入，甚至是唯一来源，因此，流动人口是否能较好地融入当地，就业是其中非常重要的环节。就业融入在流动人口融入社会的各个环节中，是承上启下且是必要的要素。从目前现实来看，根据2018年和2020年《中国流动人口社会融合评估报告》数据显示，流动人口的就业比例较高，几乎达到90%，然而作为雇主身份的流动人口较少，仅10%左右，流动人口中创业的比例也较低，大约为10%，即身份是雇主的流动人口和创业的流动人口群体规模相当，很大程度是同一群体。从签订劳动合同的情况来看，流动人口和雇主或单位签订正式劳动合同的比例大约40%左右，远远低于全国企业平均合同签订率（90%），当前流动人口签订劳动合同比例较低的原因，包括我国市场经济发展不够完善、企业为追求最大化利润而违规不签劳动合同等，当然也可能存在歧视现象。因此，从统计数据来看，流动人口能就业、可创业的形势依然难言乐观。

第四，"融得进，享平等"是流动人口融入质量的重要体现。在流入地与当地居民平等地享受各项基本公共服务是流动人口社会融合的重要保障，也是融入的关键因素之一，是流动人口获得当地接纳的一个重要体现。党的十九大报告明确指出，加快建立城市流动人口基本公共服务制度，全面推进流动人口基本公共服务均等化，使他们获得公平的生存和发展机会，实现更高层次的发展。从现实情况来看，流动人口与当地人口相比，在就业培训、劳动权益、社会保障、医疗保障、子女教育、住房保障等方面依然存在较大差异。在这些方面大多存在机会不平等现象，如购房资格限制、医疗报销比例、劳动合同签订等，在子女入学方面更是由于户籍、住房、社会保障等硬指标的限制，存在较大差距。

第五，凭意愿可落户是流动人口实现融入的高级目标。在流入地落户是流动人口的最大期盼，它是切实解决流动人口难以平等享受流入地各种福利政策的根本途径，是流动人口享受平等机会的终极表现。习近平总书记曾强调，户籍人口城镇化率直接反映城镇化的健康程度。城镇化不是土地城镇化，不是简单的人口流入城市，而是人的城镇化。新型城镇化更是强调了以人为核心，提高户籍人口城镇化水平的目标。① 从现实来看，根据我国流动人口动态监测数据和第七次全国人口普查（2020）数据显示，到 2019 年，我国户籍人口城镇化率为 43.37%，与发达国家 75% 以上的水平依然存在较大差距，而流动人口落户意愿率为 52.13%，从这两个数据可以看出，一部分有落户意愿的群体没有最终落户，同时流动人口整体落户意愿也不高，仅超过一半。分析原因，一是农村户口有土地、宅基地等"福利"，"含金量"高；二是流动人口从心理上并没有做好落户流入地的准备，内心还是认定自己只是到流入地打工挣钱，并无落户意愿，也可能是因为传统的"落叶归根"思想或不具备长期在流入地生活的经济能力，最终不愿落户，流动人口落户依然任重道远。

第六，身份认同、文化交融是流动人口融入的最终目标，它是一种心理融入。流动人口完成了心理融入则代表了流动人口从生理到物质、最后到心理融入的完整过程。2020 年《中国城市流动人口社会融合评估报告》显示，超过 65% 的流动人口认为自己是外地人，不是本地人。上文提及的落户意

---

① 中共中央文献研究室 . 十八大以来重要文献选编（中）［M］. 北京：中央文献出版社，2016：778.

愿也是心理融入的表现之一，接近半数的人并不打算落户当地，而在政治参与、社会团体活动等方面，流动人口的参与率也较低。因此，要完全实现流动人口融入当地的目标需要长久积累，心理层面的融入涉及价值观等方面的转变，是一个漫长的转换过程。

四、理论分析与基本假设

流动人口社会融入的多维性是判断流动人口融入状况的前提，是决策提升流动人口融入路径的基础。在国内外研究基础上，本节将从以下五个维度对流动人口的社会融入进行分析。

第一，生理适应。生理适应是融入的最基础条件，能健康地生活在流入地是其他一切融入的前提；一般来说，流动人口的流动模式是从经济相对落后的地区流动到经济较为发达的地区，跨省份的流动较为普遍，流动人口在流入地是否会出现不适应当地的饮食习惯、气候变化等"水土不服"现象，进而导致患病或身体不适症状发生对于其是否能融入当地非常重要。因此，生理适应对于流动人口融入当地具有重要影响。

H1：生理适应是流动人口社会融入的基础，良好的生理适应能力是良好社会融入状况的必要条件。

第二，经济融入。经济融入是生存的基本要求，也是全面融入社会的最基础保障。若流动人口不具备基本的经济能力，将无法在流入地立足，也将最大限度地限制流动人口其他方面的社会融入。经济融入对社会融入具有决定性作用，同时深刻影响着社会适应、身份认同和心理融入。

H2：经济融入对社会融入具有决定性作用，同时经济融入会影响社会适应、身份认同和心理融入。

第三，社会适应。社会适应是中间层次的融入，涉及流动人口在流入地的工作状况、住房情况和福利保障等。除了基本的健康和经济水平外，流动人口进一步的融入状况将由生活环境、社会角色等决定，也是流动人口向当地人口同化的一个中间过程，具体包括从事行业，居住条件，是否享受医疗保障、社会保障等福利。

H3：社会适应是社会融入中中间层次的融入，起到承上启下的作用。

第四，身份认同。身份认同是较高层次的社会融入阶段，指流动人口与当地人的心理距离近似等于与家乡人的心理距离，长期在外流动的人口经常容易陷入身份迷茫状态，究竟把自己看作是"当地人"还是"外地人"，决定了流动人口社会融入状况。包括流动人口平时是否主动参与当地各种活动，闲暇时间的交流群体等情况。

H4：身份认同是流动人口社会融入的较高阶段，是经济融入、社会融入之后更进一步的融入状态，以经济融入为基础。

第五，心理融入。心理融入是社会融入的最高阶段，是深层次的融入状态。涉及流动人口的归属感以及从何而来、到何处去的深刻思考，是流动人口是否认同自己为当地人的终极判断。心理融入包括主观心理融入和被动心理融入两个方面：主观心理融入包括自身是否愿意继续留在当地、是否愿意融入当地等状况；被动心理融入是当地人是否接受流动人口成为当地人。

H5：心理融入是社会融入的最高融入阶段，经济融入、社会适应、身份认同均为心理融入的前提。

五、模型选择

根据上文对流动人口社会融入问题的维度选择、理论分析以及相关假设的提出，本节将采用结构方程模型从生理适应、经济融合、社会适应、身份认同、心理融入五个维度对流动人口社会融入效应及路径展开分析。首先，变量初选。以理论分析为基础，参考国内外学者相关研究文献，结合已有数据信息，初步选取对应的变量信息。其次，变量精选。依据变量数据的完整性，变量信息增益，以及验证性因子分析和探索性因子分析的交叉验证，确定最终的指标体系。再次，模型构建。依据流动人口社会融入理论分析及假设，针对所选变量从数据驱动角度出发，探索并验证流动人口社会融入的传导结构以及路径分析。最后，从研究结果出发对流动人口社会融入问题做进一步的分析与讨论。

考虑到流动人口的生理适应能力、经济融合程度、社会适应能力、身份认同度、心理融入程度均无法直接度量，因此，需要通过一系列可观测变量构建对应的潜变量，从而探究各潜变量之间的关系，而结构方程模型是被广

流动人口发展路径的统计分析：从提升主观幸福感到社会融入的转变

Statistical Analysis on the Development Path of Floating Population: From Promoting Subjective Well-being to Social Integration

泛认可的研究可观测变量与潜在变量以及潜在变量之间关系的重要工具。

结构方程模型包括两个基本模型，分别为测量模型和结构模型。测量模型由潜在变量、观测变量以及测量误差项组成，主要分析潜在变量与观测变量的共变效果，其表达式为（以 w_1 对应的测量方程为例）：

$$x_1 = \lambda_1 \, w_1 + e_1 \tag{7.1}$$

$$x_2 = \lambda_2 \, w_1 + e_2 \tag{7.2}$$

结构模型主要由潜在变量与残差项组成，主要分析潜在变量间因果关系，其表达式为（以 w_3 为外衍潜在变量，w_1 和 w_2 为内衍潜在变量[①]为例）：

$$w_1 = \beta_2 \, w_2 + \beta_3 \, w_3 + \xi_1 \tag{7.3}$$

$$w_2 = \gamma_1 \, w_1 + \gamma_3 \, w_3 + \xi_2 \tag{7.4}$$

结构方程模型变量关系如图 7 – 1 所示，w_i 为潜在变量（不可直接观测），通常用椭圆框表示，x_i 为观测变量，通常用方形框表示，e_i 为测量误差项，用圆框表示，ξ_i 为结构方程模型中的残差项（根据实际模型确定，图中未列出）。

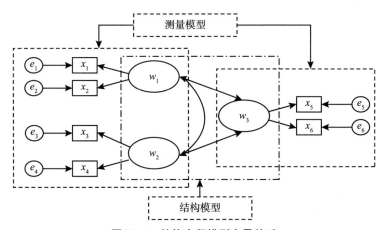

图 7 – 1　结构方程模型变量关系

———————

① 潜在变量中表示原因（自变量）的为外衍潜在变量，表示结果（因变量）的为内衍潜在变量。

第三节　流动人口社会融入结构与路径

一、数据来源及样本特征

本节所使用的数据为原国家卫生和计划生育委员会（现国家卫生健康委员会）组织调查的 2017 年全国流动人口动态监测数据。数据涵盖我国 31 个省份和新疆生产建设兵团，按照随机原则，以 2016 年全员流动人口年报数据为基本抽样框，采取分层、多阶段、与规模成比例的 PPS 方法进行抽样，样本总量 169989 人，调查对象为在流入地居住一个月及以上，非本区（县、市）户口的 15 周岁及以上人口。

2017 年全国流动人口动态监测数据的基本特征分布如表 7 - 1 所示，样本中性别分布较为平均，男性占比 51.7%，女性占 48.3%；从年龄分布来看，呈现两头小、中间多的分布形态，20 岁以下和 60 岁以上占比较低，分别为 1.9% 和 3.8%，20 ~ 30 岁、30 ~ 40 岁、40 ~ 50 岁年龄段比重较大分别达到 28.5%、33.4% 和 23.6%；从民族来看，汉族占比超过 90%，少数民族约占 10%；从户口性质来看，农业户口占比接近 80%，是流动人口中的中流砥柱；从婚姻状况来看，已婚（含初婚和再婚）占 81.2%，未婚占比 15.1%，其他（含离婚、丧偶、同居）占 3.7%；从受教育程度来看，初中学历占比近乎一半，达 43.7%，具有大专及以上学历的占比不到 20%；从流动范围来看，跨省级单位流动约占一半，省级单位内跨市占 33.0%，市内跨县占 17.7%。

表 7 - 1　　　　2017 年全国流动人口动态监测数据的基本特征分布

变量	变量值	样本有效百分比（%）
性别	男	51.7
	女	48.3

流动人口发展路径的统计分析：从提升主观幸福感到社会融入的转变
Statistical Analysis on the Development Path of Floating Population: From Promoting Subjective Well-being to Social Integration

续表

变量	变量值	样本有效百分比（%）
年龄	15～20 岁	1.9
	20～30 岁	28.5
	30～40 岁	33.4
	40～50 岁	23.6
	50～60 岁	8.7
	60 岁以上	3.8
民族	汉族	90.6
	少数民族	9.4
户口性质	农业	78.0
	非农业	14.3
	其他	7.7
婚姻状况	已婚	81.2
	未婚	15.1
	其他	3.7
受教育程度	小学及以下	17.0
	初中	43.7
	高中及中专	21.9
	大专及以上	17.4
流动范围	跨省级单位	49.3
	省级单位内跨市	33.0
	市内跨县	17.7

资料来源：根据 2017 年中国流动人口动态监测数据整理得出。

二、变量设置及选取

首先，在已有文献的基础上进行变量初选，变量选取主要遵循科学性、可比性和可获得性原则。其次，根据数据的完整性、信噪比、信息增益和交叉验证的方式精选变量，确定最终的指标体系。

（一）社会融入的五维度

本节在现有理论的基础上，结合国内外研究现状，从五个方面研究流动人口社会融入状况：生理适应、经济融入、社会适应、身份认同和心理融入。根据前文的基本假设，生理适应是融入的最基础条件，能健康地生活在流入地是其他一切融入的前提；其次是经济融入，具有一定的经济水平是生存的基本要求，也是其他融入的基础；社会适应是较高层次的融入，身份认同和心理融入是最高层次的融入。参照马斯洛需求层次理论（Maslow's hierarchy of needs），流动人口在流入地的社会融入层级从理论上整体为：生理适应→经济融入→社会适应→身份认同→心理融入，其中可能还存在复杂的路径和中介效应。

（二）变量设置

生理适应维度包括流动人口的身体健康状况和在流入地患病情况；经济融入维度主要包括流动人口家庭月收入、家庭月支出、住房月支出；社会适应维度主要包括工作状况、住房状况和医疗保险、社会保险情况；身份认同维度主要包括交往对象、各种活动参与状况以及社区管理参与度等；心理融入维度主要包括流动人口对流入地的一些价值观判断，各维度变量具体设置及取值说明如表7-2所示。为避免变量设置方向不一致导致结果混乱，本节五个维度对应的具体变量取值均按照取值越大，融入程度越好的方向设置。

表7-2　　　　　　　　各维度变量具体设置及取值说明

维度	变量（问卷题项）	取值说明
生理适应	是否出现过腹泻（日腹泻≥3次）	1. 是　2. 否
	是否出现过发热（体温≥38℃）	1. 是　2. 否
	是否出现过感冒	1. 是　2. 否
	是否有患病或身体不适的情况	1. 是　2. 否
经济融入	您家在本地平均每月住房支出	按实际数据分为5类
	您家在本地平均每月总支出	按实际数据分为5类
	您家平均每月总收入	按实际数据分为5类

流动人口发展路径的统计分析：从提升主观幸福感到社会融入的转变

Statistical Analysis on the Development Path of Floating Population: From Promoting Subjective Well-being to Social Integration

续表

维度	变量（问卷题项）	取值说明
社会适应	是否有工作	1. 否　2. 是
	本地是否给您建立居民健康档案	1. 否　2. 是
	就业单位性质	1. 其他　2. 国有企业　3. 机关事业单位
	是否参加医疗保障	1. 未参加　2. 参加
	是否参加社会保障	1. 未参加　2. 参加
	住房性质	1. 其他　2. 租住房　3. 自购房
身份认同	每周工作小时数	按实际数据分为 3 类
	业余时间和谁来往最多	1. 很少交流　2. 老乡　3. 外地人　4. 本地人
	参加本地活动种类	1. 0 种　2. 1 种　3. 2 种　4. ≥3 种
	主动参与社会服务管理种类	1. 从不参加　2. 偶尔参加　3. 经常参加
心理融入	是否愿意把户口迁入本地	1. 不愿意　2. 没想好　3. 愿意
	愿意在本地继续居留多久	1. 不愿居住　2. 5 年以下　3. 5 年以上（非定居）　4. 定居
	我喜欢我现在居住的城市	1. 完全不同意 2. 不同意 3. 基本同意 4. 完全同意
	我关注我现在居住城市的变化	
	我很愿意融入本地人当中，成为其中一员	
	我觉得本地人愿意接受我成为其中一员	
	我感觉本地人看不起外地人	1. 完全同意 2. 基本同意 3. 不同意 4. 完全不同意
	按照老家的风俗习惯办事对我比较重要	
	我的卫生习惯与本地居民存在较大差别	
	我觉得我已经是本地人了	1. 完全不同意　2. 不同意　3. 基本同意　4. 完全同意

注：住房性质中将"自购商品房""自购保障性住房""自购小产权房""自建房"合并为"自购房"，将"公租房""借住房""私住租房—整租""私住租房—合租"合并为"租住房"，将"雇主房""就业场所""其他非正规住房"合并为"其他"。

资料来源：根据表 7-1 资料设置相关变量。

三、结构方程模型

（一）探索性因子分析

将五个维度的变量进行探索性因子分析，以确定每个变量和公因子的对应关系，从因子分析的结果来看（见表 7 - 3），五个维度和变量对应效果优良，变量 $X_{18} \sim X_{27}$ 在第一公因子（F1）上的因子载荷最高，对应心理融入维度；$X_1 \sim X_4$ 在第二公因子（F2）上的因子载荷最高，对应生理适应维度；$X_5 \sim X_7$ 在第三公因子（F3）上的因子载荷最高，对应经济融入维度；$X_{14} \sim X_{17}$ 在第四公因子（F4）上的因子载荷最高，对应身份认同维度；$X_8 \sim X_{13}$ 在第五公因子（F5）上的因子载荷最高，对应社会适应维度。从因子分析提取的五个公因子与本节设置的五个维度潜在变量非常吻合，同时，为了得到良好的实证分析效果，部分学者提出了每个变量在公因子上的载荷应达到 0.4 以上的参考标准，对照该标准，除了 X_9 和 X_{15} 的因子载荷略小于 0.4 以外，其他变量的因子载荷均在 0.4 以上，考虑到本节总变量数达到 27 个的条件下，五个维度累积方差贡献率为 0.63，效果较为理想。

表 7 - 3　　　　　　　　　　探索性因子分析

变量	F1	F2	F3	F4	F5	变量	F1	F2	F3	F4	F5
X_1		.532				X_{14}				.892	
X_2		.566				X_{15}				.369	
X_3		.826				X_{16}				.605	
X_4		.840				X_{17}				.588	
X_5			.614			X_{18}	.490				
X_6			- .847			X_{19}	.410				
X_7			.812			X_{20}	.784				
X_8					.884	X_{21}	.772				
X_9					.385	X_{22}	.828				
X_{10}					.470	X_{23}	.787				
X_{11}					.487	X_{24}	.475				
X_{12}					.504	X_{25}	.595				
X_{13}					.430	X_{26}	.409				
						X_{27}	.622				

注：F1 ~ F5 分别表示 5 个公因子，$X_1 \sim X_{27}$ 为按照表 7 - 2 中的变量顺序依次命名的变量名，表中数字为旋转后的因子载荷。为了清晰显示每个变量与公因子的对应关系，表中略去了其他变量的载荷值。

资料来源：根据表 7 - 1 资料，运用 SPSS 软件计算而来。

（二） 结构方程模型路径设置

根据基本假设，本节对五个维度之间的关系进行验证，五个潜在变量与观测变量之间的测量模型和潜在变量之间的结构模型关系如图 7 - 2 所示。

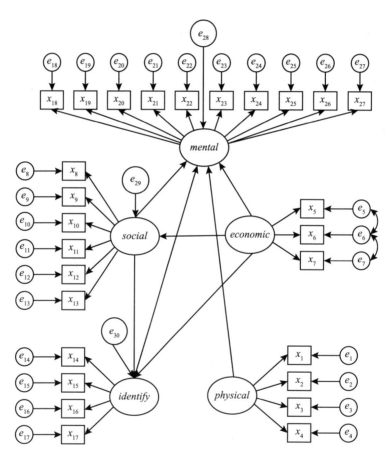

图 7 - 2　结构方程模型路径

其中，"*physical*" 表示潜在变量生理适应，对应的观测变量为 $x_1 \sim x_4$（分别对应表 7 - 3 中的四个变量，下同）；"*economic*" 表示潜在变量经济融入，对应的观测变量为 $x_5 \sim x_7$；"*social*" 表示潜在变量社会适应，对应的观

测变量为 $x_8 \sim x_{13}$ ；"*identify*"表示潜在变量身份认同，对应的观测变量为 $x_{14} \sim x_{17}$ ；"*mental*"表示潜在变量心理融入，对应的观测变量为 $x_{18} \sim x_{27}$ ；"e_i"表示误差。图 7 – 2 中具体包含方程分为结构模型和测量模型，其中，结构方程模型包括：

$$mental = \beta_1 physical + \beta_2 economic + \beta_3 social + \beta_4 identify + e_{28} \qquad (7.5)$$

$$social = \gamma economic + e_{29} \qquad (7.6)$$

$$identify = \delta_1 economic + \delta_2 social + e_{30} \qquad (7.7)$$

测量模型涉及每个潜在变量与其对应的观测变量之间的关系方程，五个潜在变量共对应 27 个方程，此处为了节省篇幅，仅列出生理适应潜在变量与其对应的 4 个观测变量之间的方程：

$$x_1 = \lambda_1 physical + e_1 \qquad (7.8)$$

$$x_2 = \lambda_2 physical + e_2 \qquad (7.9)$$

$$x_3 = \lambda_3 physical + e_3 \qquad (7.10)$$

$$x_4 = \lambda_4 physical + e_4 \qquad (7.11)$$

（三）参数估计

通过极大似然法[①]对式（7.5）~式（7.7）进行参数估计及假设检验，结构模型估计如表 7 – 4 所示。可以看出，三个结构模型揭示的潜在变量之间呈现出显著的结构关系，CR 统计量均在 1% 的显著性水平下显著。具体来看，经济融入程度每提高 1 个单位，社会适应能力平均提升 0.008 个单位；在其他因素不变的条件下，经济融入每提高 1 个单位，身份认同度平均提高 0.007 个单位，而社会适应能力每提高 1 个单位，身份认同度平均提高 1.404 个单位；在其他因素不变的条件下，生理适应能力每提高 1 个单位，心理融入状况平均提高 0.024 个单位；经济融入每提高 1 个单位，心理融入平均提高 0.002 个单位；社会适应能力每提高 1 个单位，心理融入程度平均提高 0.638 个单位；身份认同度每提高 1 个单位，心理融入程度平均提高

---

① 对结构方程模型估计有七种方法，包括极大似然法、一般化最小平方方法、未加权最小平方方法、一般加权最小二乘法、对角线加权平方方法、工具变量法和两阶段最小平方方法，其中，极大似然法被广泛采用。

0.068 个单位。

表 7 - 4   结构模型估计

结构模型	估计值	标准误	CR 统计量
经济融入→社会适应	0.008	0.003	3.213 ***
经济融入→身份认同	0.007	0.002	3.178 ***
社会适应→身份认同	1.404	0.022	62.885 ***
身份认同→心理融入	0.068	0.007	9.451 ***
生理适应→心理融入	0.024	0.006	3.805 ***
经济融入→心理融入	0.002	0.001	3.108 **
社会适应→心理融入	0.638	0.019	34.024 ***

注：估计值为 0.000，仅表示数据较小，保留三位小数后依然为 0，CR 统计量右上角 ***，**，* 分别表示对应的 p 值小于 0.01，0.05，0.1，下同。

资料来源：根据表 7 - 1 数据，运用 AMOS 软件计算得出。

测量模型估计结果如表 7 - 5 所示①，可以看出，五个维度和对应的观测变量之间均存在显著相关关系，此处不一一解释。值得关注的是，经济融入潜在变量对应的观测变量 X_6（家庭平均每月总支出等级）系数为负，揭示了家庭总支出越多，其经济融入程度反而越低的结果，该结论值得我们进一步探讨其原因。一般而言，家庭消费支出越高，生活质量就越高，经济融入程度应该越好，我们认为，不能简单看待消费支出和经济融入的正相关关系，而应该考虑消费支出高的原因，如果是因为收入较高引起的消费支出高，显然是经济融入良好的表现，然而考虑到流动人口的基本情况，收入较高的比例相对较少，更可能的情况是流动人口无法享受到当地人"户籍"的各种福利，在同等情况下，不得不多支出满足基本需求，导致支出越高经济融入状况越差的情况出现，因此系数为负。

---

① 为了模型可识别，通常会固定一个观测变量和对应的潜在变量的系数为 1，本节选择 X_1，X_5，X_{13}，X_{17}，X_{18} 的系数为 1。

表7-5　　　　　　　　　　　　测量模型估计

潜在变量	观测变量	系数	潜在变量	观测变量	系数
生理适应	X_1	1.000	身份认同	X_{14}	0.324***
	X_2	1.014***		X_{15}	0.765***
	X_3	3.751***		X_{16}	1.301***
	X_4	4.005***		X_{17}	1.000
经济融入	X_5	1.000	心理融入	X_{18}	1.000
	X_6	-1.878***		X_{19}	1.874***
	X_7	0.149***		X_{20}	1.742***
社会适应	X_8	0.081***		X_{21}	1.831***
	X_9	0.640***		X_{22}	2.173***
	X_{10}	0.438***		X_{23}	1.951***
	X_{11}	0.181***		X_{24}	0.962***
	X_{12}	0.756***		X_{25}	0.431***
	X_{13}	1.000		X_{26}	0.850***
				X_{27}	1.771***

资料来源：同表7-4。

（四）模型检验与修正

结构方程模型构建是否合理，整体模型适配度检验非常重要。适配度指标是评价假设的理论路径与搜集的实际数据间的匹配程度，常见的模型适配度检验指标包括绝对适配度指数（包括：卡方值、卡方自由度比、GFI、AGFI、RMR、SRMR、RMSEA、NCP、ECVI）、增值适配度指数（包括：NFI、RFI、IFI、TLI、CFI）和简约适配度指数（包括：PGFI、PNFI、CN、AIC、AGFI、AIC）三类指数近20个具体指标。不同指标的优劣比较仍具有一定的争议，可供选择的指标组合也有多种，在进行适配度检验时需谨慎。为避免偏差，本节选择文献中最为常见的指标组合作为评判标准。结构方程模型适配度指标如表7-6所示。从适配结果来看（原适配度为修改前），卡方自由度比（χ^2/df）和RMR指标略超出适配范围，其他指标显示适配度良好，根据模型修正指标提示，将生理适应和经济融入修改为共变关系可进

流动人口发展路径的统计分析：从提升主观幸福感到社会融入的转变

Statistical Analysis on the Development Path of Floating Population: From Promoting Subjective Well-being to Social Integration

一步提升模型适配度，修正后的模型适配度（新适配度）卡方自由度比和 RMR 值得到改善，其他指标保持良好效果，因此，最终的模型是在原模型基础上将生理适应和经济融入设置为共变关系（即在图 7 - 2 中将"*economic*"与"*physical*"用双箭头连接）。

表 7 - 6   结构方程模型适配度指标

指标	χ^2/df	RMR	RMSEA	GFI	CFI	NFI	TLI
原适配度	3.723	0.065	0.073	0.963	0.964	0.957	0.970
新适配度	2.896	0.041	0.066	0.966	0.968	0.976	0.974
适配要求	1 ~ 3	< 0.05	< 0.08	> 0.9	> 0.9	> 0.9	> 0.9

资料来源：同表 7 - 4。

四、中介效应分析

理论假设部分分析了五个维度之前的逻辑性，即五个维度存在从基础到高层次渐近融入的过程，例如只有生理适应和经济融入状况良好的情况下，才可能进入社会适应、身份认同阶段，最终达到心理融入。表 7 - 4 的结果已经阐述了五个维度之间的直接关系，值得特别关注的是，如果我们将各维度之间的关系进行逻辑对比，不难发现有三组维度之间可能存在一阶中介效应和一组远程中介效应，具体路径如下：

第一组：经济融入→社会适应，社会适应→心理融入。即社会适应是经济融入、心理融入的中介。

第二组：经济融入→身份认同，身份认同→心理融入。即身份认同是经济融入、心理融入的中介。

第三组：经济融入→社会适应，社会适应→身份认同。即社会适应是经济融入、身份认同的中介。

远程中介效应：经济融入→社会适应，社会适应→身份认同，身份认同→心理融入。即经济融入通过社会适应中介，再经过身份认同中介，最终达到心理融入。

究竟经济融入是直接影响心理融入还是通过社会适应、身份认同等中介间接影响心理融入? 下面将进行中介效应分析来探讨他们之间的路径关系。

(一) 中介效应的基本原理

中介效应指 X 对 Y 的影响是通过 M、N 等其他因素实现的, M、N 等称为中介变量。下面以一阶中介效应为例 (见图 7-3) 分析其基本原理。

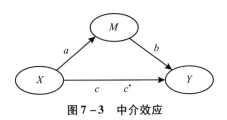

图 7-3　中介效应

图 7-3 展示了 X 通过 M 最终到 Y 的过程, a 表示 X 到 M 的系数, b 表示 M 到 Y 的系数, c 表示 X 到 Y 的总效果, c^* 表示 X 到 Y 的直接效果。

如果 M 为 X 到 Y 的中介, 则需满足以下三个条件: (1) $M = aX$, $a \neq 0$, 且显著; (2) $Y = cX$, $c \neq 0$, 且显著 (总效果); (3) $Y = bM + c^*X$, $b \neq 0$, 且显著。

如果 $c^* \neq 0$, 则 M 为 X 到 Y 的部分中介; 如果 $c^* = 0$, 则 M 为 X 到 Y 的完全中介, $a * b$ 表示中介效应, 并且总效应等于直接效应与中介效应的和, 即 $c = a * b + c^*$。

(二) 流动人口融入维度的中介效应分析

通过结构方程模型的求解不能检验中介效应是否存在, 因此, 需要单独做中介效应检验。目前, 求解中介效应最好的方法是自举法 (bootstrap), 它对数据要求相对较低, 不需要大样本, 也不需要数据服从正态分布 (Hayes, 2009)。利用自举法计算的中介效应检验结果如表 7-7 所示, 从经济融入→心理融入路径来看, 经济融入对心理融入的总效应为 0.007, 其中间接效应为 0.005, 直接效应为 0.002, 结果均在 0.01 显著性水平下显著, 表明经济融入对心理融入存在显著影响, 并存在中介效应, 从特定的中介效应结果来看, 经济融入通过社会适应和身份认同两个中介作用最终达到心理融入，中介作用贡献超过 70%；从经济融入→身份认同路径来看，经济融入对身份认同的总效应为 0.018，其中间接效应为 0.011，直接效应为 0.007，结果均在 0.01 显著性水平下显著，表明经济融入对身份认同既具有直接影响，同时通过社会适应中介，间接影响身份认同，中介作用贡献超过 60%；并且，从经济融入通过社会适应中介，再通过身份认同中介，最终达到心理融入的远程中介路径在统计意义上显著，证实了经济融入在流动人口的社会融入中起到基础性作用，而心理融入是最高级的融入也得到佐证。

表 7 – 7 　　　　　　　　　　　　　　中介效应检验

路径	点估计值	Bias-corrected 95% 置信区间		Percentile 95% 置信区间	
		下限	上限	下限	上限
总效应					
经济融入→心理融入	0.007 ***	0.004	0.009	0.003	0.009
经济融入→身份认同	0.018 ***	0.009	0.022	0.010	0.024
间接效应					
经济融入→心理融入	0.005 ***	0.002	0.007	0.003	0.008
经济融入→身份认同	0.011 ***	0.007	0.014	0.008	0.013
直接效应					
经济融入→心理融入	0.002 ***	0.001	0.004	0.001	0.004
经济融入→身份认同	0.007 ***	0.004	0.009	0.003	0.010
特定的中介效应①					
经济融入→社会适应→心理融入	0.002 ***	0.001	0.004	0.001	0.003
经济融入→身份认同→心理融入	0.003 ***	0.001	0.005	0.002	0.005
远程中介效应（链式中介）					
经济融入→社会适应→身份认同→心理融入	0.002 ***	0.001	0.003	0.001	0.004

注：利用 bootstrap 法自举抽样 2000 次进行参数估计，"***"表示在 1% 显著性水平下显著。
①经济融入可通过社会适应、身份认同两组途径达到心理融入的目标，特定的中介效应指每一组的中介效应，两组特定的中介效应之和等于总中介效应。
资料来源：同表 7 – 4。

五、扩展分析

通过分析潜在变量与潜在变量之间的结构模型研究了流动人口社会融入路径，通过分析潜在变量与观测变量之间的测量模型研究了流动人口的各种表象特征与潜在变量之间的关系，两种模型并没有回答流动人口真实的融入状况，流动人口是否存在"伪融入"问题？本书认为流动人口是否融入当地，一个重要的判断标准是与当地人比较五个维度的水平是否存在显著差异，如果流动人口与本地人表现基本无差异，则表明流动人口真正融入了当地；反之，如果流动人口与本地人存在显著差异，则融入状况欠佳，甚至是"伪融入"，即自我感觉融入了当地（心理融入涉及多项主观判断），但实际并没有真正融入。因此，本节将流动人口与本地人进行对比分析，探索流动人口融入当地的实际状况。

（一）数据说明

数据采用原国家卫生和计划生育委员会（现国家卫生健康委员会）2017 年流动人口与户籍人口对比专题调查数据进行分析。该专题调查数据包括我国八个市、州、区（江苏省苏州市、山东省青岛市、河南省郑州市、湖南省长沙市、广东省广州市、重庆市九龙坡区、云南省西双版纳州、新疆维吾尔自治区乌鲁木齐市）的家庭成员与收支情况、就业情况、流动及居住意愿、健康与公共服务、社会融入、重点疾病流行影响因素六个板块的内容。其中，流动人口问卷（2017 年全国流动人口动态监测数据 C 卷）包括 13998 个样本，户籍人口问卷（2017 年全国流动人口动态监测数据 D 卷）包括 14000 个样本。户籍人口和流动人口的调查内容基本相同，[1] 时间一致，调查对象均为 15 周岁以上，调研城市一致，保证了数据的可比性。

---

[1]　户籍居民和流动人口的问卷框架相同，但部分问题由于身份原因不适合，因此存在问卷设置略有差异的地方，本节按照上文的四个维度（主要将流动人口与户籍人口客观事实进行对比，心理融入维度涉及主观感受，因此不讨论）探讨，尽量保持相同变量进行对比，存在不一致的问题适当调整为其他相关变量进行对比。

（二）生理适应对比

通过对流动人口与户籍人口适应指标对比（见表7-8），发现在生理适应方面，两者差异不大，出现各种患病症状的比例与是否为流动人口无关。正如前面所叙述，生理适应是最基础的条件，流动人口选择留在流入地，表明身体状况能适应当地，因而流动人口的生理适应状况良好。

表7-8　　　　　　　流动人口与户籍人口生理适应指标对比　　　　单位：%

变量	流动人口	户籍人口
近一年出现腹泻（每日腹泻≥3次）的比例	17.2	19.6
近一年出现发热（腋下温度≥38℃）的比例	13.3	14.8
近一年出现感冒症状的比例	60.3	58.7
近一年患病或出现身体不适症状的比例	56.5	55.6

资料来源：根据2017年中国流动人口动态监测数据以及流动人口与户籍人口对比专题数据整理而来。

（三）经济融入对比

我们将流动人口在流入地的经济状况与当地户籍人口的经济状况进行对比（见表7-9），通过描述统计发现当地居民的家庭月收入平均值为8313.41元，而流动人口为7414.46元，通过T检验得出两者存在显著差异的结论；家庭月支出表现出类似的结论。而从住房月支出来看，流动人口平均消费为972.60元，显著高于户籍人口的630.49元。流动人口家庭收入低于户籍人口，但住房支出却高于户籍人口，这一反差表明流动人口的经济融入还有待提升。我们进一步思考原因，户籍人口拥有住房的概率较大，而流动人口租房的概率较大，拥有自住房（此处住房支出不含房贷）只需支付水、电、气等基本开支，而租房除了基本开支外，租金本身就是一笔不小的支出，因此，流动人口住房支出高并不难理解。同时，考虑到很多地区存在限购政策，流动人口更容易受到区别对待，导致流动人口购房难、购房贵、住房位置偏等现象普遍发生，即流动人口在住房条件相对差的情况下，住房支出反而较高，更加充分地证实了流动人口的经济融入状况不佳。

表 7 - 9　　　　　　　　　　户籍人口与流动人口经济因素比较

指标	户籍人口	流动人口	T 检验
家庭月收入（元）	8313.41	7414.46	- 13.82 ***
家庭月支出（元）	4556.18	3835.26	- 21.18 ***
住房月支出（元）	630.49	972.60	21.46 ***

注：*** 表示在 1% 显著性水平下显著。
资料来源：同表 7 - 8。

（四）社会适应对比

　　社会适应包括是否有工作、工作性质，是否参加医疗保障、社会保障，是否建立居民健康档案、住房性质等内容，通过对比流动人口与户籍人口的差异（见表 7 - 10），可以看出，当地居民除近一周有工作的比例（78.0%）略低于流动人口（85.6%）外，其他指标全面领先流动人口。具体来看，建立居民健康档案比例和参加社会保障比例两项，户籍人口均超出流动人口 30 个百分点以上；参加公费医疗的比例偏低，户籍人口为 5.3%，而流动人口仅为 1.5%；从工作单位性质来看，户籍人口在机关事业单位和国有企业单位工作的比例高达 33.1%，流动人口仅为 5.4%，而在私营企业就业或个体工商户的比例流动人口高于户籍人口；从工作劳动合同的性质来看，签固定期限合同的比例，户籍人口高出流动人口近 14 个百分点，而未签劳动合同的比例则流动人口较高。因此，从社会适应状况来看，流动人口与户籍人口相比还存在较大的差距，流动人口并未完全融入流入地。

表 7 - 10　　　　　　　　　　社会适应状况比较　　　　　　　　　　单位：%

指标	户籍人口	流动人口
建立居民健康档案比例	60.5	28.0
参加社会保障比例	83.7	50.9
参加公费医疗比例	5.3	1.5
近一周有工作的比例	78.0	85.6

流动人口发展路径的统计分析：从提升主观幸福感到社会融入的转变

Statistical Analysis on the Development Path of Floating Population：From Promoting Subjective Well-being to Social Integration

续表

指标	户籍人口	流动人口
工作单位性质		
机关事业单位	26.2	2.1
国有企业	6.9	3.3
个体工商	16.1	44.4
私营企业	20.0	25.9
工作劳动合同		
固定期限合同	70.6	56.9
未签劳动合同	15.5	28.7

资料来源：同表 7 – 8。

（五）身份认同对比

身份认同包括工作时长、是否参与当地各种活动等内容，是较高层次的社会融入表现，流动人口只有认同自己是当地人才可能积极参与到社会活动中，从流动人口与户籍人口对比结果来看（见表 7 – 11），流动人口全面落后于户籍人口。从每周工作时长来看，户籍人口平均每周工作 46.48 小时，而流动人口达 56.82 小时（相当于超过每周工作七天，每天 8 小时的工作量），工作强度较高。从参与各种活动比例来看，参加工会活动、志愿者协会活动、同学会的比例户籍人口均大幅超过流动人口（高出 20 个百分点以上）；户籍人口向政府部门提建议、向社区提建议、监督社区管理的比例，分别高出流动人口 8% 和 13%；主动献血、捐款以及参加党（团）支部活动的比例分别高出 18.6% 和 21.3%。流动人口参与各种活动比例较低的原因，或许是身份歧视（外部因素），或许是自身不愿主动参与（内部因素），都反映出流动人口还没有较好地融入当地，身份认同感不高。

表 7 – 11　　　　流动人口与户籍人口身份认同对比

指标	户籍人口	流动人口
参加工会活动比例（%）	28.50	8.90

指标	户籍人口	流动人口
参加志愿者协会活动比例（%）	30.30	8.40
参加同学会活动比例（%）	52.40	26.20
给社区提建议参与监督比例（%）	22.80	9.80
向政府部门提建议比例（%）	13.10	5.10
主动捐款、献血等活动比例（%）	58.90	40.30
参加党（团）支部活动或会议比例（%）	26.40	5.10
每周工作小时数（小时）	46.48	56.82

资料来源：同表7-8。

第四节　结论与思考

在现有文献的基础上，结合社会融入的内涵，构建了生理适应、经济融入、社会适应、身份认同和心理融入五维度指标体系，探讨了流动人口社会融入结构及路径。研究结果表明：

第一，流动人口社会融入五维度之间存在密切的关联，生理适应是生存的基础，心理融入是最高层次的融入。经济融入是社会融入的必要条件，经济融入既能直接影响心理融入，又能通过社会适应或身份认同路径间接影响心理融入，同时存在经济融入通过社会适应，再通过身份认同远程中介效应影响心理融入，证实了本书理论假设提出的生理适应→经济融入→社会适应→身份认同→心理融入的社会融入路径与层级。

第二，通过对比流动人口与户籍人口的社会融入状况，发现流动人口仅在生理适应方面与户籍人口没有显著差异，在经济融入、社会适应与身份认同三个维度，流动人口与户籍居民存在显著差异，因此，流动人口并没有充分融入当地。流动人口社会融入是一个长期复杂的动态过程，是一个多维度、多层次的过程，流动人口在更高层次的社会融入方面仍存在较大的提升空间。

从流动人口的心理融入特征来看，65%的流动人口愿意将户口迁入当

地，超过97%的流动人口喜欢现在居住的城市，超过95%的流动人口关注居住城市的变化，超过93%的流动人口愿意融入当地，超过76%的流动人口认为自己已经是本地人等。数据表明，大多数流动人口主观上（心理融入维度主要是流动人口主观评价）认为自己融入居住地的状况良好，然而通过对比户籍居民，客观上发现流动人口存在较大差距，因此，本书认为流动人口存在"伪融入"现象，即主观上认为融入状况较好，而客观上与户籍居民存在较大差距，这是值得我们进一步思考的问题。在城镇化和经济高质量发展的大背景下，我们不应该仅仅注重人口城镇化率这个数量指标，而应转向关注人的高质量生活等质量指标。因为从根本上说，城镇化和经济高质量发展的终极目标都是"人"，尤其是处于弱势群体的流动人口，他们为国家经济高质量发展做出了卓越贡献，而自身却处于发展落后的状况，流动人口的高质量发展应是未来城镇化发展的方向。

第八章

中国居民主观幸福感影响因素分析

流动人口是户籍制度下的一个概念，随着中国经济体制改革的不断深入，随着流动人口在流入地深度的融入，流动人口将会成为一个历史概念。本章将流动人口与非流动人口作为一个整体，来分析中国居民的主观幸福感影响因素。

本章采用的数据为世界价值观调查数据（WVS）。世界价值观调查是一项考察全世界居民对朋友、家庭、婚姻、工作、政治、社会信任、宗教等多方面价值观念的国际性调查项目，其中对中国在 1990 年、1995 年、2001 年、2007 年、2013 年和 2018 年进行了六次调查，样本容量分别为 1000 人、1500 人、1000 人、2015 人、2300 人和 3036 人，在描述统计部分将采用最新数据，实证部分为了与前述章节的时间对应，本章选择使用 2018 年数据进行分析。

第一节　中国居民主观幸福感现状

一、主观幸福感的衡量

在世界价值观调查问卷数据中，有两个描述主观幸福感的问题，第一个是"整体来说，您自我感觉快乐吗？"，选项答案为"1. 非常快乐，2. 比较快乐，3. 不快乐，4. 一点也不快乐"（取值越低越快乐）；第二个问题是

"总体而言，您对生活满意吗?"，选项答案是从 1（最不满意）到 10（最满意）来描述满意度（取值越高生活越满意）。

在世界价值观调查数据中，快乐程度和生活满意度均可以作为主观幸福感的近似代替，本章为了研究的方便，将两个变量合并成一个变量。根据心理学的研究，主观幸福感可以分解为情感认知和生活满意两个主要因素，和世界价值观调查中的快乐程度与生活满意度对应，合并两个变量的方法采用罗纳德·英格尔哈特（Inglehart，2008）提出的方法，即"主观幸福感＝生活满意度－2.5×情感认知"，[①] 这样我们就得到了一个新的综合考虑了两个因素的主观幸福感变量，记为 SWB（Subjective well-being）。该变量取值范围为 －9~7.5，虽然新的变量 SWB 出现了负值，但数值仅表示幸福的等级，可以看作有序变量，并不影响后续的分析。

二、中国居民主观幸福感变化趋势

根据上一部分对主观幸福感的测算方法，分别从快乐程度、生活满意度以及主观幸福感考察中国居民的幸福感变化规律。从快乐程度分布情况（见表 8 - 1）可以看出，平均来看，居民感觉"非常快乐"的占比为21.15%，"比较快乐"的占比为58.98%，感觉快乐的占比达到80%以上；感觉不快乐的占比为约20%，其中感觉"很不快乐"的仅占2.22%。分年份来看，感觉"比较快乐"的居民都是占比最大的，除 1990 年占比40.20%稍微低一点外，其他年份均超过 50%，2013 年达到最高，为68.80%；感觉"很不快乐"的占比非常小，所有年份都在5%以下，其中，最低的 2013 年仅占 1.10%；感觉"非常快乐"的居民比重呈现先下降后上升的趋势，从 1990 年的 28.30% 下降到 2001 年的 11.50% 后，又回升到20% 以上；感觉"不太快乐"的比重也呈现了先下降后上升的趋势。从生活满意度分布（见表 8 - 2）来看，"不满意"的（把 1 ~ 5 看作不满意）所占比重不到 40%，"满意"的（6 ~ 10 看作满意）占比超过 60%；具体来看

---

① 数据中情感认知的回答选项是逆向计分的，所以此处用负号纠正，生活满意度是 10 分制计分，情感认知是 4 分制计分，赋予权重 2.5 倍是为了平衡两者对主观幸福感的影响。

每种回答类别的比重，可以看出回答类别为 8 和 10 的比例最高，分别达到了 20.2% 和 15.3%，其他比重较高的回答类别是 6、7、5、9。总体来说，居民是比较幸福的。

表 8 - 1　　　　　　　　　　　　快乐程度分布　　　　　　　　　　　　单位: %

年份	快乐程度			
	非常快乐	比较快乐	不太快乐	很不快乐
1990	28.30	40.20	29.40	2.20
1995	22.80	61.30	14.20	1.70
2001	11.50	66.60	19.10	2.80
2007	21.20	55.50	19.30	4.00
2013	15.70	68.80	13.30	1.10
2018	27.40	61.50	9.50	1.50
平均	21.15	58.98	17.47	2.22

资料来源: 根据历年世界价值观调查数据整理而来。

表 8 - 2　　　　　　　　　　　　生活满意度分布　　　　　　　　　　　　单位: %

年份	生活满意度									
	1（最不满意）	2	3	4	5	6	7	8	9	10（最满意）
1990	2.2	1.0	2.1	4.0	9.0	13.9	14.0	24.3	13.0	16.6
1995	3.4	3.2	4.2	4.9	12.0	13.4	14.0	17.1	11.2	16.5
2001	3.4	4.9	6.0	4.5	13.5	14.2	13.2	17.6	8.4	14.2
2007	3.7	3.7	4.4	4.3	11.3	14.2	12.5	21.8	10.1	14.0
2013	1.1	1.8	3.3	5.9	11.8	13.1	18.3	24.7	10.3	7.8
2018	1.5	1.0	2.6	2.5	10.3	12.2	15.5	24.6	11.8	17.7
合计	3.2	3.2	4.2	4.4	11.5	13.9	13.4	20.2	10.7	15.3

资料来源: 同表 8 - 1。

流动人口发展路径的统计分析：从提升主观幸福感到社会融入的转变

Statistical Analysis on the Development Path of Floating Population：From Promoting Subjective Well-being to Social Integration

中国居民主观幸福感总体变化趋势如表8-3所示，1990~2018年每年的快乐均值都在2.5（选项均值）以下，整体均值为2.07，表明总体上居民主观感觉是快乐的，快乐均值曲线在2附近波动，没有明显的趋势。但我们作一个简单处理，将1990年和1995年的数据作为20世纪90年代的代表，则可以得到20世纪90年代的快乐均值为2.00；将2001年和2007年的数据作为20世纪第一个十年的代表，其均值为2.10；2013年和2018年看作20世纪10年代代表，其均值为2.11，可以看出中国居民的幸福感是下降的；从生活满意度来看，1990年为7.29，生活满意度最高，2001年呈现下降趋势，2007年略有回升，若将20世纪90年代和20世纪第一个十年进行比较，可以看出，生活满意度也呈现下降趋势，而2013年和2018年也并没有表现出上升的趋势。与中国综合社会调查数据的结论对比，其问卷问题为"总的来说，您生活感觉如何？"，选项为"1. 非常不幸福、2. 不幸福、3. 一般、4. 幸福、5. 非常幸福"。2003~2008年，居民的幸福感呈现逐渐上升趋势，表明进入2000年以后，居民越来越幸福了，这和世界价值观调查的数据结论（2007年比2001年更幸福）相一致。

表8-3   中国居民主观幸福感总体变化趋势

世界价值观调查				中国综合社会调查	
年份	快乐程度	生活满意度	主观幸福感	年份	幸福感
1990	2.05	7.29	2.16	2003	3.26
1995	1.95	6.83	1.97	2005	3.41
2001	2.13	6.53	1.20	2006	3.43
2007	2.06	6.76	1.61	2008	3.71
2013	2.08	6.68	1.56	2013	3.67
2018	2.14	6.63	1.58	2015	3.63
综合	2.07	6.84	1.70	综合	3.58

注：表内数据为均值。

资料来源：根据历年世界价值观调查和中国综合社会调查数据整理得出。

表8-3中主观幸福感列出的数据即为该变量的均值（均值越大，幸福

感越高），数据同样证实了居民 20 世纪 90 年代比 21 世纪初要更幸福，在 2000 年后，幸福感呈现提升趋势。针对主观幸福感的这种阶段性的变化规律，我们给出如下解释：第一，居民幸福感的均值变化并没有明显的上升或者下降趋势，而是在小范围内波动，这是由于人具有适应生活的本能，人们总是会在不断变化的生活水平中适应当时的环境，所以幸福感表现稳定；第二，相对收入理论确实在现实生活中起重要作用，虽然 20 年来经济发展迅速，收入大幅提高，但人们的攀比心理使其并不觉得幸福感提升，反而可能会随着收入差距的扩大而下降；第三，人们对幸福感评估时基于多要素的综合考虑。生活水平的提高确实能提高人民的幸福感，但那些没能与经济同步发展与改善的因素诸如环境污染等负面现象的出现又会抑制幸福感的提升，故而居民对幸福的评价是综合各种因素后的整体感受，取决于正面与负面因素的力量对比，从 2000 年后的这几年幸福感小幅上升的趋势来看，正面因素逐渐成为主导因素。

第二节　主观幸福感影响因素分析

一、变量选择

对主观幸福感影响因素的分析基于前面所提出的综合分析框架。因变量为主观幸福感，为离散有序因变量；自变量为经济因素和非经济因素，其中，非经济因素包括人口学特征、工作、家庭因素、人际关系因素和情感因素五个因素，各个因素的变量设置具体如下：

经济因素变量包括收入（按绝对收入进行分组，分为低、中、高三个收入组别）、储蓄（按上年储蓄情况分为有储蓄、收支平衡、有储蓄的借钱消费、无储蓄的借钱消费）、家庭财政满意度（财政满意度是将家庭实际财政情况与心理预期情况以及和其他人财政情况对比后的一种主观感受，可以作为相对收入的一种近似替代，变量值是从最不满意到最满意分别用 1 到 10 来衡量，本节为了结论方便表达，将 1~3 重新编码为"1"，代表不满

流动人口发展路径的统计分析：从提升主观幸福感到社会融入的转变

Statistical Analysis on the Development Path of Floating Population: From Promoting Subjective Well-being to Social Integration

意，4 ~ 7 编码为"2"，代表一般，8 ~ 10 编码为"3"，代表满意，后文涉及满意度的变量均采用此处理方式）。

人口学特征变量包括性别、年龄、受教育程度、婚姻、健康状况。

工作因素变量为工作满意度（工作满意度是居民综合各种工作因素后对目前工作状况的一个主观感受，变量值与处理方式同家庭财政满意度）。

家庭因素变量包括：家庭信任度（家庭信任度是衡量居民对家庭成员整体是否信任的变量，变量值为"1. 非常信任、2. 比较信任、3. 一般、4. 不信任"）、家庭生活满意度（此变量是综合考虑家庭各种因素后的一种主观感受，变量值的处理同家庭财政满意度的处理）。

人际关系因素变量为信任度（此信任度主要指对非家庭成员的信任，问卷问题为"大部分人能被信任吗?"，回答选项为"1. 大部分人可以被信任、2. 还是小心为好"）。

情感因素变量包括孤独、积极情感、消极情感。情感因素是决定一个人幸福感高低的重要因素，本节结合文献及数据的可得性，选择以下三个变量：孤单（问卷问题为"您是否感到孤单或脱离群众?"，回答选项为"1. 不、2. 是"）、积极情感（问卷问题为"您是否感到兴奋和有兴趣"，回答选项为"1. 不、2. 是"）、消极情感（问卷问题为"您是否感觉沮丧和失落?"，回答选项为"1. 不、2. 是"）。

二、不同群体主观幸福感差异的比较

对不同群体的主观幸福感差异比较可以粗略地揭示影响主观幸福感的主要因素。不同群体的主观幸福感差异如表 8 - 4 所示。从性别来看，除 2001 年女性幸福感明显高于男性外，其他年份差异并不明显；而从总体上看，女性的幸福感均值 1.80 高于男性的 1.67，表明女性整体上比男性幸福。从婚姻状况来看，已婚的幸福程度最高，未婚次之，离婚或丧偶的最低，表明婚姻可以提升幸福。从年龄来看，整体上呈现两头高、中间低的"U"型关系，30 ~ 49 岁中年人幸福感最低，原因可能是这部分人处在工作压力大，且上有老下有小的环境下，负担相比其他年龄段要重很多。从受教育程度来看，随着受教育程度的提高幸福感也显著提升，表明教育可以使人更加幸福，原因可能是受教育更多的人往往会有较好的工作、收入和社会地位。需要注意的是，2007年出现了反常的情况，高中及中专的幸福感最高，大专及以上的最低，可能的原因是当时大学恰逢扩招时期，大学教育从精英教育向大众教育转化，使得当时大学生的优越感大幅受挫，降低了幸福感。从健康状况来看，健康状态"好"的人比"普通"的人要更幸福，"普通"的人比"差"的人更幸福，且差距非常明显，可以看出，健康是影响一个人幸福与否的重要因素。从工作情况来看，退休的人的幸福感最高，有工作的次之，无工作的最低，和伊斯特林分析的结论一致。这是符合现状的，退休的人压力比较小，相对幸福；无工作的人压力非常大，难言幸福。从收入情况来看，收入越高，幸福感越高，表明收入依然对幸福感起着非常重要的作用。从卡方检验结果来看，除性别对主观幸福感的影响不显著外，其他变量均显著。各变量对主观幸福感的具体影响还需进一步分析。

表8-4　　　　　　　　　　　不同群体的主观幸福感差异

年份	类别	1990年	2001年	2007年	2018年	1990~2018年	卡方
性别	男	2.25	1.62	1.10	1.66	1.67	23.99
	女	2.04	2.37	1.29	1.58	1.80	
婚姻	未婚	1.25	2.05	0.59	1.65	1.53	95.24 ***
	已婚	2.39	1.93	1.36	1.66	1.80	
	离婚或丧偶	2.17	2.54	-1.26	0.94	1.15	
年龄	15~29岁	1.41	2.19	1.31	2.04	1.82	76.58 **
	30~49岁	2.48	1.89	1.12	1.37	1.65	
	50岁及以上	2.52	1.86	1.29	1.73	1.82	
受教育程度	初中及以下	—	1.71	1.13	1.03	1.28	128.46 ***
	高中及中专	—	2.19	1.26	2.11	1.90	
	大专及以上	—	2.42	1.06	2.95	2.44	
健康状况	好	2.78	2.52	2.06	2.67	2.53	689.06 ***
	普通	1.47	1.21	0.25	0.64	0.93	
	差	0.70	-1.01	-0.99	-1.38	-1.04	

流动人口发展路径的统计分析：从提升主观幸福感到社会融入的转变

Statistical Analysis on the Development Path of Floating Population: From Promoting Subjective Well-being to Social Integration

续表

年份	类别	1990 年	2001 年	2007 年	2018 年	1990 ~ 2018 年	卡方
工作情况	有工作	2.25	1.92	1.33	1.70	1.80	97.92 ***
	退休	2.16	2.80	1.23	1.91	2.14	
	无工作	1.43	1.90	0.39	1.19	1.24	
绝对收入	低收入	2.28	− 0.11	− 0.13	0.35	0.92	309.54 ***
	中收入	1.91	2.45	1.19	2.60	2.18	
	高收入	1.53	3.88	2.07	3.88	2.73	
相对收入	不满意	0.52	− 2.11	− 1.63	− 1.65	− 1.41	2417.07 ***
	一般	1.70	1.67	1.13	1.47	1.51	
	满意	3.65	4.59	3.77	3.84	3.99	

注：表内数据为均值，卡方统计量检验变量之间的关系，*** 、** 、* 分别代表 1% 、5% 、10% 显著性水平下变量关系显著。

资料来源：根据历年世界价值观调查数据分组汇总得出。

三、计量分析结果

（一）基于有序因变量模型

描述性统计揭示了中国居民近 30 年来幸福感的变化规律以及部分群体之间幸福感的差异，然而这些规律和差异是否具有统计意义，其他因素是否对主观幸福感也有显著的影响，都需作进一步的回归验证。

本节所选用的模型为有序因变量模型，该模型的基本原理在前面已有介绍，此处不再赘述。中国居民主观幸福感有序回归结果如表 8 - 5 所示，可以看出，人口学特征对居民主观幸福感都有显著影响，其结论和前面描述性统计基本吻合。从年龄来看，居民幸福感随着年龄的增长呈现先下降后上升的趋势；从性别来看，女性比男性更幸福；从婚姻状况来看，已婚的人群幸福感最高，离婚或丧偶的最低；从健康状况来看，身体越好，幸福感越高；从受教育程度来看，居民幸福感随着受教育程度的提高而显著提升。

表 8 - 5　　　　　　　　中国居民主观幸福感有序回归结果

因素	变量	类别	估计值	比数比	拟 R^2	卡方
人口学特征	年龄	15~29 岁	-0.451 ***	0.64	0.127	597.04 (0.000)
		30~49 岁	-0.513 ***	0.60		
		50 岁及以上	参照组			
	性别	女	0.254 ***	1.29		
		男	参照组			
	婚姻	未婚	0.076	1.08		
		已婚	0.299 **	1.35		
		离婚或丧偶	参照组			
	健康状况	好	1.937 ***	6.94		
		普通	0.983 ***	2.67		
		差	参照组			
	受教育程度	大专及以上	0.486 ***	1.63		
		高中及中专	0.246 **	1.28		
		初中及以下	参照组			
经济因素	收入	高收入	0.340 ***	1.40	0.367	1775.179 (0.000)
		中收入	0.459 ***	1.58		
		低收入	参照组			
	上年储蓄	有储蓄	1.075 ***	2.93		
		收支平衡	0.578 ***	1.78		
		有储蓄借钱	0.577 ***	1.78		
		无储蓄借钱	参照组			
	家庭财政满意度	满意	3.295 ***	26.98		
		一般	1.536 ***	4.65		
		不满意	参照组			
工作因素	工作满意度	满意	1.938 ***	6.94	0.153	148.709 (0.000)
		一般	0.604 ***	1.83		
		不满意	参照组			

流动人口发展路径的统计分析：从提升主观幸福感到社会融入的转变

Statistical Analysis on the Development Path of Floating Population: From Promoting Subjective Well-being to Social Integration

续表

因素	变量	类别	估计值	比数比	拟 R^2	卡方
家庭因素	家庭信任度	非常信任	4.089 **	59.68	0.178	188.421 (0.000)
		比较信任	3.605 *	36.78		
		一般	4.031 **	56.32		
		不信任	参照组			
	家庭生活满意度	满意	2.396 ***	10.98		
		一般	0.975 ***	2.65		
		不满意	参照组			
人际关系因素	信任度	能信任他人	0.351 ***	1.42	0.01	51.995 (0.000)
		小心些为好	参照组			
情感因素	孤独	不	0.331 *	1.39	0.059	57.193 (0.000)
		是	参照组			
	积极情感	是	0.498 ***	1.65		
		不	参照组			
	消极情感	不	0.839 ***	2.31		
		是	参照组			

注：***、**、*分别表示在1%、5%、10%的显著性水平下显著。卡方值下括号内为 p 值，从结果来看，所有因素的卡方统计量均高度显著，说明模型是成立的。连接函数为 Logit。

资料来源：根据历年世界价值观数据，运用 Stata 软件计算得出。

　　从经济因素来看，低收入系数为负且显著，表示同高收入群体相比，低收入者的幸福感较低；中等收入者系数为正，表示中等收入的人群比高收入者幸福感更高，但系数不显著，不能说明其差异的存在。总体而言，中高收入者比低收入者幸福的概率更大，但并不能得出收入越高越幸福的结论。学者们分析经济因素对主观幸福感的影响时往往重点考察收入因素，本书认为储蓄状况也会对主观幸福感产生重要影响，实证结论也证实了这一点，从储蓄情况来看，结果符合现实，储蓄越多，越幸福，无储蓄借钱的人（入不敷出）的幸福感最低；从对家庭财政满意度来看，对家庭财政状况满意的人群幸福感最高，不满意的最低。为进一步比较相对收入和绝对收入对主观幸福感影响的重要性，我们进行两个模型比较（见表 8－6），模型 1 是控制其他一些因素（此处主要比较绝对收入和相对收入的重要性，故控制变量的系数省略），加入绝对收入变量进行有序因变量回归；模型 2 控制相同的一些因素，同时加入绝对收入和相对收入变量进行有序因变量回归。[1] 比较两个模型的结果可以发现，在控制相对收入后，低收入者系数的显著性下降，且系数绝对值减小，表明控制相对收入后，绝对收入对低收入者幸福感的影响减弱；对于中等收入者而言，系数变大，而且显著性增加，表明控制相对收入后，绝对收入对中等收入者幸福感的影响加强。从模型统计信息来看，加入相对收入后，拟 R^2 和模型拟合卡方统计量都显著提高，表明相对收入对主观幸福感的变化有很好的解释作用。

表 8－6　　　　　　　绝对收入和相对收入对主观幸福感的影响比较

变量		模型 1	模型 2
控制变量		性别、年龄、婚姻、健康、教育、储蓄、工作满意度、情感因素、家庭因素	
绝对收入（绝对收入高低分组）	低收入	－0.681 ***	－0.210 *
	中收入	－0.065	0.172 *
	高收入	0（参照组）	
相对收入（家庭财政满意度）	满意		3.163 ***
	一般		1.432 ***
	不满意	0（参照组）	
拟 R^2		0.209	0.407
模型拟合卡方		890.901 ***	1978.440 ***

注：*** 、** 、* 分别表示在 1%、5%、10% 的显著性水平下显著。
资料来源：同表 8－5。

从工作因素来看，对工作状况越满意的人群越幸福，正如文献综述里所

---

① 为了避免多重共线性的可能，本书对绝对收入和相对收入进行检验，结果显示两个变量的方差膨胀因子均为 1.049，表明不存在较为严重的多重共线性。

提及，工作的不满意不仅体现在收入上，还会在多方面对幸福感产生影响，表明工作情况确实是影响幸福感非常显著的因素。

从家庭因素来看，对家庭成员信任的人，则更可能幸福，一点都不信任家人的人幸福感最低；对家庭生活状况满意的人更幸福，对家庭生活不满意的人幸福感最低。

从人际关系来看，认为大部分人是可以信任的群体幸福感较高，而认为要小心为好、多多提防外人的人幸福感较低。信任度反映的是人对周围大环境的一种感受，也是对社会风气的一种评估，感觉周围的人大部分可以信任的人更加幸福。

从情感因素来看，经常感到孤独的人或脱离群众的人幸福感较低；经常感到沮丧和失落的人，幸福感较低；而经常感到开心、有兴趣的人幸福感较高。表明情感积极的人更加快乐，消极的人幸福感较低。

从比数比①的结果来看，女性更幸福的概率是男性的 1.29 倍；健康状况良好的人更幸福的概率是不健康的 6.94 倍；高收入者更幸福的概率是低收入者的 1.40 倍；对工作满意的人更幸福的概率是不满意的 6.94 倍；对家庭信任的人更幸福的概率是不信任家庭的 59.68 倍。拟 R^2 是 Logit 模型中解释变量对被解释变量解释能力的一种量化，从结果来看，经济因素的解释能力最强，能解释幸福感变化的 36.7%，其次是家庭因素、工作因素、个人特征因素，分别可以解释幸福感变化的 17.8%、15.3% 和 12.7%。

（二）基于分位数回归模型

各解释变量对 9 个分位点的幸福感程度的影响系数如表 8-7 所示，各解释变量对不同分位点幸福感群体的影响趋势如图 8-1 所示，表 8-7 和图 8-1 可以更详细地揭示各因素对不同分位点幸福人群的影响差异，反映出卡方检验以及均值回归所难以揭示的现象。

---

① 比数比（odds ratio）的计算公式为 *odds ratio = exp（B）*，*B* 为系数值，如性别女的 *OR* = $e^{0.254}$ = 1.29。

表 8 - 7　　各解释变量对 9 个分位点的幸福感程度的影响系数

变量	0.1 分位数	0.2 分位数	0.3 分位数	0.4 分位数	0.5 分位数	0.6 分位数	0.7 分位数	0.8 分位数	0.9 分位数
绝对收入	0.750***	0.600***	0.500***	0.330***	0.330***	0.170***	0.250***	0.170***	0.250***
相对收入	1.000***	1.130***	1.060***	1.000***	0.830***	0.700***	0.670***	0.700***	0.500***
年龄	0.027***	0.027	0.028***	0.026***	0.031***	0.029***	0.028***	0.031***	0.022***
性别	0.500**	0.470***	0.540***	0.370***	0.230**	0.260**	0.250**	0.230**	0.410***
婚姻	-0.500*	0.000	0.000	0.000	0.000	0.000	0.250*	0.000	0.500***
健康	-1.800***	-1.730***	-1.590***	-1.430***	-1.290***	-1.250***	-1.250***	-1.170***	-1.090***
教育	1.750***	1.500***	0.500***	0.500***	0.000	0.000	0.500***	0.000	0.500***
子女数量	-0.170**	-0.100	0.000	0.000	0.000	0.000	0.100**	0.000	0.000
工作	0.500***	0.500***	0.570***	0.560***	0.500***	0.360***	0.390***	0.370***	0.300***
家庭	0.500***	0.500***	0.450***	0.500***	0.500***	0.500***	0.440***	0.540***	0.400***
人际关系	-0.500	-0.500	-0.500*	-0.500*	-0.500**	-0.500**	-1.000***	-0.500*	0.000
积极情感	0.000	1.000***	1.500***	1.000***	0.500*	1.000***	1.000***	0.500*	1.000***
消极情感	-2.000***	-1.500***	-2.000***	-1.500***	-1.500***	-1.000*	-0.500	-0.500	-0.500
常数项	-6.250***	-3.700***	-2.000***	-0.330**	0.670***	2.170***	2.500***	4.000***	4.750***

注：***、**、*分别表示在 1%、5%、10%的显著性水平下显著，无标记表明不显著。
资料来源：同表 8 - 5。

流动人口发展路径的统计分析：从提升主观幸福感到社会融入的转变

Statistical Analysis on the Development Path of Floating Population: From Promoting Subjective Well-being to Social Integration

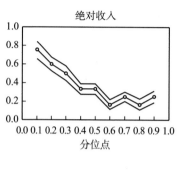

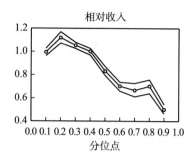

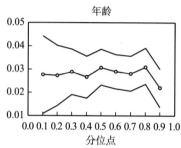

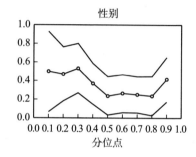

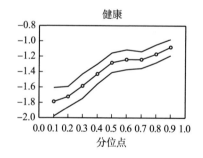

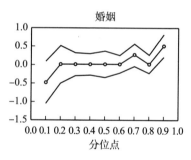

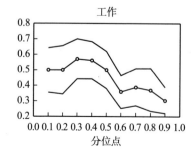

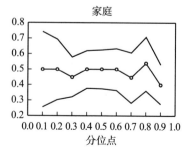

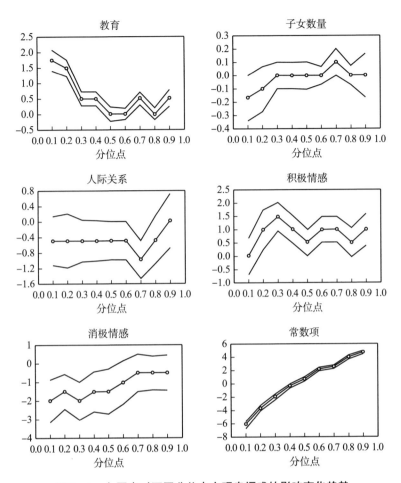

图8-1 各因素对不同分位点主观幸福感的影响变化趋势

注：每个图中间的线表示系数值，上下两条线表示95%的置信区间。
资料来源：根据表8-7结果绘制。

从收入来看，绝对收入对不同幸福程度的人群影响的确显著不同，幸福感低分位点的群体绝对收入系数较大。在0.1分位点，系数为0.75，表明收入每提高1个等级，幸福感平均会提高0.75个等级，而在高分位点的时候，系数相对较小，在0.6~0.9分位点时，系数范围为0.17~0.25。说明绝对收入对不太幸福的人的影响更大，提高收入会较大幅度提高幸福感，而对于很幸福的人而言，绝对收入的影响相对较小。从相对收入来看，也呈现出类似的现象，各分位点的系数都是显著的，低分位点的系数也相对较高。

0.1~0.4 分位点的系数都在 1.0 以上，表明对家庭收入满意度每提高 1 个等级，主观幸福感会提升 1 个等级以上；而在高分位点，系数相对较低，在 0.5~1.0 之间，表明对于幸福感较低的人群，相对收入对幸福感影响较大，而幸福感较高的人群，相对收入对幸福感影响较小。总体来看，收入因素对幸福感的影响非常显著，相比绝对收入，相对收入对主观幸福感的影响更大。

从个人特征因素来看，年龄对不同幸福感的人群的幸福感影响差异不大，系数在 0.027 附近小幅波动，由于系数为正且都显著，可以得出随着年龄的增长，幸福感会小幅提升，表明在控制了其他诸如收入、健康、工作等因素后，年龄对幸福感是正影响；从性别来看，系数为正而且显著，表明女性比男性更幸福（男性为 0，女性为 1），低分位点的系数较大，高分位点的系数相对较小，在 0.1 分位点（最不幸福的人群），女性幸福感平均比男性高 0.5 个等级，而在 0.8 分位点（非常幸福的人群），女性的幸福感平均比男性高 0.23 个等级，表明性别因素对不幸福的群体影响更大。从健康状况来看，所有分位点系数均为负且高度显著（最健康为 1，最不健康为 5），表明健康状况越差，幸福感越低，总体来看，系数为负且绝对值都大于 1，表明健康状态对所有群体的幸福感影响都较大，在低分位点的系数绝对值较大，表明不幸福的人群如果健康状态变差，则幸福感降低的幅度也相对较大；从婚姻情况来看，0.1 分位数点的系数为负，0.7、0.9 分位数的系数为正，其他分位点系数为 0 且不显著，表明对于不幸福的群体，离婚或丧偶的人不幸福，未婚和或已婚的相对较为幸福，对于中等幸福的群体，婚姻状况对他们的幸福感影响不显著，对于幸福感较高的群体，离婚或丧偶并不会降低他们的幸福感；从受教育程度来看，大多数分位点的系数为正，而且显著，表明随着受教育程度的提高，幸福感会提升，低分位点的系数相对较高，0.1 分位点的系数达到 1.75，即当他们受教育程度上升 1 个层次，幸福感平均提升接近 2 个档次，而在高分位点的系数为 0.5 或者不显著，说明受教育程度对比较幸福的人的影响程度相对较小甚至没有明显的影响。

从子女数量来看，大多数分位点的系数都是不显著的，仅有 0.1 和 0.7 分位点的系数显著，在 0.1 分位点的系数为负，表明不幸福的人增加子女数量只会让他们更不幸福，0.7 分位点的系数为正，表明比较幸福的人适当增加子女可以提高他们的幸福感。

从工作因素来看,各分位点的系数全都为正且显著,说明工作因素是影响主观幸福感的重要因素,对工作状况越满意的人幸福感越高。从系数大小来看,低分位点的系数高于高分位点,表明工作满意度的提高对提升低幸福感人群的幸福感更明显。

从家庭因素来看,各分位点的系数都为正且都显著,表明对家庭生活越满意的群体主观幸福感越高,不同分位点的系数差异不大,说明不论幸福程度如何的群体,家庭生活满意度对主观幸福感的影响是一致的。

从人际关系来看,低分位点的系数不显著,高分位点的系数显著,不同分位点的系数值稳定在 -0.5,表明不信任他人的人群幸福感较低,平均而言,信任他人比不信任他人的人群幸福感高 0.5 个档次。信任度反映了一个人对社会大环境的一种评估,觉得大部分人是可以信任的人对社会环境评估较好,幸福感较高,觉得对别人要多加小心的人显然不满意社会的人际关系,处处需要提防,难免会感觉不幸福。

从情感因素来看,积极情感因素各分位点的系数为正且大多是显著的,说明积极乐观的人幸福感较高,低分位点系数略高于高分位点,表明乐观积极的情绪对提升不幸福人群的幸福感效应更明显;消极情感(不消极为1,消极为2)的各分位点系数为负且显著,表明孤独或远离他人的人群相对不幸福,在低分位点的系数为 -1.5 或 -2,即对于不幸福的人,孤独或远离他人的人群比普通人群幸福感平均低 1.5 到 2 个档次。

第三节 结论与思考

本章利用 1990～2018 年世界价值观调查数据的中国部分以及中国综合社会调查数据,对中国居民幸福感的变化规律及影响因素进行了分析,主要结论如下:

第一,基于世界价值观调查数据分析,中国居民主观幸福感的评价处于比较快乐的层次。不论是 20 世纪 90 年代还是 21 世纪初,居民的主观幸福感都高于选项中值。分阶段看,2000 年以后,居民幸福感呈现上升趋势,

流动人口发展路径的统计分析：从提升主观幸福感到社会融入的转变

Statistical Analysis on the Development Path of Floating Population: From Promoting Subjective Well-being to Social Integration

但和 20 世纪 90 年代相比，却呈现略微下降趋势，总体而言居民的幸福感较为稳定；中国综合社会调查的数据支持了这一结论。这么一种复杂的幸福感变化恰恰揭示了中国近 20 年所发生的变化，一方面，国民经济快速的发展，居民收入普遍的提高，生活水平不断上升，让人民普遍感受到幸福；另一方面，伴随经济的发展，社会问题也日渐突出，食品安全、贫富差距扩大、环境污染、交通拥挤等负面现象也屡有发生，这种经济与社会发展不同步的状况，大大降低了居民的幸福感。随着政府对居民幸福感的关注日益加强，以及解决各种社会问题的决心，未来居民会越来越觉得幸福。

第二，本章从多个方面综合分析了中国居民主观幸福感的影响因素，居民主观幸福感受到来自人口学特征、经济因素、工作因素、家庭因素、人际关系因素和情感因素六个方面因素显著的系统影响。根据解释程度，得出各个因素对主观幸福感影响的重要性排序，经济因素是影响主观幸福感最重要的因素，绝对收入和相对收入都对主观幸福感有显著影响，相比而言，相对收入能更好地解释主观幸福感的变化。其他因素对主观幸福感影响的重要性依次为家庭、工作、人口学特征、情感和人际关系因素。

第三，"收入—幸福"悖论在一定程度上符合中国经济社会发展所处的当前阶段。中国居民的幸福感呈现比较稳定的趋势，略有先下降后上升的趋势。20 世纪 90 年代的居民幸福感较高，原因是当时中国正处在经济迅速发展期，社会突出问题相对不是很突出；2000 年以后，中国居民幸福感呈现小幅上升趋势，但整体低于 20 世纪 90 年代，可能的原因是老百姓一方面在分享经济快速发展带来的各种福利；另一方面社会问题不断凸显，一定程度上会降低老百姓的幸福感。

结论与展望

一、本书的主要结论

本书利用全国流动人口动态监测数据分析了中国流动人口的主观幸福感现状以及影响因素；利用中国综合社会调查数据（CGSS）比较流动人口与非流动人口主观幸福感的差异，考虑到户籍制度改革后流动人口将逐渐本地化，届时流动人口与本地人口成为一个无差异的群体；利用世界价值观调查数据（WVS）分析中国居民主观幸福感的变化趋势与影响因素。通过对上述问题的研究，本书得到如下主要结论：

第一，总体上看，我国流动人口主观幸福感的评价处于比较幸福的层次。具体来看，2010年感觉幸福的比例为48.3%，2011年出现大幅下降，仅为37.8%，2012年回升到57.2%，2016年和2018年继续上升。整体来看，中国流动人口主观幸福感评价在波动中上升，2013年之后，幸福感呈现出稳定状态，但并没有出现明显上升。

第二，从经济因素来看，绝对收入和相对收入对流动人口主观幸福感均存在显著的正影响，这说明流动人口在生活中不仅关注自己的收入，同时也会关注自己收入与同地区同类群体平均收入的比较；此外，家庭收入、储蓄对主观幸福感也存在显著的正影响，流动人口在消费和储蓄的权衡中更注重储蓄；从恩格尔系数变量和住房性质变量可以看出，食品消费占总消费比重越大，幸福感越低；拥有住房产权的群体更加幸福，这些间接证实了富裕的人更幸福的结论。

第三，从非经济因素来看，首先考察个人特征变量，研究发现女性比男性更幸福，在 15～59 岁范围内，年龄与主观幸福感呈现出"U"型关系，初婚群体的幸福感最高，而离婚、丧偶和未婚的幸福感最低，这说明婚姻可以提升流动人口幸福感，整体上受教育程度高的群体幸福水平较高，经过进一步研究发现，教育对幸福感的正向效应通过收入传导；从工作因素来看，在国家机关单位就职、就业身份为雇主、就业行业为第一产业的群体幸福感最高，随着月收入的增加，就业行业对主观幸福感的影响逐渐减弱；从闲暇活动因素来看，经常与当地人交流的人幸福感最高，看电影、电视、读书、看报、学习可以显著提升幸福感，而玩棋牌、上网不能显著提升流动人口幸福感；从社会融入因素来看，不论是主观融入因子、客观融入因子，还是长期融入因子，对主观幸福感均存在显著的正向影响。

第四，除了整体研究流动人口主观幸福感及其影响因素外，本书分别从城乡、区域和代际三个角度对不同群体的流动人口幸福感差异进行了分析。研究发现多种因素对流动人口幸福感的影响存在城乡差异，农村流动人口主观幸福感低于城镇流动人口，经济因素、闲暇因素、社会融入因素等对城镇流动人口幸福感的影响程度大于农村流动人口，整体而言，农村流动人口适应当地的能力与城镇流动人口存在较大差距；从区域角度来看，研究发现流动人口最幸福的地区并不是经济发展水平最高的区域，东部地区经济发展水平最高，但该地区流动人口幸福感却最低，西部地区幸福感最高，具体考察各种因素，发现在性别、婚姻、就业身份和文体活动参与方面，东部、中部、西部以及东北地区并无明显差异，而在受教育程度、年龄和收入方面则存在较为明显的差异；从代际角度来看，为了考察整个生命周期的幸福状况，本书采用中国综合社会调查数据，研究进一步证实了年龄与幸福感的"U"型关系，发现 25～59 岁年龄段幸福感较低，而 24 岁以下与 60 岁以上群体幸福感较高。

第五，采用中国综合社会调查数据研究流动人口与本地居民幸福感差异时发现，跨省级单位流动、省级单位内跨市和市内跨县流动人口的主观幸福感均高于本地居民。然而进一步分析发现，流动人口幸福感较高的原因是他们对幸福的期望较低，流动人口与本地居民幸福阈值相差较大，考虑到流动人口中大部分属于农村流入城市，这在一定程度上证明了农村居民相对于城市居民更容易"满足"。

第六，采用世界价值观数据分析中国居民主观幸福感变化规律及其影响因素时，发现中国近20年来经济社会发展存在"收入—幸福"悖论现象。2000年以后，中国居民幸福感呈现小幅上升趋势，但整体上低于20世纪90年代。研究表明，随着经济的发展、影响居民幸福的因素已经发生深刻的变化，从过去注重经济发展，收入提升到目前注重经济因素与非经济因素的协同发展，并且可以预计未来非经济因素将会显得更加重要。

尽管从研究结论来看，中国流动人口幸福水平较高，但有些问题依然不能忽视，数据表明流动人口在就业与收入、生活居住、社会保障、社会融合等方面仍然存在较大的提升空间，如何改善流动人口的生活现状，使他们能真正融入新的环境中，成为当地"新市民"，政府依然任重道远。

二、提升主观幸福感的政策建议

经济增长的同时如何增进居民的幸福感，是值得深入探讨的话题。物质生活的改善与精神层面的主观感受可能不同步，而且主观幸福感的影响因素会随着时间的推移发生变化，不断升级。改革开放初期，丰衣足食或许就是老百姓最大的幸福，经济增长和物质生活水平的提高是当时社会稳定的基础和发展的目标，而四十多年后的今天，经济增长和物质生活水平的提高已经不能完全满足民众的需求，民众更加看重诸如健康、教育、情感、家庭、社会关系、自我价值实现等多方面的因素，只有经济增长和影响主观幸福感评价的多因素协同发展，民众才可能更幸福。在未来经济增长速度逐步放缓的情况下，政府更需要考虑如何将经济的发展转化为民众其他多方面需求的满足，才可能在经济放缓甚至低迷的情况下保障和提升民众的幸福感。经济增长不是最终目的，让民众幸福快乐地生活才应该是政府工作的终极目标。因此，根据本书分析的结论，给出持续提升居民幸福感的建议：

第一，加快流动人口服务管理体制创新，积极推进户籍制度改革。现行的户籍管理制度是阻碍外来人口成为当地"新市民"的一大障碍，在全球化的大背景下，"人"的公平自由流动成为大势所趋，然而制度的落后将严重阻碍人的自由流动，这不仅会对流动人口本身造成伤害，而且会对整个经

流动人口发展路径的统计分析：从提升主观幸福感到社会融入的转变

Statistical Analysis on the Development Path of Floating Population: From Promoting Subjective Well-being to Social Integration

济社会的发展产生不利影响。

第二，完善收入分配制度改革，提高低收入者收入水平，扩大中等收入人群比重。研究结论表明，经济因素依然是影响居民幸福感的重要因素，提高收入可以显著提升居民幸福感，流动人口的收入水平普遍较低，因此政府需要更加关注并改善低收入群体的生活状况。

第三，加强职业技能培训和就业服务，支持企业开展员工培训，鼓励流动人口自主创业。数据显示，超过85%流动人口来自农村，他们大多缺少良好的教育，缺乏能适应城市工作的职业技能，在城市从事体力劳动的比重较大，就业主要集中在一些传统的低端行业并且难以向其他行业转移，这导致了他们被分割在次级劳动市场，收入和就业权益难以得到保障，加强职业技能培训，满足产业结构升级的需求，将大大提升流动人口的就业能力。

第四，保障廉价住房供给，规范私有住房管理，扩大公租住房对流动人口的覆盖比例，稳步推进流动人口住房公积金改革，提高流动人口购房能力。新型城镇化的核心是"人"的城镇化，积极推行人的城镇化，必须关注人的住房需求，本书研究表明，流动人口超过65%租住私有住房，而租住政府廉租房的比例仅为0.365%，有购房能力的不足10%，考虑到流动人口的经济能力，政府应该加强对住房租赁市场的管理，防范出租方恶意抬高价格，政府在廉租房的分配上可以考虑向流动人口倾斜，将流动人口纳入城市住房保障的范畴。

第五，倡导建设"和谐家庭、幸福家庭"，构建互信的人与人之间的关系。家庭成员间互相信任、关系和谐是幸福的基础。研究表明美满的婚姻可以促进幸福感的提高，和他人尤其是当地居民积极交流可以提升幸福水平。构建新型邻里关系，需要社区发挥积极作用，定期组织丰富多彩的文娱活动，促进邻里之间的相互了解，增进友谊，增强彼此信任感，保持良好的人际关系，这对于提升居民幸福感有重要意义。

第六，完善社会保障及养老体系，使老年人的生活得到保障。研究表明，老年人的幸福感是较高的，但这种高幸福感是有前提的，即身心健康和基本生活得到保障。随着人均预期寿命的增加和我国人口老龄化的进一步加剧，老年人的孤独、贫困、疾病等问题越来越严重，极大地降低了老年人的幸福感。政府应该加大对养老的投入，采取诸如改善养老院的设施条件、发展社区托老所、对老年人进行定期身体检查、公共消费执行优惠减免等措施保障甚至提升老年人的幸福感。

第七，完善相关法律制度，发展社区平台，保障流动人口的政治权利。数据表明，流动人口参与政治选举（人民代表大会代表和村居委会代表选举）率较低，流动人口在流入地长期工作和生活，理应享受相应的政治权利。政治参与是流动人口在当地获取信任和认同的重要体现，是推动社会和谐的重要途径，政府应当消除政治活动参与中的壁垒，积极宣传和教育，引导流动人口合法参与政治活动。

第八，发挥社区平台，积极组织文娱活动，丰富流动人口闲暇生活。研究表明，积极参与文体活动可以显著提升幸福水平，然而流动人口参与文体活动的比例非常低，一方面是由于缺乏适合流动人口群体参与的文娱活动，另一方面是流动人口本身原因，如没有时间、参与意愿不强等，社会组织或者社区应该多组织适合流动人口的文艺、体育活动，引导他们参与各种社区活动。

三、再议社会发展的终极目标

传统经济学虽然没有直接研究幸福感，但从相关的研究可以看出，经济学认为使居民"效用"或者"福利"最大化的重要甚至唯一的途径是收入最大化，故而经济学的研究长期以来将"经济增长"作为首要研究对象。

发展是第一要务，发展是硬道理，过去几十年，我国的经济发展取得了巨大的成就，虽然发展的含义不仅只包含经济发展，但从过去的发展历程来看，显然我们将经济发展作为了重点。当生产力水平较低、物质匮乏时，以经济增长（GDP）为纲的发展方式确实能提升人民的幸福感，将"发展是硬道理"理解为"经济发展是硬道理"并不为过，在这个阶段，我们必须承认经济增长的重要性，因为没有经济增长，人民吃不饱、穿不暖，基本生活都难以得到保障。然而当经济发展到一定的阶段，尤其是物质财富相对充足的时候，经济增长的重要性会相对减弱，当然我们从来不否定经济增长的重要性，任何时候经济增长都是非常重要的，只是经济发展到一定阶段，重心应该向其他方面转移，正如马斯洛需求理论所说，当人们已经满足了最基本的生理需求，就会向更高层次的需求（安全需求、社会需要、尊重需要、自我实现）发展。那么人们的需求是什么？满足所有需求的最终目标是什么？是幸福快乐的生活。过去以经济增长为发展目标，实质上也是为了国民幸福。过去经济落后，追求经济增长就是追求幸福的过程，那么现在，经济已经发展到特定的阶段，我们追求的是高质量发展，将经济重心发展的方向逐渐转向人的全面发展。党的十九大报告指出，永远把人民对美好生活的向往作为奋斗目标，明确新时代我国社会主要矛盾是人民日益增长的美好生活需要和不平衡不充分的发展之间的矛盾，必须坚持以人民为中心的发展思想，不断促进人的全面发展、实现全体人民共同富裕。

GDP 是一个国家或地区在一段时期内所生产最终产品和劳务的市场价值。它反映的主要是一个生产量的概念，然而在生产过程中所付出的代价却不在 GDP 考虑之列，例如生产过程中的资源浪费、环境污染以及为了追求经济利益所导致的负面成本等 GDP 都难以衡量，因此，如果为了追求更高的 GDP 而消耗了过多的资源、环境污染更加严重，那么今天发展的代价就会成为未来经济发展的"瓶颈"，更重要的是，这些代价将使人们以后的生活越来越困难。如果说追求高的经济增长能提升人民幸福，那么继续以追求高 GDP 为发展目标尚有一定道理，然而，从研究可以看出，到目前这个阶段，经济水平的高低并不代表幸福水平的高低。从宏观上看，我国最发达的地区幸福水平反而较低，说明经济水平的高低对幸福水平的影响已经不那么明显；从个体上看，虽然经济因素依然对主观幸福感有显著的正向影响，但逐渐考虑其他因素后，经济因素对幸福感的影响逐渐减弱。

让人民幸福地生活才应该是长期发展目标，"人的全面发展"将是未来我国经济社会发展的主旋律。

我们将经济发展与国民幸福的关系总结为一句话，即国家强盛是国民幸福的基础，而国民幸福是国家追求的终极目标。值得注意的是，在研究过程中，发现一种"伪幸福"现象，即某类群体（或个人）在多方面因素均处于"劣势"的情况下，主观幸福感却高于各方面因素相对"较优"的群体（或个人）。这种现象并不难解释，其表明觉得自己幸福的群体心理预期较低，或者说他们的"幸福临界值"相对较低，这恰好体现了"主观"的含义，只有切实满足老百姓不同层次的需求，才能让国民真正的幸福。这也引发我们对"经济发展的终极目标是国民幸福"的思考，这里的幸福指的是什么呢？应该是"客观幸福感"，即应该有一种客观标准，只有达到某种标准才能是真正的幸福。从流动人口来看，社会融入同样存在主观和客观两个方面，主观上体现了自我感受，而客观上则是和本地居民实实在在的对比，因此，对于流动人口而言，我们不能仅仅追求主观上的幸福感和融入感受，还应该注重真实现状，避免"伪幸福"和"伪融入"。这一问题将是今后进一步研究的方向，高质量地实现新型城镇化目标，对流动人口的"真幸福"和"真融入"至关重要。

主要参考文献

[1] 鲍吾刚. 中国人的幸福观 [M]. 严德雯, 等译. 南京: 江苏人民出版社, 2010.

[2] 本尼迪克特·安德森. 想象的共同体: 民族主义的分布和起源 [M]. 吴睿人, 译. 上海: 上海人民出版社, 2005: 6.

[3] 边沁. 道德与立法原理导论 [M]. 时殷红, 译. 北京: 商务印书馆, 2000: 57-60, 88-98.

[4] 陈刚, 李树. 政府如何能够让人幸福?: 政府质量影响居民幸福感的实证研究 [J]. 管理世界, 2012 (8): 55-67.

[5] 陈浩彬, 苗元江. 主观幸福感、心理幸福感与社会幸福感的关系研究 [J], 心里研究, 2012, 5 (4): 46-52.

[6] 陈云松, 张翼. 城镇化的不平等效应与社会融合 [J]. 中国社会科学, 2015 (6): 78-95, 206-207.

[7] 池丽萍, 辛自强. 城市成年人幸福感的现状及影响因素研究 [C]. 第九届全国心理学学术会议文摘选集, 2001.

[8] 褚荣伟, 熊易寒, 邹怡. 农民工社会认同的决定因素研究: 基于上海的实证分析 [J]. 社会, 2014, 34 (4): 25-48.

[9] 邓大松, 胡宏伟. 流动、剥夺、排斥与融合: 社会融合与保障权获得 [J]. 中国人口科学, 2007 (6): 14-24.

[10] 风笑天. "落地生根"?: 三峡农村移民的社会适应 [J]. 社会学研究, 2004 (5): 19-27.

[11] 风笑天. 生活质量研究: 近三十年回顾及相关问题探讨 [J]. 社会科学研究, 2007 (6): 1-8.

[12] 官唯. 收入对幸福感的影响研究: 绝对水平和相对地位 [J]. 南

开经济研究，2010（5）：56 – 70.

[13] 国家人口和计划生育委员会流动人口服务管理司 . 2020 中国流动人口发展报告 [M]. 北京：中国人口出版社，2020.

[14] 国家统计局 . 中华人民共和国 2020 年国民经济和社会发展统计公报 [M]. 北京：中国统计出版社，2021.

[15] 郝晓宁，孙继艳，薄涛 . 社会融合对流动人口心理健康影响的研究：基于 2014 年全国流动人口动态监测数据的检验 [J]. 人口与发展，2018，24（4）：14 – 23.

[16] 何立新，潘春阳 . 破解中国的 "Easterlin" 悖论：收入差距、机会不均与居民幸福感 [J]. 管理世界，2011（8）：11 – 22.

[17] 何强 . 攀比效应、棘轮效应和非物质因素：对幸福悖论的一种规范解释 [J]. 世界经济，2011（7）：148 – 159.

[18] 何怡萱，刘昕 . 青年流动人口的城市融入研究：基于 2017 年北京流动人口动态监测数据 [J]. 湖北社会科学，2020（1）：61 – 68.

[19] 侯亚杰，姚红 . 流动人口身份认同的模式与差异：基于潜类别分析的方法 [J]. 人口研究，2016，40（2）：38 – 49.

[20] 胡锦山 . 罗伯特·帕克与美国城市移民同化问题研究 [J]. 求是学刊，2008（1）：133 – 137.

[21] 黄匡时，嘎日达 . "农民工城市融合度"评价指标体系研究：对欧盟社会融合指标和移民整合指数的借鉴 [J]. 西部论坛，2010，20（5）：27 – 36.

[22] 黄立清，邢占军 . 国外有关主观幸福感影响因素的研究 [J]. 国外社会科学，2005（3）：29 – 33.

[23] 黄有光 . 快乐之道：个人与社会如何增加快乐 [M]. 上海：复旦大学出版社，2013.

[24] 黄有光 . 社会福祉与经济政策 [M]. 北京：北京大学出版社，2005.

[25] 姜晓文，姜媛，田丽，方平 . 青少年压力与主观幸福感的关系：一个有中介的调节模型 [J]. 心理与行为研究，2018，16（3）：349 – 354.

[26] 阚祥伟，李帆 . 财政支出结构效益对国民幸福指数影响的实证研

流动人口发展路径的统计分析：从提升主观幸福感到社会融入的转变

Statistical Analysis on the Development Path of Floating Population: From Promoting Subjective Well-being to Social Integration

究［J］. 经济问题探索，2012（1）：117－120.

［27］康慧琳. 语言能力会影响流动人口的主观幸福感吗？：基于中国城镇化与劳动移民调查数据的分析［J］. 社会发展研究，2020，7（4）：201－218，242.

［28］康君. 基于政策效应的民众幸福感测量研究［J］. 统计研究，2009（9）：82－86.

［29］李芳芝，张焕明. 代际流动影响主观幸福感吗？：基于CGSS2015的经验证据［J］. 统计研究，2021，38（3）：107－121.

［30］李树茁，任义科，靳小怡，费尔德曼. 中国农民工的社会融合及其影响因素研究：基于社会支持网络的分析［J］. 人口与经济，2008（2）：1－8，70.

［31］李卫平，王智慧.2008年奥运会的举办对北京市民幸福指数影响的研究［M］. 北京：北京体育大学出版社，2010.

［32］理查德·伊斯特林，丁云，么莹莹. 中国的主观幸福感研究（1990—2010）［J］. 国外理论动态，2013（7）：24－31.

［33］林洪，孙求华. 中国国民幸福统计研究十年简史［J］. 统计研究，2013（1）：37－43.

［34］林洪，温拓. 国民主观幸福感的实证研究：以广东21地市为例［J］. 当代财经，2010（5）：32－39.

［35］林南，卢汉龙. 社会指标与生活质量的结构模型探讨：关于上海城市居民生活的一项研究［J］. 中国社会科学，1989（4）：23.

［36］刘军强. 经济增长时期的国民幸福感：基于CGSS数据的追踪研究［J］. 中国社会科学，2012（12）：82－102.

［37］娄伶俐. 主观幸福感的经济学理论与实证研究［D］. 上海：复旦大学，2009.

［38］娄伶俐. 主观幸福感的经济学研究动态［J］. 经济学动态，2009（2）：99－104.

［39］卢盛峰，陈悦. 语言的力量：讲本地话增进了流动人口的社会融合吗？［J］. 经济科学，2019（4）：118－128.

［40］鲁元平，王韬. 主观幸福感影响因素研究评述［J］. 经济学动态，

2010（5）：125 - 130.

[41] 鲁元平，张克中．经济增长、亲贫式支出与国民幸福：基于中国幸福数据的实证研究［J］．经济学家，2010（11）：5 - 14.

[42] 罗伯特·默顿．社会理论和社会结构［M］．唐少杰，齐心，等译．南京：译林出版社，2006.

[43] 罗楚亮．绝对收入、相对收入与主观幸福感：来自中国城乡住户调查数据的经验分析［J］．财经研究，2009（11）：79 - 91.

[44] 马红鸽，席恒．收入差距、社会保障与提升居民幸福感和获得感［J］．社会保障研究，2020（1）：86 - 98.

[45] 马万超，王湘红，李辉．收入差距对幸福感的影响机制研究［J］．经济学动态，2018（11）：74 - 87.

[46] 孟庆茂，侯杰泰．协方差结构模型与多层线形模型［M］．北京：北京师范大学心理计量与统计分析研究室，2003.

[47] 苗元江．心理学视野中的幸福：幸福感理论与测评研究［M］．天津：天津人民出版社，2009.

[48] 穆光宗，江砥．流动人口的社会融合：含义、测量和路径［J］．江淮论坛，2017（4）：129 - 133.

[49] 裴志军．家庭社会资本、相对收入与主观幸福感：一个浙西农村的实证研究［J］．农业经济问题，2010（7）：22 - 29.

[50] 齐寿伟．转型期中国居民主观幸福感的计量分析［D］．武汉：华中科技大学，2010.

[51] 邱东．探索经济福利测度的可行性和必要性［J］．统计与信息论坛，2018，33（7）：3 - 13.

[52] 邱红，张凌云．中国青年人教育程度异质性及其对主观幸福感的影响［J］．人口学刊，2021，43（6）：85 - 93.

[53] 任远，乔楠．城市流动人口社会融合的过程、测量及影响因素［J］．人口研究，2010（2）：11 - 20.

[54] 任远，邬民乐．城市流动人口的社会融合：文献述评［J］．人口研究，2006（3）：87 - 94.

[55] 闰丙金．收入、社会阶层认同与主观幸福感［J］．统计研究，

流动人口发展路径的统计分析：从提升主观幸福感到社会融入的转变

Statistical Analysis on the Development Path of Floating Population: From Promoting Subjective Well-being to Social Integration

2012（10）：64 - 72.

［56］石智雷，施念. 农民工的社会保障与城市融入分析［J］. 人口与发展，2014，20（2）：33 - 43.

［57］孙凤. 性别、职业与主观幸福感［J］. 经济科学，2007（1）：95 - 106.

［58］孙凤. 主观幸福感的结构方程模型［J］. 统计研究，2007（2）：27 - 32.

［59］田国强，杨立岩. 对"幸福—收入之谜"的一个解答［J］. 经济研究，2006（11）：4 - 15.

［60］田凯. 关于农民工的城市适应性的调查分析与思考［J］. 社会科学研究，1995（5）：90 - 95.

［61］田磊，潘春阳. 中国居民幸福感的总体趋势与群体差异［J］. 河南社会科学，2013（2）：71 - 76.

［62］宛燕，郑雪，余欣欣. SWB和PWB：两种幸福感取向的整合研究［J］. 心理与行为研究，2010，8（3）：190 - 194.

［63］王桂新，沈建法，刘建波. 中国城市农民工市民化研究：以上海为例［J］. 人口与发展，2008（1）：3 - 23.

［64］王桂芝，都娟，曹杰，刘寿东. 基于SEM的气象服务公众满意度测评模型［J］. 数理统计与管理，2011，30（3）：522 - 530.

［65］王敏，王峰. 农民社会阶层越高越幸福吗？：基于CGSS 2010—2015年数据的微观分析［J］. 华中农业大学学报（社会科学版），2019（3）：120 - 129，164 - 165.

［66］王鹏. 收入差距对中国居民主观幸福感的影响分析：基于中国综合社会调查数据的实证研究［J］. 中国人口科学，2011（3）：93 - 101.

［67］王毅杰，史晓浩. 流动儿童与城市社会融合：理论与现实［J］. 南京农业大学学报（社会科学版），2010，10（2）：97 - 103.

［68］王毅杰，赵晓敏. 影响流动人口社会融入的微观因素及其变化：基于2010年和2017年的比较［J］. 华东师范大学学报（哲学社会科学版），2020，52（1）：117 - 126，199.

［69］吴丽民. 经济增长过程中居民收入与幸福指数动态演变机理实证

研究［M］. 杭州：浙江大学出版社，2011.

［70］吴伟旋，许军，吴志华，向前，崔周国. 自测健康评定量表应用于交通警察的验证性因子分析［J］. 中国卫生统计，2016，33（3）：445 – 447.

［71］吴恺元. 2005 年中国城市及生活幸福度调查报告［R］. 中国人力资源开发网，2005.

［72］肖子华，徐水源，刘金伟. 中国城市流动人口社会融合评估报告 No. 2（2020 版）［M］. 北京：社会科学文献出版社，2021.

［73］谢识予，娄伶俐，朱弘鑫. 显性因子的效用中介、社会攀比和幸福悖论［J］. 世界经济文汇，2010（4）：19 – 32.

［74］刑占军. 中国城市居民主观幸福感量表的编制［J］. 香港社会科学学报，2002（23）：151 – 189.

［75］邢占军，刘相，等. 城市幸福感：来自六个省会城市的幸福指数报告［M］. 北京：社会科学文献出版社，2008：20 – 34.

［76］徐慧，梁捷，赖德胜. 返乡农民工幸福度研究：外出务工经历的潜在影响［J］. 财经研究，2019，45（3）：20 – 33.

［77］徐映梅，夏伦. 中国居民主观幸福感影响因素分析：一个综合分析框架［J］. 中南财经政法大学学报，2014（2）：12 – 19.

［78］亚里士多德. 政治学［M］. 颜一，秦典华，译. 北京：中国人民大学出版社，2003：1 – 28.

［79］严标宾，郑雪. 大学生主观幸福感的跨文化研究：来自 48 个国家和地区的调查报告［J］. 心理科学，2003（5）：851 – 855.

［80］阳义南，章上峰. 收入不公平感、社会保险与中国国民幸福［J］. 金融研究，2016（8）：34 – 50.

［81］杨菊华，张娇娇. 人力资本与流动人口的社会融入［J］. 人口研究，2016，40（4）：3 – 20.

［82］杨菊华. 从隔离、选择融入到融合：流动人口社会融入问题的理论思考［J］. 人口研究，2009（1）：17 – 29.

［83］杨菊华. 流动人口在流入地社会融入的指标体系：基于社会融入理论的进一步研究［J］. 人口与经济，2010（2）：64 – 70.

流动人口发展路径的统计分析：从提升主观幸福感到社会融入的转变

Statistical Analysis on the Development Path of Floating Population：From Promoting Subjective Well-being to Social Integration

［84］杨菊华．社会排斥与青年乡—城流动人口经济融入的三重弱势［J］．人口研究，2012，36（5）：69－83．

［85］杨丽丽，张旭．方言差异、社会融合与流动人口幸福感［J］．投资研究，2019，38（9）：125－135．

［86］杨绪松，靳小怡，肖群鹰，等．农民工社会支持与社会融合的现状及政策研究：以深圳市为例［J］．中国软科学，2006（12）：18－26．

［87］叶俊焘，钱文荣，米松华．农民工城市融合路径及影响因素研究：基于三阶段 Ordinal Logit 模型的实证［J］．浙江社会科学，2014（4）：86－97，158．

［88］余运江，孙斌栋，孙旭．基于 ESDA 的城市外来人口社会融合水平空间差异研究：以上海为例［J］．人文地理，2014，29（2）：123－128．

［89］悦中山，李树茁，费尔德曼．农民工社会融合的概念建构与实证分析［J］．当代经济科学，2012，34（1）：1－11，124．

［90］悦中山，李树茁，靳小怡，费尔德曼．从"先赋"到"后致"：农民工的社会网络与社会融合［J］．社会，2011，31（6）：130－152．

［91］张鹏，郝宇彪，陈卫民．幸福感、社会融合对户籍迁入城市意愿的影响：基于2011年四省市外来人口微观调查数据的经验分析［J］．经济评论，2014（1）：58－69．

［92］周皓．流动人口社会融合的测量及理论思考［J］．人口研究，2012，36（3）：27－37．

［93］周力，沈坤荣．相对贫困与主观幸福感［J］．农业经济问题，2021（11）：102－114．

［94］周四军，庄成杰．基于距离综合评价法的我国国民幸福指数 NHI 测评［J］．财经理论与实践，2008（5）：112－115．

［95］朱建芳，杨晓兰．中国转型期收入与幸福的实证研究［J］．统计研究，2009（4）：7－12．

［96］祝瑜晗，吕光明．城镇化进程中人口流动的主观福利效应考察［J］．统计研究，2020，37（10）：115－128．

［97］Ada Ferrer-i-Carbonell，John M. Gowdy. Environmental Degradation and Happiness［J］. Ecological Economics，2007，60（3）：509－516．

［98］ Ada Ferrer-i‒Carbonell, Paul Frijters. How Important is Methodology for the Estimates of the Determinants of Happiness, Economic Journal, 2004, 114 (497): 641‒659.

［99］ Alberto Alesina, Rafael Di Tella, Robert MacCulloch. Inequality and happiness: Are Europeans and Americans different? ［J］. Journal Public Economics, 2004, 88: 2009‒2042.

［100］ Alois Stutzer. The Role of Income Aspirations in Individual Happiness ［J］. Journal of Economic Behavior & Organization, 2004 (54): 89‒109.

［101］ Andrew Clark, Andrew Clark, Paul Frijters, Michael A. Shields, Michael A. Shields. Relative Income, Happiness, and Utility: An Explanation for the Easterlin Paradox and Other Puzzles ［J］. Journal of Economic Literature 2008, 46 (1): 95‒144.

［102］ Andrew E. Clark, Andrew J. Oswald. Unhappiness and Unemployment ［J］. The Economic Joural, 1994 (104): 648‒659.

［103］ Andrew E. Clark. Unemployment as a Social Norm: Psychological Evidence from Panel Data ［J］. Journal of Labor Economics, 2003, 21 (2): 323‒351.

［104］ Andrew F. Hayes. Statistical Mediation Analysis in the New Millennium ［J］. Communication Monographs, 2009 (76): 408‒420.

［105］ Andrew J. Oswald. Happiness and Economic Performance ［J］. Economic Joural, 1997 (445): 1815‒1831.

［106］ Andrew J. Oswald, Nattavudh Powdthavee. Does Happiness Adapt? A Longitudinal Study of Disability with Implications for Economists and Judges. Discussion Paper No. 2208, IZA, Bonn, 2006.

［107］ Angner. E. "Subjective Measures of Well‒Being: Philosophical Perspectives" in Harold Kincaid, Don Ross. The Oxford Handbook pf Philosophy of Economics ［M］. Oxford: Oxford University Press, 2009: 560‒579.

［108］ Bradley S. Jorgensen, Robert D. Jamieson, John F. Martin. Income, Sense of Community and Subjective Well-being: Combining Economic and Psychological Variabies ［J］. Journal of Economic Psychology, 2010, 31: 612‒

流动人口发展路径的统计分析：从提升主观幸福感到社会融入的转变

Statistical Analysis on the Development Path of Floating Population: From Promoting Subjective Well-being to Social Integration

623.

[109] Breeta Banerjee, Amit Kundu. Subjective Well – Being of the Informal Workers: An Empirical Study From Hooghly District of West Bengal, India [J]. International Journal of Happiness and Development, 2020 (6), 1: 1 – 25.

[110] Bruce Headey, Alexander Wearing. Personality, Life Events, and Subjective Well-being: Toward a Dynamic Equilibrium Model [J]. Journal of Personality and Social Psychology, 1989, 57 (10): 731 – 739.

[111] Bruno S. Frey, Alois Stutzer. What Can Economists Learn from Happiness Research? [J]. Journal of Economic Literature, 2002, 40: 402 – 435.

[112] Bruno S. Freyn, Alois Stutzer. Happiness, Economy and Institutions [J]. The Economic Journal, 2000, 110 (10): 918 – 938.

[113] Christian Bjørnskov, Axel Dreher, Justina A. V. Fischer. The Bigger the Better? Evidence of the Effect of Government Size on Life Satisfaction around the World [J]. Public Choice, 2007, 130 (3 – 4): 267 – 292.

[114] Christian Bjørnskov, Nabanita Datta Gupta, Peder J. Pedersen. Analyzing Trends in Subjective Well-being in 15 European Countries: 1973 – 2002 [J]. Journal of Happiness Studies, 2008, 9: 317 – 330.

[115] Daniel Kahneman, Alan B. Krueger. Developments in the Measurement of Subjective Weil-being [J]. Journal of Economic Perspectives, 2006 (3): 3 – 24.

[116] Danilo Garcia, Elisabetta Sagone, Maria Elvira De Caroli, Ali Al Nima. Italian and Swedish Adolescents: Differences and Associations in Subjective Well-being and Psychological Well-being [J]. Peerj, 2017 (5): 1 – 15.

[117] Darja Jarosova, Elena Gurkova, Katarina Ziakova, et al. Job Satisfaction and Subjective Well – Being Among Midwives: Analysis of a Multinational Cross – Sectional Survey [J]. Journal of Midwifery & Womens Health, 2017, 62 (2): 180 – 189.

[118] David G. Blanchflower, Andrew J. Oswald. Hypertension and Happiness Across Nations [J]. Journal of Health Economics, 2008, 27 (2): 218 – 233.

［119］David G. Blanchflower, Andrew J. Oswald. Is Well－Being U－Shaped Over The Life Cycle? ［J］. Social Science &Medicine, 2008, 66: 1733－1749.

［120］David G. Blanchflower, Andrew J. Oswald. Money, Sex And Happiness: An Empirical Study ［J］. Scandavian Journal of Economics, 2004a, 106 (3): 393－415.

［121］David G. Blanchflower, Andrew J. Oswald. Well－Being Over Time In Britain And The USA ［J］. Journal of Public Economics, 2004b, (7－8, Jul): 1359－1386.

［122］Ed Diener, Christie Napa Scollon, Richard E. Lucas. The Evolving Concept of Subjective Well－Being: The Multifaceted Nature of Happiness. In Advances in Cell Aging and Gerontology ［J］. Elsevier, 2003, 15: 187－219.

［123］Ed Diener, Eunkook Suh. Measuring Quality of Life: Economic, Social, and Subjective Indicators ［J］. Social Indicators Research, 1997, 40: 189－216.

［124］Ed Diener, Louis Tay, Shigehiro Oishi. Rising Income and the Subjective Well－Being of Nations ［J］. Journal of Personality and Social Psychology, 2013, 104 (2): 267－276.

［125］ED Diener, Shigehiro Oishi. Money and Happiness: Income and Subjective Well-being Across Nations. In ED Diener, Eunkook M. Suh. Culture and Subjective Well-being ［M］. Cambridge, Mass: MIT Press, 2000.

［126］Ed Diener. Subject Well－Being: The Science of Happiness and a Proposal for a National Index ［J］. American Psychologist, 2000, 55: 34－43.

［127］Ed Diener, William Tov. Subjective Well－Being and Peace ［J］. Journal of Social Issues, 2007, 63 (2): 421－440.

［128］Ed Sandvik, Ed Diener, Larry Seidlitz. Subjective Well-being: The Convergence and Stability of Self－Report and Non－Self－Report Measures ［J］. Journal of Personality, 1993, 61 (3): 317－342.

［129］Edward Diener, Eunkook M. Suh. Culture and Subjective Well－Being ［M］. Cambridge, Mass.: MIT Press, 2000.

流动人口发展路径的统计分析：从提升主观幸福感到社会融入的转变

Statistical Analysis on the Development Path of Floating Population: From Promoting Subjective Well-being to Social Integration

［130］ Eirini Flouri. Subjective Well-being in Midlife: The Role of Involvement of and Closeness to Parents in Childhood ［J］. Journal of Happiness Studies, 2004, 5 (4): 335 – 358.

［131］ Elisabetta Magnani, Rong Zhu. Does Kindness Lead to Happiness? Voluntary Activities and Subjective Well-being ［J］. Journal of Behavioral and Experimental Economics (formerly The Journal of Socio – Economics), 2018, 77 (11): 20 – 28.

［132］ Emory S. Bogardus. Measuring Social Distances ［J］. Journal of Applied Sociology, 1925, 9 (1): 216 – 226.

［133］ Eunah Yu, Hyeon – Cheol Kim. Is She Really Happy? A Dual-path Model of Narcissistic Self-presentation Outcomes for Female Facebook Users ［J］. Computers in Human Behavior, 2020 (108): 325 – 341.

［134］ Fassil Sisay Yehuala. The Nexus Between Welfare State and Subjective Well-being: A Multi – Level Assessment ［J］. Interdisciplinary Description of Complex Systems-scientific Journal, 2020, 18 (2): 135 – 154.

［135］ Felton Graham. Inequality and Happiness: Insights From Latin America ［J］. Journal of Economic Inequality, 2006, 4 (1): 107 – 122.

［136］ Frank M. Andrews, Aubrey C. McKennell. Measures of Self – Reported Well – Being: Their Affective, Cognitive and Other Components ［J］. Social Indicators Research, 1980, 8: 127 – 155.

［137］ Frank M. Andrews, Stephen B. Withey. Social Indicators of Well – Being ［M］. New York: Plenum Press, 1976.

［138］ Gökmen Arslan, Murat Yıldırım. Meaning – Based Coping and Spirituality During the COVID – 19 Pandemic: Mediating Effects on Subjective Well – Being ［J］. Frontiers in Psychology, 2021, 15 (4): 75 – 64.

［139］ Hadley Cantril. The Pattern of Human Concerns ［M］. New Brunswick, NJ: Rutgers University Press, 1965.

［140］ Han B. Entzinger, Renske L. Biezeveld. Benchmarking in Immigrant Integration ［D］. Erasmus University Rotterdam, 2003.

［141］ Heinz Welsch. Freedom and Rationality as Predictors of Cross-national

Happiness Patterns: The Role of Income as a Mediating Variable [J]. Journal of happiness studies, 2003, 295 – 321.

[142] Heinz Welsch, Udo Bonn. Economic Convergence and Life Satisfaction in the European Union [J]. The Journal of Socio – Economics 2007, 634: 1 – 15.

[143] Hilke Brockmann, Jan Delhey, Christian Welzel, Hao Yuan. The China Puzzle: Falling Happiness in a Rising Economy [J]. Journal of Happiness Studies, 2008, 10 (4): 387 – 405.

[144] James J. Heckman. Detecting Discrimination [J]. Journal of Economic Perspectives, 1998 (2): 101 – 116.

[145] John F Helliwell. How's Life? Combining Individual and National Variables to Explain Subjective Well-being [J]. Economic Modelling, 2003, 20 (2): 331 – 360.

[146] John P. Robinson. Measures of Political Attitudes [J]. Edited by John P. Robinson, Jerrold G. Rusk, Kendra B. Head. The Public Opinion Quarterly, 1969, 33 (3): 508 – 510.

[147] Josine Junger – Tas. Ethnic Minorities, Social Integration and Crime [J]. European Journal on Criminal Policy and Research, 2001 (9): 5 – 29.

[148] Justin Wolfers. Is Business Cycle Volatility Costly? Evidence from Surveys of Subjective Well-being [J]. International Finance, 2003, 6 (1): 1 – 26.

[149] Kirk Warren Brown, Tim Kasser, Richard M. Ryan, P. Alex Linley, Kevin Orzech. When What One has is Enough: Mindfulness, Financial Desire Discrepancy, and Subjective Well-being [J]. Journal of Research in Personality, 2009, 43: 727 – 736.

[150] Leonardo Becchetti, Alessandra Pelloni, Fiammetta Rossetti. Relational Goods, Sociability and Happiness [J]. Kyklos, 2008, 61 (3): 343 – 363.

[151] Leonardo Becchetti, Elena Giachin Ricca, Alessandra Pelloni. The 60es Turnaround as a Test on The Causal Relationship Between Sociability and

流动人口发展路径的统计分析：从提升主观幸福感到社会融入的转变

Statistical Analysis on the Development Path of Floating Population: From Promoting Subjective Well-being to Social Integration

Happiness. Econometrics Working Papers, wp07, 2009.

[152] Liliana Winkelmann, Rainer Winkelmann. Why Are the Unemployed So Unhappy? Evidence from Panel Data [J]. Economica, 1998, 65 (257): 1 – 15.

[153] Luigino Bruni, Pier Luigi Porta. Economics and Happiness: Framing the Analysis [M]. Oxford University Press, 2005.

[154] Michael McBride. Relative – Income Effects on Subjective Weil-being in the Cross-section [J]. Journal of Economic Behavior & Organization, 2005, 45: 251 – 278.

[155] Michael Moerman. Ethnic ldentity in a Complex Civilization: Who are the Lue [J]. American Anthropologist, 1965, 67: 1215 – 1230.

[156] Michael R. Hagerty, Ruut Veenhoven. Wealth and Happiness Revisited: Growing National Income Does Go With Greater Happiness [J]. Social Indicators Research, 2003, 64: 1 – 27.

[157] Milton Gordon. Assimilation in American Life: The Role of Race, Religion, and National Origins [M]. New York: Oxford University Press, 1964.

[158] Mohsen Joshanloo, M. Sirgy, Joonha Park. Directionality of The Relationship Between Social Well-being and Subjective Well-being: Evidence from a 20 – Year Longitudinal Study [J]. Quality of Life Research, 2018 (27), 8: 2137 – 2145.

[159] Pamela Abbott, Roger John Sapsford. Life-satisfaction in Post – Soviet Russia and Ukraine [J]. Journal of Happiness Studies, 2006, 7: 251 – 287.

[160] Paul A. Samuelson A Note on the Pure Theory of Consumer Behaviour [J]. Economica, 1938: 5 (17), 61 – 71.

[161] Paul Dolan, Tessa Peasgood, Mathew White. Do We Really Know What Makes Us Happy? A Review of the Economic Literature on the Factors Associated with Subjective Well-being [J]. Journal of Economic Psychology, 2008, 29: 94 – 122.

[162] Philip Brickman, Dan Coates, Ronnie Janoff – Bulman. Lottery Winners and Accident Victims: Is Happiness Relative? [J]. Journal of Personality

and Social Psychology, 1978, 36 (8): 917 – 927.

[163] Piet Ouweneel and Ruut Veenhoven. Cross – National Differences in Happiness: Cultural Bias or Societal Quality? [C]. in N. Bleichrodt, P. J. D. Drenth (eds.), Contemporary, Issues in Cross – Cultural Psychology (Swets & Zeitlinger, Amsterdam), 1991: 168 – 184.

[164] Qian Su, Guofang Liu. Birth Cohort Changes in the Subjective Well-being of Chinese College Students: A Cross – Temporal Meta – Analysis, 2002 – 2017 [J]. Frontiers in Psychology, 2020, 11: 18 – 42.

[165] Rafael Di Tella, Robert J. MacCulloch, Andrew J. Oswald. Preferences Over Inflation and Unemployment: Evidence from Surveys of Happiness [J]. American Economic Review, 2001 (91): 335 – 341.

[166] Richard A. Easterlin. Does Economic Growth Improve the Human Lot? Some Empirical Evidence // Nations and Households in Economic Growth [M]. New York: Academic Press, 1974: 89 – 125.

[167] Richard A. Easterlin. Income and Happiness: Towards a Unified Theory [J]. Economic Journal, 2001, 111 (473): 465 – 484.

[168] Richard A. Easterlin. Lost in Transition: Life satisfaction on the Road to Capitalism [J]. Journal of Economic Behavior and Organization, 2009, 71: 130 – 145.

[169] Richard Alba, Victor Nee. Review-Immigration in the Balance [J]. Contemporary Sociology, 2004, 33 (4): 401 – 404.

[170] Richard E. Lucas. Time Does Not Heal All Wounds: A Longitudinal Study of Reaction and Adaptation to Divorce [J]. Psychological Science, 2005, 16: 945 – 950.

[171] Richard J. Ball, Kateryna Chernova. Absolute Income, Relative Income and Happiness [J]. Social Indicators Research, 2008, 88: 497 – 529.

[172] Robert E. Park, Ernest W. Burgess. Introduction to the Science of Sociology [M]. Chicago: University of Chicago Press, 1921.

[173] Robert E. Park, Herbert A. Miller. Old World Traits Transplanted [M]. New York: Harper, 1921.

［174］ Robert H. Frank. The Demand For Unobservable and Other Nonpositional Goods ［J］. American Economic Review, 1985a, 75: 101 - 116.

［175］ Ronald Inglehart, Roberto Foa, Christopher Peterson, Christian Welzel. Development, Freedom, and Rising Happiness: A Global Perspective (1981 - 2007) ［J］. Perspectives on Psychological Science, 2008, 3 (4): 264 - 285.

［176］ Russell Smyth, Xiaolei Qian. Inequality and Happiness in Urban China ［J］. Economics Bulletin, 2008, 4 (23): 1 - 10.

［177］ Ruutt Veenhoven. Conditions of Happiness ［J］. Journal of Public Policy, 1984, 6 (2): 211.

［178］ Ruutt Veenhoven. World Database of Happiness ［J］. Social Indicators Research, 1995, 34: 299 - 313.

［179］ Ruut Veenhoven. Advances in Understanding Happiness ［J］. Quebec Journal of Psychology, 1996 (18): 29 - 74.

［180］ Ruut Veenhoven. Happiness in Nations: Subjective Appreciation of Life in 56 Nations 1946 - 1992 ［D］. RISBO, Erasmus University Rotterdam, 1993.

［181］ Ruut Veenhoven. National Wealth and Individual Happiness ［C］. in K. G Grunert, F. Olander (eds.), Understanding Economic Behavior, Kluwer Academic, Dordrecht, The Netherlands, 1989: 9 - 32.

［182］ Stefano Bartolini, Ennio Bilancini, Maurizio Pugno. Did the Decline in Social Connections Depress Americans' Happiness? ［J］. Social Indicators Research, 2007 (110): 1033 - 1059.

［183］ Svetlana Ignatjeva, Zhanna Bruk, Tatiana Semenovskikh. Reflective Component in the Structure of Children's Subjective Well-being ［J］. Child Indicators Research, 2019, 13 (4): 1 - 26.

［184］ Tomas Korpi. Is Well-being Related to Employment Status? Unemployment, Labor Market Policies and Subjective Well-being Among Swedish Youth ［J］. Labour Economics, 1997, 4: 125 - 147.

［185］ Vincent Louis, Shanyang Zhao. Effects of Family Structure, Family

SES, and Adulthood Experiences on Life Satisfaction〔J〕. Journal of Family Issues, 2002, 23（8）: 986 – 1005.

〔186〕 Warner R. Wilson. Correlates of Avowed Happiness〔J〕. Psychological Bulletin, 1967, 67（4）: 294 – 306.

〔187〕 Wei Xiao, Zhi – Fang Su. Does Social Insurance in China Enhance People's Well-being?〔J〕. Journal of Interdisciplinary Mathematics, 2017, 20（3）: 821 – 835.

〔188〕 Werner B. F. Brouwer, N. Job A. van Exel, Elly A. Stolk. Acceptability of Less Than Perfect Health States〔J〕. Social Science and Medicine, 2005, 60: 237 – 246.

〔189〕 William F. Fey. Acceptance by Others and Its Relation to Acceptance of Self and Others: A Revaluation〔J〕. Journal of Abnormal Psychology, 1955, 50（2）: 274 – 276.

〔190〕 Winnie Yipa, et al. Does Social Capital Enhance Health and Well-being? Evidence From Rural China〔J〕. Social Science & Medicine, 2007, 64: 35 – 49.

〔191〕 Xianmei Lei, Jiří Kantor. Social Support and Family Quality of Life in Chinese Families of Children with Autism Spectrum Disorder: The Mediating Role of Family Cohesion and Adaptability〔J〕. International Journal of Developmental Disabilities, 2020: 1 – 8.

〔192〕 Yuan Geng. Gratitude Mediates the Effect of Emotional Intelligence on Subjective Well-being: A Structural Equation Modeling Analysis〔J〕. Journal of Health Psychology, 2016, 23（10）: 1378 – 1386.